丝绸之路上的古城

程遂营 著

河南大学出版社
·郑州·

图书在版编目（CIP）数据

丝绸之路上的古城 / 程遂营著 . —郑州：河南大学出版社，2019.1（2021.6重印）

ISBN 978-7-5649-3340-1

Ⅰ . ①丝… Ⅱ . ①程… Ⅲ . ①古城—介绍—中国 Ⅳ . ① K928.5

中国版本图书馆CIP数据核字（2019）第 023962 号

策划编辑	于华龙
责任编辑	于华龙 陈 巧
责任校对	孙增科
装帧设计	郭 灿

出　　版	河南大学出版社
	地址：郑州市郑东新区商务外环中华大厦 2401 号
	邮编：450046
	电话：0371-86059750（高等教育与职业教育出版分社）
	0371-86059701（营销部）
	网址：hupress.henu.edu.cn
排　　版	郑州市今日文教印制有限公司
印　　刷	河南文华印务有限公司
版　　次	2019 年 4 月第 1 版　　印　次　2021 年 6 月第 3 次印刷
开　　本	710mm×1010mm　1/16　印　张　19.25
字　　数	274 千字　　　　　　　　定　价　48.00 元

（本书如有印装质量问题，请与河南大学出版社营销部联系调换）

目 录 Contents

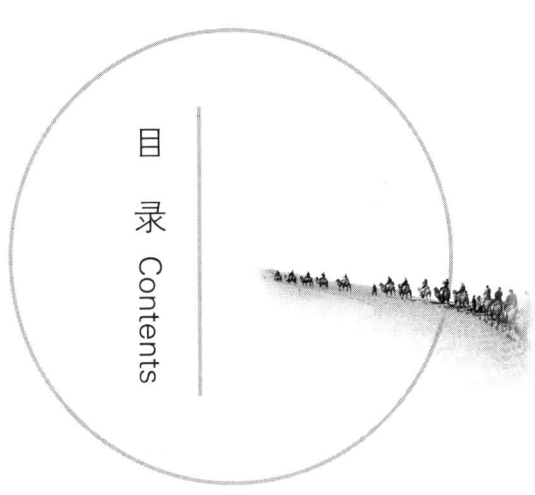

001　序言

第一章

001　凿空西域话西安
004　一、恺撒大帝的新装
008　二、张骞凿空的壮举
014　三、汉代长安生活的改变
018　四、唐都长安的国际化

第二章

023　男耕女织话宝鸡
026　一、沉睡千年的玉蚕
029　二、男人们的佳偶
032　三、诸葛亮的蜀锦梦
035　四、宝鸡战胜凤凰

第三章 043 得天独厚话天水

- 045 一、天上银河的来历
- 049 二、祸起萧墙
- 054 三、永恒的微笑
- 058 四、得天独厚的天水

第四章 063 丝路要津话兰州

- 066 一、肃王移藩兰州
- 072 二、风靡上流社会的兰绒
- 075 三、《淳化阁帖》传奇
- 078 四、左宗棠镇抚兰州

第五章 083 天地大美话西宁

- 086 一、金银滩奇遇
- 088 二、赵充国屯田
- 091 三、天路之门
- 094 四、"青海道"传奇

第六章 101 铁马金戈话武威

- 104 一、《三国演义》里的武威
- 107 二、武威的天马情结
- 110 三、长安文化里的武威元素
- 116 四、武威的辉煌岁月

第七章　塞上江南话张掖

- 121　**塞上江南话张掖**
- 124　一、一桩官告民的诉讼案
- 127　二、《西游记》里的流沙河
- 130　三、一千多年前的"张交会"
- 134　四、陈宏谋的治水经

第八章　葡萄美酒话酒泉

- 141　**葡萄美酒话酒泉**
- 144　一、酒泉的"酒"与"泉"
- 147　二、神秘的夜光杯
- 150　三、第一位李姓帝王
- 155　四、"关照"的由来

第九章　丝路咽喉话敦煌

- 159　**丝路咽喉话敦煌**
- 162　一、小和尚的大事业
- 165　二、发现敦煌
- 170　三、敦煌南北二雄关
- 174　四、"敦煌"的非凡含义

第十章　瓜果飘香话哈密

- 179　**瓜果飘香话哈密**
- 182　一、两千年前的吃瓜贵人
- 185　二、艰难的伊吾路
- 188　三、滕王阁上《伊州曲》
- 191　四、哈密瓜香飘万里

第十一章

- 199 **甜蜜火洲吐鲁番**
- 202 一、玄奘的吐鲁番经历
- 209 二、哈巴狗的旅行
- 213 三、吐鲁番的市场交易
- 216 四、唐朝学生的作业

第十二章

- 219 **发现之旅话乌市**
- 221 一、"千树万树梨花开"的乌市美景
- 225 二、丘处机游览天池
- 230 三、纪晓岚被充军发配
- 235 四、纪晓岚眼里的乌鲁木齐

第十三章

- 241 **天山遗珠话伊宁**
- 244 一、解忧公主的传奇经历
- 248 二、弓月城里的粟特商人
- 252 三、林则徐被贬伊犁
- 255 四、伊宁的林公渠

第十四章

- 259 **万方乐奏话和田**
- 262 一、妇好墓里的和田玉
- 265 二、乾隆皇帝的和田玉情结
- 269 三、尼雅遗址中的神秘织锦
- 272 四、玄奘的归国之路

第十五章

279 **千年古城话喀什**
282 　一、班超的喀什情结
285 　二、名满长安的琵琶演奏家
289 　三、中国造纸术的西传
292 　四、马可·波罗眼里的喀什

序言

在世界文明史上,曾经有一条贯通东西的国际交流大通道,它最早由中国人开辟,把中华文明与印度文明、阿拉伯文明、西方文明等多个文明连在一起,血脉相通。这条国际交流大通道就是举世闻名的"丝绸之路"。

"丝绸之路"跨越两千多年,纵横数万公里,曾经引领着世界文明发展的方向。没有当年的丝绸之路,就没有今天的全球化,不会形成地球村,也就失去了现代人类命运共同体形成的基础。

通过丝绸之路,中国的丝绸、瓷器、漆器、铁器等手工产品,造纸术、印刷术、指南针、火药等科学技术,以及饮食、服饰、建筑、文学等生活艺术,源源不断地输入世界各地,对推动世界文明的进步发挥了巨大作用。反过来,海外的蔬菜、水果、音乐、舞蹈、游戏,以及宗教、科技成果等又通过丝绸之路进入中国内地,对中国人的日常生活、思想信仰乃至整个中华文明产生了深远影响。

不过,归根到底,无论陆上丝绸之路还是海上丝绸之路,都是以城市为节点的。这些城市既是丝路的起点又是丝路的终点,它们承载了厚重的丝路文化，留下了珍贵的丝路遗产。基于此，本书在央视《百家讲坛》系列讲座《丝路上的古城》（第一部）的基础上，以我国的西安、宝鸡、天水、兰州、西宁、武威、张掖、酒泉、敦煌、哈密、吐鲁番、乌鲁木齐、伊宁、和田、喀什15座陆上丝路古城为载体，回顾它们在丝绸之路交流中所处的特殊地位，追忆它们在中国走向世界、世界走向中国的过程中所发挥的巨大作用，从而展示中华文明的灿烂、辉煌、包容与和谐，揭秘中华文明生生不息、保持旺盛生命力的动力源泉。

如果把从西安到喀什15座丝路古城放在一起来看，朋友们就会发现：

首先，15座古城架起了东西方文明相互交流的桥梁。我们今天已经习惯了吃葡萄、哈密瓜、胡萝卜、石榴，实际上，这些食品都是张骞开通丝绸之路之后，从西域传入我国内地的。还有中国人喜欢的狮子舞，作为中国旅游标志的天马，以及中国人信仰的佛教等，也都是从西域交换到我国内地的文化产品。试想，如果从今日中国人的生活中把这些东西全部拿掉，会是什么情形！同样，中国的丝绸、茶叶、造纸术、印刷术、火药等也通过丝绸之路传到了西方，大大促进了西方文明的发展，传播了中国文化，树立了良好的中国形象。在这个过程中，一座座丝路古城就是东西方不同物质和文化产品交换的桥梁。没有这一座座桥梁，以上这些产品交换是无法实现的。

其次，15座古城滋养了中国人的开放、包容意识。汉代开通丝绸之路的目的就是对外沟通和交流，也只有不断开放和交流，一个国家、一个民族的文化才能保持活力。汉朝和唐朝是为丝绸之路的开通与维护付出努力最大的两个朝代，结果，汉、唐也成了我国历史上最大气、最包容、最开放、最强盛的两个朝代，而西安、宝鸡、武威、敦煌、吐鲁番、喀什等15座丝路古城就是汉唐盛世的有力见证者。这给我们什么启发呢？只有开放的文化系统，才是最有活力的文化系统。在四大文明古国中，中国是开放时间最早、开放力度最大、开放范围最广的国度，因此，中国虽历经磨难而百折不挠，历久弥新。

最后，15座古城也铸就了永恒的丝路传奇。仿佛上天的恩赐，我国西部的高山大川大多呈东西走向，留下了河西走廊、天山廊道、昆仑北麓，形成了长达万余里的丝路通道。绝大部分丝路古城就位于这些大山的怀抱里，在大山雪水的滋养和丝路贸易的哺育下发展和繁荣，成为具有先发优势的古代城市，展示了各自的独特魅力，铸就了丝路上一段段不老的传奇。这些丝路传奇既古老，又鲜活；既神秘，又亲近；既远在天边，又仿佛近在眼前。

不过，由于近代交通方式、科学技术和世界格局的巨大变化，这些丝路古城暂时远离了聚光灯，淡出了人们的视线，有的甚至走向了没落。但绝大部分丝路古城都顽强地生存了下来，蓄势待发。而今，在新时代"一带一路"伟大构想的背景下，这些丝路古城该如何利用好独特的交通和区位优势，重新搭上丝路快车；如何合理保护、挖掘和利用好丝路文化遗产，讲好丝路故事；如何找准城市发展的着力点，奋力前行，实现城市的复兴和持续发展，将是丝路古城人必须客观面对的新课题、新挑战。

亲爱的读者朋友，您对丝绸之路了解多少？15座丝路古城曾经发生过哪些值得品味的传奇故事？丝绸之路究竟对中华文明和世界文明的发展和进步做出过哪些重大贡献？本书将给予您一个满意的答案。

第一章

凿空西域话西安

趣味知识自测题

1. 张骞曾经奉汉武帝之命出使西域的次数为_____。

　　A. 一次　　　　　B. 二次　　　　　C. 三次　　　　　D. 四次

2. 把张骞出使西域称作"凿空"的史学家是_____。

　　A. 司马迁　　　　B. 班固　　　　　C. 陈寿　　　　　D. 司马光

3. 因出使西域功劳巨大，张骞被汉武帝封为_____。

　　A. 定远侯　　　　B. 冠军侯　　　　C. 博望侯　　　　D. 长平侯

4. 汉代从西域传入长安的物种不包括_____。

　　A. 葡萄　　　　　B. 石榴　　　　　C. 核桃　　　　　D. 玉米

5. 我国史书上把古代的罗马帝国称作_____。

　　A. 康居　　　　　B. 大夏　　　　　C. 条支　　　　　D. 大秦

6. 两千多年前，有一位西方的帝王就穿上了中国丝绸制作的服装，这位帝王的名字叫_____。

  A. 安敦　　　　　B. 尼古拉　　　　C. 汉尼拔　　　　D. 恺撒

7. "劝君更尽一杯酒，西出阳关无故人"的作者是唐朝著名诗人_____。

  A. 高适　　　　　B. 王维　　　　　C. 岑参　　　　　D. 王翰

8. 马球是唐朝从西域传入我国的运动，在长安很流行，最善于打马球的皇帝是_____。

  A. 唐太宗　　　　B. 唐玄宗　　　　C. 唐文宗　　　　D. 唐武宗

9. 最初给"丝绸之路"命名的人是_____。

  A. 德国人李希霍芬　　　　　　　　B. 英国人斯坦因

  C. 法国人伯希和　　　　　　　　　D. 中国古人

10. 唐朝的时候，有一位叫李彦升的外国人中了进士，他是_____。

  A. 阿拉伯人　　　B. 高丽人　　　　C. 日本人　　　　D. 菲律宾人

【评分标准】共10题，总分100分。每题选择正确得10分，选择错误0分。

【评估等级】

大牛（对城市很熟悉）：80~100分；

及格（对城市基本了解）：50~70分；

菜鸟（对城市很陌生）：0~40分。

注：参考答案附在本章末。

开篇的话

唐朝大诗人王维曾经有一首诗这样写道:

渭城朝雨浥轻尘,客舍青青柳色新。
劝君更尽一杯酒,西出阳关无故人。

——王维《送元二使安西》①

这首诗的名字叫《送元二使安西》,安西是唐中央设立的管辖西域地区的安西都护府的简称,治所在今新疆的库车。渭城是秦朝都城咸阳的故城,在唐长安城(明代以前,西安一直被称作长安)西北渭水的北岸。阳关是河西走廊尽头、敦煌西南的一个关隘,出了阳关就进入了西域。其实,不仅仅是唐朝,在汉唐以来长达上千年的时间里,无论是使节、商人,还是僧侣、诗人、旅行者,往西北去的,绝大多数都要从长安出发,跨越黄河,进入河西走廊,再出阳关、玉门关,然后,走向遥远的西域。而这条道路,就是世界知名的"丝绸之路"。

王维这首诗描写了他在渭城为即将出使安西的一位叫元二的朋友送别的场景。其中,"劝君更尽一杯酒,西出阳关无故人"成为送别诗中的名句,被千古传诵。在这里,王维告诉我们,他的那位叫元二的朋友即将踏上遥远而神秘的丝绸之路,去完成他的使命。

今天,随着我国"一带一路"倡议的提出,"丝绸之路"已经成为家喻户晓的概念,受到了全世界的关注。正如大家所了解的,丝绸之路有陆上丝绸之路和海上丝绸之路之分,我们这个系列讲座将要给大家介绍的就是位于

---

① 《全唐诗》,中华书局标点本,1960年版。

我国境内的一些知名陆上丝绸之路古城。我们先从陆上丝绸之路的起点——西安讲起。

在走进西安这座丝路起点古城之前,也许朋友们会有不少疑问,比如:

我们的祖先为什么要冲破重重障碍,开辟丝绸之路?

富有传奇色彩的张骞究竟有怎样的传奇经历?

西安为什么被公认为陆上丝绸之路的起点?

丝绸之路的开通,又给西安留下了怎样的文化遗产呢?

我们先从两千多年前发生在遥远西方的一个故事说起。

一、恺撒大帝的新装

在两千多年以前,东西方存在着两个大帝国,在亚洲东部是西汉帝国,以长安(今西安)为都城;而在遥远的西方是罗马帝国,以意大利的罗马为都城。汉帝国和罗马帝国一东一西,都是对区域文明影响深远的大帝国,形成了各具特色的文明。我国的史书把罗马帝国称作"大秦",俗称"海西国",意思是它位于遥远的大海的西边。为什么又把它称作"大秦"呢?《后汉书·西域传》中说:"其人民皆长大正平,有类中国,故谓之大秦。"不过,由于交通和信息往来的不便,两国处于东西两个世界,彼此相隔万里,相互知之甚少。

公元前59年,罗马帝国出了一位雄心勃勃的君主——恺撒(前102~前44)。公元前44年,他打败了周边所有的对手,成了罗马帝国的最高执政官,独揽罗马帝国的大权,创建了一个地跨欧亚非的大帝国。

有一次,恺撒大帝作战凯旋,回归罗马,在罗马大剧院举办了一场盛大的演出活动,以示庆贺。在演出开始的时候,恺撒出现在了大剧院,只见他一改平时的戎装,披上了一件精美绝伦的长袍。这件长袍色彩鲜艳、花纹美丽、质地轻柔，好像天上的云霞。微风吹过，袍服衣带飘扬，使恺撒大帝恍若天神降临，这立刻引起了全场的惊呼和轰动。人们纷纷猜测：这到底是一件什么神秘新装？

贵族们私下打探之后，才知道这是一件用来自中国的丝绸精心制作的袍服。为什么在当时丝绸服装能引起如此大的轰动呢？

原因很简单，因为很多罗马人没有见过丝绸。

物以稀为贵。在当时罗马帝国的首都，来自中国的丝绸非常罕见，不易得到；即使在中国，丝绸也是上层贵族才能享用的奢侈品。当时罗马人衣服的材料主要是麻和动物的皮毛，这些材料制作的衣服夏天非常热，而丝织服装轻柔透气，夏天穿着非常凉快。当时有一位罗马的作家培利埃盖提斯（或译作培利埃该提斯，Dionysius Periegetes）曾说：

> 中国人制造的名贵彩色丝绸，就像田野里盛开的美丽的花朵，它的纤细简直可以和蜘蛛织的网相媲美。①

培利埃盖提斯的这段话更使丝绸在罗马充满了神秘感。

中国有句古话：上有所好，下必甚焉。上行下效是人们常有的一种心态，尤其恺撒大帝在罗马帝国的事业如日中天，是人们崇拜的对象。皇帝喜欢丝绸就等于为丝绸做了最好的广告宣传，从此之后，丝绸开始在罗马受到热捧，贵族们纷纷仿效恺撒，争相购置丝绸，制作服装。这样，丝绸很快成为罗马以及罗马帝国统治的核心地区希腊、埃及贵族的奢侈品。

随着需求量的日益增长，罗马市场上的丝绸价格不断攀升。最高的时候，每磅达到12两黄金。磅是西方的计量单位，一磅相当于0.45千克多一点，不足一斤。这也就是说，不到一斤的丝绸可以卖到12两黄金。当时罗马博物学家老普林尼（Gais Pliny the Elder，23~79）曾做过一个计算，罗马帝国每年至

---

① 林梅村：《丝绸之路散记》，人民美术出版社，2004年版。

少有一亿罗马金币，约合10万盎司黄金（盎司是国际上通用的黄金计量单位。一盎司黄金相当于28克黄金，约合7000元人民币，10万盎司大约相当于现在7亿元人民币），用在与中国、阿拉伯、印度进行丝绸贸易中，而这些丝绸全部来源于中国。近代有学者认为，正由于罗马人对中国丝绸等奢侈品过分贪求，才造成了罗马帝国的财政危机，并导致了罗马帝国的灭亡。此说虽然不免有夸大之嫌，但也充分显示了丝绸之于罗马帝国的巨大影响。

如此昂贵的丝绸是如何制造出来的？罗马人不能自己生产吗？他们对丝绸是如何生产出来的，有一段十分有意思的记载。

老普林尼所著的《博物志》一书中这样说道：

（赛里斯）林中产丝，驰名宇内。丝生于树叶上，取出，湿之以水，理之成丝。后织成锦绣文绮，贩运至罗马。富豪贵族之妇女，裁成衣服，光辉夺目。

——老普林尼《博物志》（或译作《自然史》）

在罗马语中，丝绸被称为"Serica"。由于丝绸从遥远的中国而来，所以，中国被称为赛里斯（Seres），即丝国。这样看来，西方人首先是从丝和丝绸了解中国的。

老普林尼写这本书的时间是公元1世纪（相当于我国的东汉时期），他是博物学家，学识渊博，所以，他的观点往往被看作当时最为权威的观点。不过，老普林尼的论述看似很细致，很有逻辑性，但其实是不正确的。他错误地认为丝是从树叶上直接抽出来的，这说明当时的西方还没有掌握养蚕缫丝的技术。

文献和考古证明，中国是世界上最早发明蚕桑丝织技术的国家，这一技术至少已经有五千多年的历史了。当中国人已经穿着丝绸服装两千多年了，西方人还没有掌握蚕桑丝织技艺。直到公元2世纪以后，也就是老普林尼著书一百年之后，中国的蚕桑丝织技艺才通过阿拉伯人传入欧洲，纠正了西方人对丝绸的错误认识。

由于丝绸在西方早期文明中留下的印记太深刻了，所以，西方人在研究这条两千多年前的以西安为起点，连接亚非欧文明的商道时，命名它为"丝绸之路"。

最初给"丝绸之路"命名的人是谁呢？

他叫李希霍芬（斐迪南·冯·李希霍芬，Ferdinand von Richthofen），是德国的一位地理学家。清朝晚期的时候（1868），他来到中国进行考察和探险，对清朝18个行省中的13个进行了地质、地理考察。回到德国后，他把后半生的大部分精力用于整理和撰写在中国旅行考察的成果。1877年，在他出版的五卷本巨著《中国——亲身旅行和据此所作研究的成果》的第一卷中，李希霍芬首次提出了"丝绸之路"（德语称作"Seidenstrassen"；英语称作"Silk Road"）的概念，具体指的是：

> 从公元前114年至公元127年间，中国与河中（指中亚阿姆河与锡尔河之间）以及中国与印度，以丝绸之路贸易为媒介的西域交通路线。
> ——李希霍芬《中国——亲身旅行和据此所作研究的成果》卷一

公元前114年是西汉中期，公元127年是东汉晚期。笼统地说，李希霍芬就是把两汉时期连通汉帝国与中亚、西亚直至罗马帝国，东西方之间数千公里的陆上通道命名为"丝绸之路"，并在地图上进行了标注：起点在中国长安，终点在意大利的罗马。

这一术语一经提出，便被中国和西方学者广泛采纳。后来，虽然有学者试图用"玉石之路""茶叶之路""瓷器之路"等名词取代它，但都无法为学界所普遍接受。所以，"丝绸之路"一直运用到了今天。

那么，李希霍芬为什么把丝绸之路开通的时间定在公元前114年，这个年份有什么特殊的意义吗？

二、张骞凿空的壮举

李希霍芬提到的这个时间（前114）与丝绸之路的开辟者，中国一位伟大的外交家、探险家、旅行家有关。这个人的名字叫张骞。

张骞（？~前114）是陕西汉中成固人，生活在汉武帝统治时期（前140~前87）。张骞本来只是都城长安的一个低级郎官，负责驯马。不过，他从小喜欢读书，有一定的学识，同时，"为人强力"，很要强，不服输。他早年曾经跟随父亲在西北游牧地区养马，对西北地区的风土人情略有了解。而汉武帝时期长安积极向上的城市风气也对张骞产生了深刻影响，使他立下大志，要有所作为。

史学家司马迁在评价张骞的一生时用了两个字——凿空。用现代汉语解释，"凿空"的意思就是"开通"。"凿空"哪里？凿空西域。

在古代，人们对西域有狭义和广义两种理解：狭义的西域指玉门关、阳关以西，葱岭以东，主要指我国今日的新疆地区；广义的西域则包括葱岭以西，亚洲中部、西部，以及欧洲东部的广大地区。

司马迁直接说"开通"就好了，为什么用"凿空"？"凿"的意思是一点一点地开挖，"空"的意思是空间，"凿空"就是一点一点地开挖出新的空间。在司马迁看来，"凿空"表现了张骞的韧性和坚毅。而最关键的是，张骞"凿空"为当时的中国人打开了看见外部世界的新空间。但张骞"凿空"也离不开他生活的那个时代。

张骞那个时代所处的环境是什么样子呢？史书记载：

> 国家无事，非遇水旱之灾，民则人给家足，都鄙廪庾皆满，而府库余货财。京师之钱累巨万，贯朽而不可校。太仓之粟陈陈相因，

充溢露积于外，至腐败不可食。

——《史记·平准书》①

汉朝建立后，经过"文景之治"，到了汉武帝时期，政治稳定，经济繁荣，国力强盛。国家安定了，经济发展了，百姓富裕了，这是一个国家治理成功的主要标志。汉武帝解决了国内事务之后，把眼光投向了北部和西部的广大地区，想探索西方的未知世界。然而，在汉朝初期，北方的草原地区崛起了一个强大的游牧政权——匈奴。匈奴人善于骑射，拥兵30多万，不断派兵侵扰汉朝的北部和西北边境。汉朝由于刚刚建立，需要休养生息，所以，汉武帝的先人汉高祖、汉文帝、汉景帝均采取了委曲求全的措施，与匈奴和亲，赠送大量的粮食、布帛和金钱，以换取和平。但事与愿违，匈奴不仅没有停止对汉朝边境的骚扰，而且时不时威胁都城长安的安全。到了汉武帝时期，经过数十年的韬光养晦，汉朝国已富，兵已强，对匈奴主动反击的时机成熟了。

根据史书记载，汉武帝反击匈奴的战争前后进行了15年（前133~前119），前后投入骑兵部队100多万人。其间，汉武帝大胆提拔任用了年轻的军事将领卫青、霍去病，但心里仍然没有胜算。于是，他还打算使出另外一个奇招。

根据记载，汉武帝曾经两次派遣张骞出使西域，一次是在公元前138年（建元三年），出使的目的地是大月氏（今阿姆河中部，主要地区在今阿富汗境内）；第二次出使是在公元前119年（元狩四年），出使的目的地是乌孙（今伊犁河与伊塞克湖一带），两次出使的目的都是联合大月氏、乌孙，从两面夹击匈奴。

史书记载，张骞出使大月氏的时间是公元前138年（建元三年），而他回归长安的时间是公元前126年（元朔三年）。张骞出发时，带领了超过100人的庞大使团，而他回归长安的时候，只剩下了二人：张骞和堂邑父（或称堂邑甘父）。这次出使到底发生了什么事情呢？

---

① 司马迁：《史记》，中华书局标点本，1975年版。

原来，张骞的使团渡过黄河，进入河西走廊，向大月氏国进发的时候，被匈奴的游骑俘虏了。俘虏后，张骞一行被带到了北方草原地区的单于王庭。当匈奴单于得知张骞的意图后，非常气愤，但他并没有杀害张骞，相反，匈奴单于欣赏张骞的胆识，把张骞软禁在了王庭，并给他找了一位匈奴姑娘做妻子，希望张骞长留匈奴。不久，张骞和这个历史上没有留下名字的胡妻生了一个孩子。就这样，张骞这一待，就是十年。

十年，是一个漫长的时间段，足可以消磨掉一个人的意志；加上有贤妻娇儿，按照常理，张骞完全可以安于现状，在草原颐养天年了。但他始终不忘初心，忠于使命。张骞明白，他是一个汉使，他的使命还没有完成，即使被俘到匈奴王庭，他始终顽强地守护着手中的使节。十年之后，趁着匈奴人监管松懈，张骞与堂邑父偷偷逃离了匈奴王庭。逃离匈奴后，他们便继续向大月氏行进。史学家司马迁对张骞的这段经历这样描述：

经匈奴，匈奴得之，传诣单于……留骞十余岁，与妻，有子。然骞持汉节不失。居匈奴中，益宽，骞因与其属亡乡月氏。

——《史记·大宛列传》①

在向大月氏行进的途中，面对茫茫的戈壁沙漠，面对群狼出没的蛮荒之地，张骞忍饥挨饿，风餐露宿，历经千辛万苦，幸亏他身边还有一个堂邑父。史书记载：

堂邑父故胡人，善射，穷急射禽兽给食。

——《史记·大宛列传》②

堂邑父是堂邑甘父的简称（堂邑是复姓，甘父是名字）。这个人是胡人，

---

① 司马迁：《史记》，中华书局标点本，1975年版。
② 司马迁：《史记》，中华书局标点本，1975年版。

长期在草原和沙漠地区生活，善于骑射，又善良忠诚。后来，他来到长安生活，与张骞一起应募出使大月氏。在漫漫征程中，堂邑父利用自己的精准射术，茹毛饮血，无数次和张骞一起渡过了生存危机，终于到达了月氏国，如愿见到了月氏国王。

为什么张骞要把第一次出使的目的地定在大月氏呢？

汉朝以前，月氏人本来生活在河西走廊的敦煌一带，过着自由自在的游牧生活。北方的匈奴崛起以后，大月氏与匈奴产生了矛盾。在匈奴老上单于的时候，匈奴人打败了月氏部落。老上单于不仅残忍地杀害了月氏王，还把月氏王的头颅做成了酒器饮酒。这样，月氏人就与匈奴结下了血海深仇。月氏人在匈奴的打击下，逐渐西迁，绝大部分迁移到了中亚一带。很明显，汉朝派张骞出使大月氏的目的就是利用月氏人与匈奴人的这段冤仇，联合大月氏，从东西两面夹击匈奴。

不过，出乎张骞意料的是，这时候的大月氏已经不是当年的大月氏了。月氏人迁移到中亚以后，打败了大夏国（今阿富汗），就在大夏原来的地盘上居住了下来。这时的大月氏已经距离匈奴人很遥远，而且他们的新居地物产丰富、水草丰美，月氏人已经不愿意再与匈奴大动干戈了。张骞在大月氏停留了一年多，始终没能说服月氏王，只好带着遗憾返回汉朝。

返回途中，张骞想避开匈奴的势力范围，所以，他选择走南疆，经青海。没有想到，青海地区也已经被匈奴控制，张骞再次做了匈奴的俘虏，又被带到了匈奴王庭。这真应了中国人说的那句话：是福不是祸，是祸躲不过！但不幸中的万幸是，张骞再次见到了他的匈奴妻子。不久，匈奴单于去世。为了争夺单于大位，匈奴发生内乱，张骞趁机带着堂邑父和胡妻逃出匈奴，回到了长安，可谓九死一生。

公元前119年（元狩四年），即张骞第一次出使西域返回长安后的第7年，汉朝军队在卫青、霍去病的带领下，打败了北方草原地区的匈奴军队。匈奴势力向西北退却，依托新疆阿尔泰山以南地区和汉朝对抗。为了彻底打败匈奴，张骞向汉武帝提出建议：联合西域的乌孙，斩断匈奴的右臂。汉武帝接受了张骞的建议，任命张骞为中郎将、正使，率领一个庞大的使团出使乌孙。

为什么张骞要提出联合乌孙呢？乌孙位于阿尔泰山以南、天山以北的准噶尔盆地、伊犁河谷一带，这里水草丰美，乌孙人以游牧为业，国力强大，拥有一支强大的骑兵部队。乌孙不满匈奴对西北地区的控制，所以，一直是匈奴在西域地区的主要对手。史书对张骞这次出使记载道：

将三百人，马各二匹，牛羊以万数，赍金币帛直数千巨万。

——《史记·大宛列传》[①]

使团规模庞大，全部使团人员达到300人，每人两匹马，共600匹马，携带贵重礼品，带了上万头牛羊，以及价值"数千巨万"的金币、丝帛。不过，遗憾的是，乌孙王昆莫年老，国内权力分割，无力也不愿再与匈奴对抗。汉朝试图通过乌孙"断匈奴之右臂"的军事意图落空了。

这就是说，因为各种原因，汉武帝派遣张骞联合大月氏和乌孙夹击匈奴的目的并没有达到。不仅如此，还耗费了大量人力、物力和财力，甚至牺牲了不少人的生命。作为使节，张骞两次出使西域并没有圆满完成汉武帝交给他的任务。

但出人意料的是，汉武帝并没有降罪于张骞，反而先后加封张骞为太中大夫、大行，又晋封其为博望侯，留在身边听用。

这明显是违背常理的。其中的原因到底是什么呢？

现代社会是一个信息社会，没有信息，人很难生存。特别是手机，成了现代人相互沟通、获取信息的重要来源。一个人出门如果忘了带手机，就好像暂时与世界隔绝了一般。在古代，信息对一个国家、一个人同样重要。而汉武帝之所以对张骞赞赏有加，也是因为张骞凿空西域所带回的重要信息。

[①] 司马迁：《史记》，中华书局标点本，1975年版。

大家知道，我国是东方国家，在秦汉以前中国人的认知里，西方一直是很神秘的地方。在张骞以前，夏、商、周时期，西方虽然与我国的新疆、中亚和西亚之间有零星的来往，《山海经·大荒西经》《穆天子传》等文献中也对葱岭以东的山川形势和风土物产有一些零星记载，但这些记载往往是模糊不清的，有的文献甚至错误地认为西部的边界就是昆仑山，昆仑山的主人就是西王母。所以，对于秦汉以前的中国人来说，西方世界充满了神秘感。

而张骞两次出使西域，行程数万里，足迹遍及今日我国新疆境内的乌孙、龟兹（今新疆库车）、焉耆（今新疆焉耆）、车师（今新疆吐鲁番），以及中亚、西亚的大宛（今费尔干纳盆地锡尔河上游以东地区）、大月氏、康居（今锡尔河下游及其以北的地区）、大夏（今阿富汗）、安息（今伊朗）、条支（今叙利亚）等十多个政权和国家。从此，昆仑山不再是中国西部的边界，在昆仑山之外，有一个广阔的大千世界等待中国人去认知。这也改变了中国人先前的世界观，鼓舞了两千多年来中国人对西方世界的探索——比如，明代的郑和下"西洋"和鸦片战争后的"西风东渐"。

张骞还把西域地区见到的大量独特物产，如毛布、毛毡、汗血马，以及石榴、葡萄，还有中亚各国的箜篌、琵琶等乐器和乐曲、舞蹈等，介绍给汉武帝。这些都是内地闻所未闻、见所未见的，令汉武帝眼界大开。张骞也向汉武帝报告：

自大宛以西至安息……其地皆无丝漆，不知铸钱（铁）器。

——《史记·大宛列传》[1]

大宛、安息等国没有丝绸、漆器，不知道铸钱、铸铁技术。那时，西域地区的农业和手工业都相对落后于西汉王朝，对产自中原地区的丝绸、漆器、冶铁、炼钢等都有需求。这使汉武帝认识到了开通中西交流通道的必要性。

---

[1] 司马迁：《史记》，中华书局标点本，1975年版。

公元前114年，也就是张骞第二次出使西域回归长安后的第二年，张骞在长安去世了。在史书中，张骞生于哪一年没有明确的记载，他去世的时候多大年纪我们也不清楚。我们今天唯一能确定的是：张骞前后两次出使西域，时间跨度达23年（前138~前115），他把毕生的精力都贡献给了探索西域的事业。汉武帝生前封张骞为博望侯，意思是"广博瞻望"。在汉武帝的眼里，张骞就是那个时代知识最广博、最高瞻远瞩的人。

张骞去世的时候，丝绸之路主干线实际上已正式开通，这条道路以长安为起点，经宝鸡、天水，通过河西走廊，出玉门关、阳关进入新疆，沿着塔克拉玛干沙漠的北缘和南缘，分两路会合于新疆喀什，然后翻越帕米尔高原，进入中亚、西亚，直达地中海沿岸。鲁迅先生曾经说过：

希望是本无所谓有，无所谓无的。这正如地上的路，其实地上本没有路，走的人多了，也便成了路。

——鲁迅《故乡》[①]

这句话用来评价张骞开辟"丝绸之路"之举也十分恰当。紧跟着张骞生前踏出的道路，大量中西方的使节、商人、僧侣、旅行家、探险家越来越频繁地出现在这条道路上，把中国文明、古印度文明、阿拉伯文明、波斯文明和欧洲文明串联在了一起。也正因为这个原因，李希霍芬才把丝绸之路开通的起始时间定在了公元前114年。而就在张骞去世70年后，即公元前44年，远在罗马的恺撒大帝穿上了通过丝绸之路，从遥远的长安运来的丝绸制作的新装。

三、汉代长安生活的改变

自从张骞开通丝绸之路之后，长安便被公认为丝绸之路的起点。各地的

[①] 鲁迅：《鲁迅小说全集》，21世纪出版社，2010年版。

丝绸和其他商品都要在这里集中，再由各国商人把一捆捆的生丝和一匹匹的绸缎，用油漆麻布和皮革装裹，然后选择良辰吉日，组成浩浩荡荡的商队，从长安出发，跨越黄河天险，经甘肃、新疆，把商品运往中亚、西亚，乃至地中海沿岸的非洲、希腊和罗马。

不过，今天的西安这么大，当年张骞出使西域的出发点在哪里呢？

根据文献记载和考古证明，当年张骞是从汉代长安城的横门出发的。横门又称光门或便（突）门，是长安北城墙靠西的第一个门，遗址在今西安市未央区（西安西北郊杨家堡西南）。

大家知道，任何道路都是双向交流通道。所以，对于长安来讲，起点也是终点。那么，丝绸之路的开通和贸易往来又给汉代的长安带来了怎样的变化呢？

诗人元稹曾有一首诗写道：

何年安石国，万里贡榴花？
迢递河源道，因依汉使槎。

——元稹《感石榴二十韵》[①]

安国和石国是中亚小国，在今乌兹别克斯坦（布哈拉、塔什干一带）境内，盛产石榴（原产地在波斯），所以，石榴又名安石榴。这首诗的第一二句提出了一个问题：什么时候安石国不远万里向朝廷进贡了石榴花？接着诗人自问自答：也许是当年出使西域的张骞乘着木筏，探寻黄河之源，和西域各国建立了友好关系，安石国的使臣才随着张骞来到长安，进献了石榴花。

石榴容易成活，可以盆栽，也可以直接栽种在地上。子可以吃，解渴、健脾又养胃，皮和根可以入药，花可以观赏，全身都是宝。同时，石榴多籽，寓意子孙满堂，多子多福，是吉祥如意的象征，深受中国人喜爱。所以，汉

[①] 《全唐诗》，中华书局标点本，1960年版。

武帝曾下令在长安的上林苑以及骊山温泉宫栽植石榴。后来,石榴树栽遍了长安城,并逐渐在全国各地都栽种起来。所以,那时的中国人已经习惯了吃石榴,欣赏石榴花开。

南北朝到唐代的时候,妇女穿着裙子,非常喜欢石榴红色,所以,常把红裙子称作"石榴裙"。久而久之,"石榴裙"就成了那一时期年轻貌美女子的代称,"拜倒在石榴裙下"就成了求爱的代名词。直到今天,我们还常用这句话。

在清朝晚期,老北京的四合院里,小康人家的标配也少不了石榴树:

天棚鱼缸石榴树,先生肥狗胖丫头。

——夏仁虎《旧京琐记》

这段记载出现在清朝文人夏仁虎所著的《旧京琐记》里,本意是讽刺那些养尊处优的官宦人家衣食无忧的生活方式的,简直是一幅生动的生活风景画。这段记载反映出,清朝时期,石榴树已经成了北京四合院里标志性的植物,一般人家可以没有天棚,没有先生、肥狗和胖丫头,但不可缺少了石榴树,所以,石榴树成了房前屋后的主要树种,最受北京人偏爱。

其实,正像元稹在诗中提到的,石榴树种最早来源于西域的安石国,是当年张骞出使西域的直接成果。

除了石榴,张骞到底从西域带回到长安多少新物种,我们今天已无从考证,但可以确定,石榴、葡萄、核桃、胡萝卜、芝麻、黄瓜等物种,都是张骞出使西域后,在汉代通过丝绸之路引种到中国的。所以,在张骞去世前后,汉武帝已经打败了匈奴,并正式在河西走廊设置了武威、张掖、酒泉、敦煌四郡;到了汉宣帝的时候(前60),朝廷又设立西域都护府,总管西域事务。从此,今新疆地区开始隶属于中央管辖,成为我国领土不可分割的一部分,丝绸之路也得以畅通。汉朝派出大量使节到西域各国,西域各国也派出大量使节回访长安。史书还记载:

> 张骞凿空，其后使往者皆称博望侯，以为质于外国，外国由此信之。
>
> ——《史记·大宛列传》①

司马迁告诉我们一个很有意思的现象。张骞开通西域之后，在西域诸国中极具名望；加上张骞友善、讲诚信，获得了西域各国的信任。所以，后来的汉使都自称博望侯，以取信于外国（"质"是诚信的意思）。这样就造成一个奇怪的现象，即博望侯成了汉朝西域使者的统称，成了通行西域的金字招牌。由此，我们可以推断，有些物种是张骞当年直接带回长安的，有些可能是后来的使节带回的，还有一些比如石榴的种子是外来的使节进贡的。只不过因为这些使节都打着博望侯的旗号，所以，引进这些物种的功劳就都归于张骞名下了。

今天，石榴、葡萄、核桃、胡萝卜、芝麻、黄瓜等极大地丰富了中国人的餐桌，改变了中国人的饮食结构，甚至改变了中国人的日常生活方式。但我们不能忘记，这些物种进入内地后，首先都是在长安及其附近地区试种，种植成功了，才传播到内地的其他地区的，这就是长安作为都城的优势。

除了饮食，西域国家的娱乐方式，以及箜篌、琵琶、胡笳、胡角、胡笛等乐器和乐曲、舞蹈等也相继传入长安。司马迁在《史记》中曾记载，属于罗马帝国的犁靬国向汉武帝贡献了善眩人，也就是我们现在所说的魔术师。当时的魔术师向长安人展现了两大本事，一个是口中喷火，另一个是自缚自解，使长安人大开眼界。

大家都熟悉《孔雀东南飞》这首古乐府诗，其中有几句用女主人公刘兰芝自述的语气写道：

---

① 司马迁：《史记》，中华书局标点本，1975年版。

> 十三能织素，十四学裁衣。十五弹箜篌，十六诵诗书。
>
> ——《孔雀东南飞》①

刘兰芝十三岁就能借助织机织丝绸，十四岁就能自己裁剪衣服；十五岁的时候就能弹箜篌，十六岁能诵读诗书。真是个能干的好姑娘！

据考证，《孔雀东南飞》这首古乐府诗歌创作的年代是汉朝末期（一称出自六朝人之手），而刘兰芝生活的地区在今天的安庆附近。这就说明，当年由丝绸之路进入长安的箜篌乐器和演奏技艺已经传播到了长江流域，给中国的古典音乐注入了新的声律，深刻影响了当时中国人的生活。

到了唐代，丝绸之路的发展进入繁荣期，作为都城的长安变化更大，成为一座深度开放的国际化大都市。

四、唐都长安的国际化

到了唐代，丝绸之路进入繁荣发展期，长安成为一座人口近百万的大都市。唐代定都长安，丝绸之路的起点在长安城的开远门。开远门是西城墙三门中北面的一个门。据记载，在开远门外曾立有一块石碑，上面刻写着这样几个字：

> 西去安西九千九百里。

安西，即唐代的安西都护府，管辖新疆境内的广大地区，其治所在今新疆库车。一般认为，陆上丝绸之路从长安到罗马大约7000公里，中国境内大约4000公里。唐朝人把从长安开远门到库车的距离估计为"九千九百里"，这是个约数，和今天的实际计算已经十分接近，令人惊叹。

唐朝的时候，人们经常在开远门外给远赴西域的客人饯行。"路漫漫其

---

① 陈庆元等：《新编古诗三百首》，江苏古籍出版社，1995年版。

修远兮"，无数像张骞那样不畏艰险的人——西行到印度求法的玄奘、远嫁吐蕃的文成公主（金城公主），还有王维的好友元二，就是从这里踏上充满未知的丝路旅程的。

反过来，沿着这条丝路，大量的西域使节、商人、旅行家则源源不断地从开远门进入长安，给这座城市带来了盛极一时的"胡风"（"胡"本是匈奴的自称，汉唐时期成为对北方和西域各民族的统称）。

盛唐的时候，大诗人李白曾在唐玄宗身边做翰林供奉，闲暇之余，非常喜欢光顾胡人在长安开的酒店，作过多首诗描写此事，比如：

> 何处可为别，长安青绮门。胡姬招素手，延客醉金樽。
> ——李白《送裴十八图南归嵩山二首》其一[①]

> 五陵年少金市东，银鞍白马度春风。落花踏尽游何处，笑入胡姬酒肆中。
> ——李白《少年行》其二[②]

第一首诗形象地描写了在长安的青绮门附近，一位漂亮的胡姬正站在酒店门口招徕客人的情景。第二首诗中飘逸的白马、貌美的胡姬、醇香的胡酒，成了李白在长安不得志时最好的寄托。李白的这些诗歌从一个侧面说明，胡人开的酒店已经成了长安酒店的品牌，深受长安人的欢迎。

同时，胡人的娱乐方式也通过丝绸之路传到了长安。

据记载，当时的长安流行马球运动，这是一种骑在马上、用棍打球的运动，也叫"波罗球"（Polo）。马球运动是从中亚的波斯（今伊朗）通过丝绸之路传到长安的，后来深得唐朝皇帝和长安贵族的喜爱。

---

① 《全唐诗》，中华书局标点本，1960年版。
② 《全唐诗》，中华书局标点本，1960年版。

唐中宗非常喜欢马球戏，景龙三年（709），吐蕃派遣一个一千多人的庞大使团来到长安，迎接金城公主入藏和亲。吐蕃人也擅长马球游戏，使团向中宗提议在长安举行一场马球比赛，以示庆贺。唐中宗是个马球迷，所以立即应允，于是，双方就在宫中禁苑的马球场内举行了一场友谊赛。

马球比赛的规则是：两队各出十人，一人骑一马，手持球杖，共争一球。球场上设有球门，以入门为得筹，以得筹多少定胜负。

一开始，中宗令皇家球队与吐蕃使者组成的球队较量，结果，没想到吐蕃队连连取胜，这让中宗很没有面子。就在这时，当时身为临淄王的李隆基主动请缨，和李邕、杨慎交、武延秀等三个贵族子弟跃马持杖上场，与吐蕃队再次对阵较量。当时，李隆基他们只有4人，而吐蕃队场上有10名队员。结果，令人不可思议的场景出现了，只见临淄王4人：

东西驱突，风回电激，所向无前。

——《封氏闻见记》卷六①

由于李隆基四人技术娴熟，又是平时的玩伴，配合默契，连连洞穿对方大门，以少胜多，打得吐蕃使者队简直挨不着球，取得了一场大胜。结果双方各胜一局，以平局结束了这场汉藏兄弟民族之间的友谊赛。唐中宗自然非常高兴，事后下诏赏赐给李隆基四人"强明绢数百段"（强明绢是一种珍贵的丝绸）。

随着中西交往的深入，很多来自西域的商人及其后裔定居在了长安，甚至在长安做了官。唐宣宗的时候，长安城发生了一件具有轰动效应的文化事件：一个外国人在中国中了进士。

这个人是大食（今阿拉伯半岛）商人的后裔，叫李彦升，讲一口流利的中国话，从小熟读中国经史，深通中国传统文化。唐宣宗大中二年（848），

---

① 封演：《封氏闻见记校注》，中华书局，1958年版。

他参加了在长安举行的进士科的科举考试,而且一举及第,中了进士。唐朝科举考试的种类很多,以进士科最难,录取率只有百分之一二;当然也最重要,因为考中进士就意味着仕途一片光明。所以,当时有一种流行的说法:

三十老明经,五十少进士。

——《唐摭言·散序进士》①

这句话的意思是说,三十岁明经及第就算是年龄很大了,而五十岁中了进士还算是比较年轻的。

李彦升中进士的时候多大年龄史书上没有记载,但当年全国录取的进士名额只有22人,可谓凤毛麟角;而且拟录取进士的考卷要经过中书省、门下省的高官复核,以防作弊,而最终李彦升凭借自己的真才实学得到了一致认可,被唐宣宗钦点为翰林学士。这样,李彦升成为有史以来第一位被录取的大食进士,这也成为中阿文化交流史上的佳话。

在丝绸之路影响下,唐朝长安"胡风盛行",长安人的衣食住行、娱乐体育、文化教育,乃至音乐、舞蹈、绘画、宗教等都深受西域文化的影响,真正成为一座开放型的国际大都市以及世界经济和文化交流的中心。

汉唐是中国历史上的两大盛世王朝,长安则有幸见证了丝路的开通;长安向世界贡献了丝绸之路,而丝绸之路反过来回馈给长安上千年的繁荣与辉煌。

今天,西方人把中国人称作汉人,把中国文化称作汉文化,而把在西方国家中国人集中居住生活的区域称作"唐人街",其主要原因不能不说与丝绸之路对汉唐文化形象的对外传播有密切的关系。

下一讲,我们将从丝路起点西安继续西上,走向第二座丝路古城——陕西宝鸡,去探索宝鸡城市的丝路密码。

---

① 王定保:《唐摭言》,中华书局标点本,1959年版。

请看下一讲：男耕女织话宝鸡！

【趣味知识自测题】参考答案

1.B 2.A 3.C 4.D 5.D 6.D 7.B 8.B 9.A 10.A

第二章
男耕女织话宝鸡

趣味知识自测题

1. "春蚕到死丝方尽,蜡炬成灰泪始干"的作者是_____。

   A. 李白 B. 李商隐 C. 杜甫 D. 杜牧

2. _____(时间),我们的祖先把野蚕驯化成了家蚕。

   A. 夏朝晚期 B. 殷商晚期 C. 春秋晚期 D. 战国晚期

3. 凤鸣岐山的典故发生在_____。

   A. 商汤灭夏时 B. 文王崛起时 C. 武王伐纣时 D. 安史之乱时

4. "姜太公钓鱼,愿者上钩"的典故故事发生在_____。

   A. 夏禹时 B. 商汤时 C. 周文王时 D. 周武王时

5. 春秋战国时期,有一个诸侯国盛产丝绸,"号为冠带衣履天下"。这个诸侯国是_____。

   A. 秦国 B. 晋国 C. 齐国 D. 楚国

6. 杜甫的诗"出师未捷身先死，长使英雄泪满襟"是对_____命运的感叹。

  A.李广   B.霍去病   C.诸葛亮   D.关羽

7. "狗吠深巷中，鸡鸣桑树颠"的作者是_____。

  A.曹植   B.陶渊明   C.孟浩然   D.陆游

8. 古人认为，鸡有"五德"，其中不包括_____。

  A.文   B.武   C.仁   D.义

9. "春日载阳，有鸣仓庚。女执懿筐，遵彼微行，爰求柔桑"描写了古人采桑的情景，它出自_____。

  A.《诗经·豳风》   B.《诗经·卫风》

  C.《诗经·郑风》   D.《诗经·陈风》

10. 给宝鸡命名的唐朝皇帝是_____。

  A.唐高祖   B.唐太宗   C.唐玄宗   D.唐肃宗

【评分标准】共10题，总分100分。每题选择正确得10分，选择错误0分。

【评估等级】

大牛（对城市很熟悉）：80~100分；

及格（对城市基本了解）：50~70分；

菜鸟（对城市很陌生）：0~40分。

注：参考答案附在本章末。

开篇的话

"男耕女织"向来被认为是我国古代典型的田园生活画卷。"男耕"指男子要按照节令定时下地耕田、插秧，解决吃饭问题；"女织"是说女人的主要工作是植桑养蚕、纺线织布，解决穿衣问题。唐代诗人李商隐有一首诗这样说道：

> 相见时难别亦难，东风无力百花残。
> 春蚕到死丝方尽，蜡炬成灰泪始干。
> 晓镜但愁云鬓改，夜吟应觉月光寒。
> 蓬山此去无多路，青鸟殷勤为探看。

——李商隐《无题》①

在这首诗中，最感人的就是"春蚕到死丝方尽，蜡炬成灰泪始干"两句。诗人在借助春蚕、蜡烛抒发难舍难分的离别和思念心情之外，还从春蚕吐丝、结茧而后死去的过程中感受到了一个小小的生命巨大、神奇而又略带悲剧色彩的力量。因此，对春蚕产生无限的敬仰之情，并对春蚕给予最深情的歌颂。

其实，翻开历史，早在李商隐之前的两千多年前，我们的祖先已经开始用各种方式表达对小小的春蚕的崇拜之情了。

那么，从什么时候开始，我们的祖先驯化了野蚕，开始植桑养蚕的呢？

"男耕女织"的田园生活情景是何时形成的？

作为丝绸之路古城的宝鸡又与这种田园生活有怎样的关联呢？

---

① 《全唐诗》，中华书局标点本，1960年版。

一、沉睡千年的玉蚕

1975年，考古工作者在宝鸡市茹家庄附近发现了十几处西周时期的贵族墓葬，其中除了有大量精美的青铜器、陶器外，令人吃惊的是，还发现了20多枚制作精美的玉蚕。

这些玉蚕的长度从1厘米到4厘米不等，有长条形，有弓形，身长六节至十节不等，头部大，两只小眼睛突起，口部有一小穿孔。这些玉蚕被发现的时候，尽管在地下已经沉睡了近三千年，但仍然可以看出纹饰优美，形象逼真，憨态可掬，反映了西周高超的手工艺术。

玉蚕，顾名思义，即用玉雕刻的蚕。这些玉蚕一般摆放在死者的颈部周围，应该是死者生前随身携带的佩饰。这些玉蚕与其他玉器佩饰比如玉鱼、玉鸟等一起组成一组佩饰，佩戴在胸前或悬挂在腰间，以显示身份和地位。

大家知道，蚕是丝绸生产的基础。春天到来，桑树长叶，蚕卵便孵化为蚕。蚕吃桑叶，每隔五六天便蜕一次皮。蜕皮期间不吃也不动，称为"眠"。经过四眠之后，蚕体内的丝腺发育成熟，蚕便停止取食，开始吐丝结茧。丝吐完后，茧内的蚕便化为蛹，蛹在茧内再过十余天便羽化为蛾。蛾破茧而出，雌雄蛾不吃不喝即进行交配。交配后，雌蛾产卵而死，雄蛾飞腾不久也死去。然后，再开始下一次轮回：蚕卵再孵化成蚕，吃桑叶，吐丝作茧，变蛹成蛾。就这样不断循环。

从春到夏，再到秋，一年这样的循环有多少次呢？黄河流域可以有四次，长江流域气候相对温暖些，可以循环五次。每一次循环即成就一批茧，人们就是借助这些蚕茧，抽丝织布，纺织出美丽的丝绸服装。

不过，一开始的时候，我们的祖先利用的是桑树上的野蚕茧来缫丝织布的。因为野蚕茧数量少、不易收集，所以，纺织出来的丝绸非常有限。后来，我们的祖先开始把野蚕驯化成了家蚕；在家里建立蚕室，大量栽植桑树，采桑叶养蚕。这样，就有大量的蚕茧可以用来缫丝纺织了。

那么，茹家庄墓葬发现的玉蚕是野蚕还是家蚕呢？

《诗经》里很多诗篇都有关于桑蚕养殖的描述，可以作为判断茹家庄玉蚕性质的佐证。其中，有一篇这样写道：

> 春日载阳，有鸣仓庚。女执懿筐，遵彼微行，爱求柔桑。
>
> ……
>
> 蚕月条桑，取彼斧斨，以伐远扬，猗彼女桑。七月鸣鵙，八月载绩。
> 载玄载黄，我朱孔阳，为公子裳。
>
> ——《诗经·豳风·七月》①

春天到了，仓庚鸣叫，妇女们手执深竹筐，到桑陌采桑。"爱求柔桑"，选择一些叶质好的桑叶喂蚕；"取彼斧斨，以伐远扬，猗彼女桑"，取来锋利的斧头，砍掉高高的长枝条，攀着细枝摘嫩桑；"载玄载黄，我朱孔阳，为公子裳"，纺织出来的丝绸染成玄（黑）、黄、朱（红）等不同的颜色，为贵族公子做精美的衣裳。

《诗经》是我国最早的一部诗歌总集，其中的大量篇章被看作是西周初期到春秋时期各地流传下来的民歌，具有很高的史料价值。以上这首诗叫《豳风》，描述的是西周初期到春秋时期豳地人的生活情景。

豳在哪里呢？就是今天陕西的旬邑县西南。商朝初期，周人的祖先曾长期在豳地过着农耕生活；殷商中期，又从豳迁到了宝鸡的岐山，并在那里发展壮大自己的实力，到了周武王的时候，灭掉了殷商，建立了周朝。因为岐山乃周朝兴起的地方，便被周人称作"周原"。

豳和周原距离不远，都位于渭水的上游，灌溉便利，土壤肥沃，非常适合植桑养蚕。《豳风》反映出，至迟到了西周的时候，在豳和周原生活的人

---

① 程俊英：《诗经译注》，上海古籍出版社，2010年版。

们已正式驯化培养出了家蚕，在家里建有蚕室，从野外采桑、养蚕、纺织，开启了"男耕女织"式的田园生活模式。而且，他们还形成了一整套培植桑树、饲养家蚕的技术措施，栽桑、养蚕、织丝成了妇女的主要生产活动。

周朝建立（前1046）后，把都城从岐山迁到了丰邑（今西安西南）。不过，作为"周原"的宝鸡岐山一带的宫室始终未废，历代周王也不断来这里寻根、朝拜，这里实际上成了周朝的"圣都"。很多奴隶主贵族在这里有封地，世代居住和生活在这里。贵族多了，对丝绸的需求量无疑会更大，反过来促进了宝鸡一带桑蚕养殖事业的发展。

普通的家蚕改变了西周贵族的生活，所以，在周原生活的西周贵族们对家蚕充满了敬意，生前把蚕刻成玉饰，佩戴在身上。周人信奉鬼神，事死如事生，去世以后，把标志着他们生前身份地位的玉蚕作为陪葬品，想象着在另一个世界继续享受奢华的生活。

就在茹家庄出土玉蚕的前后，安阳殷墟也出土了大量玉蚕。结合文献资料，考古学家们推断：到距今约3500年至3000年的殷商晚期和西周早期，我们的祖先正式驯化培养出了家蚕，而且熟悉并掌握了一整套培植桑树、饲养家蚕的技术，从而加快了大规模养蚕缫丝纺织的文明进程。

不过，由于劳动生产率不高，那时的丝绸产量毕竟是非常有限的，只有有身份、有地位的贵族才能享用丝绸服装。所以，锦衣、纨绔指的就是贵族阶层，"锦衣玉食"往往用来形容养尊处优的贵族生活，"纨绔子弟"往往特指穿着精美丝绸的贵族子弟；而辛苦养蚕、纺织丝绸的下层劳动大众只能穿麻衣、葛布、褐衣，所以，褐衣、布衣就成了一般老百姓的代称。比如，诸葛亮晚年的时候，在写给蜀汉后主刘禅的《出师表》中回忆自己青年时期的生活时说：

> 臣本布衣，躬耕于南阳，苟全性命于乱世，不求闻达于诸侯。
>
> ——诸葛亮《出师表》①

诸葛亮说自己在刘备三顾茅庐出山以前，就是躬耕于南阳的一介布衣，一个平头老百姓。

所以，在古人看来，布衣、褐衣与锦衣、纨绔是两个截然不同的社会阶层，要想由一介布衣成为锦衣玉食的贵族必须经过一个十分艰难的过程。

二、男人们的佳偶

西周到春秋战国时期，整个黄河流域的桑蚕养殖业都很发达，呈现出一派繁忙的男耕女织的田园生活情景。与此同时，桑蚕养殖也逐渐渗透到我国的传统文化中。晋文公重耳与齐姜的爱情故事就是典型的例子。

春秋时期，在山西有一个诸侯国晋国，到了晋献公统治的晚年，出现了王位争夺的斗争。他的一个儿子重耳（前697~前628）为人宽厚、富有才能，但却遭到了晋献公夫人骊姬的忌恨。为躲避杀身之祸，重耳不得不流亡国外，先后投奔了8个诸侯国，时间长达19年之久。19年时间里，齐国给晋文公留下的印象最深，因为在这里他遇到了一位对他的前途命运产生了重大影响的女性。对此，《左传》有明确记载：

> 及齐，齐桓公妻之，有马二十乘。公子安之，从者以为不可。将行，谋于桑下。蚕妾在其上，以告姜氏。
>
> ——《左传·僖公二十三年》②

---

① 陈寿：《三国志》卷三十五《诸葛亮传》，中华书局，2011年版。
② 杨伯峻：《春秋左传注》，中华书局，2018年版。

当重耳流亡到齐国的都城临淄（今山东淄博）的时候，齐国的国君齐桓公（姜小白）做媒，把一位姜姓贵族女嫁给了重耳，并用二十乘马作为陪嫁。

齐国是西周功臣姜尚的封国。当初，姜尚曾经流落到宝鸡的周原，并且在那里遇到了求贤若渴的周文王，受到了重用。"姜太公钓鱼，愿者上钩"的典故就发生在周原。后来，姜尚辅佐周武王灭掉了殷商，建立周朝，而被封齐国。所以，姜姓就是国姓，姜姓女当然也是贵族女子。我们在这里姑且把她称为"齐姜"。

能娶到齐桓公亲自做媒的齐姜，这使流亡在外多年的重耳感到很欣慰，于是，他便产生了安于现状的想法。当时，跟随重耳一同流亡在外的还有晋国的几位大臣狐偃、赵衰以及子犯等。他们不愿意看到重耳就这样终老齐国，不思进取，而且这也违背了他们等待时机返回晋国，继承君王之位的初衷。现在"老板"不作为了，他们这些人还有什么前途呢！于是，有一天，狐偃、赵衰和子犯就在临淄城外的桑林中进行谋划。

这里交代一下，齐国在山东半岛东北部，沃野千里，土壤肥沃，十分适合植桑养蚕。而姜尚早年又长期在周原带领周的先民植桑养蚕，有丰富的经验。因此，他和他的后代齐桓公等都十分重视桑蚕养殖业。

在齐国的都城临淄城外有成片的桑林，狐偃三人来到桑林后，就在一棵大桑树下商议谋划。但令狐偃他们没有想到的是，他们谋划过程中的每一句话都被桑树上隐藏着的一位采桑女子听去了。

在当时的黄河流域，有两种桑树：高干桑和低干桑，或者说低桑和高桑。《诗经·豳风》里采桑女所采的桑树属于低桑，站在田垄上举手就可以够得着桑叶了。而临淄城外的这棵桑树明显属于高干桑，采桑女往往要爬到高高的树干上进行采桑。而且，桑树上竟能藏着一个人没有被发现，可见这棵桑树有多大。

事后，采桑女把狐偃他们的谋划告诉了齐姜。得到报告的齐姜怎么办呢？这要看齐姜是个什么人了。

这位齐姜是一位非同凡响的女人。

第一,容貌娇美。齐国贵族女子普遍身材高挑、修长,皮肤白皙,容貌美丽。齐姜则是其中的佼佼者。

第二,善于修饰。齐国是东方大国、强国,经济发达,百姓富足。齐桓公在管仲的辅佐下成为春秋五霸之一。史书记载:

> 其俗弥侈,织作冰纨绮绣纯丽之物,号为冠带衣履天下。
>
> ——《汉书·地理志下》[①]

齐俗尚侈,织物精巧细致,极尽奢华。同时,齐国纺织水平很高,丝织物品畅销于各诸侯国,天下人的冠带衣履都仰仗着齐国。受此影响,齐国贵族无论男女,衣着都很讲究,不仅喜欢穿着华美的丝绸锦衣,而且衣服上还绣有各种精美的花样纹饰。"人是衣装,马是鞍装",那个时候的齐国就体现出来了。

第三,深明大义。齐姜饱读诗书,德行兼备,具有良好的文化素养;而且富有远见卓识,处事当机立断。她见重耳沉迷于婚后的安逸生活,雄心壮志逐渐消磨,因此,果断支持狐偃等人的建议,力劝重耳尽快离开齐国,为返回晋国做君主而继续努力。为此,她不惜果断地杀掉知情的采桑女,然后对重耳进行劝说。劝说无效后,又和狐偃等人密谋,把重耳灌醉,趁醉酒时把他运出齐国。公元前636年,重耳终于返回晋国,成为君主,史称晋文公,后为春秋五霸之一。

在这个故事里,齐姜是一位有主见、有魄力的女性,她不拘于儿女私情,也没有因为自己生在齐国而把重耳强留在齐地,把重耳的政治生命看得比自己的家庭幸福更重要,千方百计让重耳走上"创业"的道路。当家庭利益与国家利益发生冲突,个人感情与整体大局产生矛盾时,她能够顾全大局,帮

[①] 班固:《汉书》,中华书局,2016年版。

助丈夫成就功名。真是百里挑一的好女人！

古代文学作品中有很多英雄美人的故事，这种故事一般分为两类：一类是英雄救美人；另一类是公子落难，美女相救。重耳和齐姜的爱情故事就成了美人救英雄的一个典型。齐姜的形象也越来越可爱，所以，在春秋战国时期的上流社会流传着这样的说法：

岂其取妻，必齐之姜？

——《诗经·陈风·衡门》[1]

这句话来自《诗经》，本意是说：要娶妻子的话，难道非要娶齐国的姜姓女子才最满意吗？从问话里，正好说明了迎娶齐姜女子成为当时社会美满婚姻的象征，齐姜女子成为公认的佳偶。我相信，即使在现代社会，不仅容貌美、穿着华丽，而且心灵美、素质高如齐姜这样的女子，仍然会是绝大多数男士的佳偶、五星级的新娘。

爱情故事往往是每个民族文化里永恒的主题，在我国的爱情故事里，从齐姜、孟姜女、牛郎织女、七仙女以至于花木兰、刘兰芝等，无不是心灵手巧的桑女、织女形象。女性的温柔、美丽、智慧在养蚕纺织的劳作过程中充分展示出来，女性在社会生活中地位的重要性也充分显现出来，这些完美的女性也自然成为男人的梦中情人和理想佳偶。

三、诸葛亮的蜀锦梦

只有发达的桑蚕文化才能孕育出丰富的丝织物品，有了丰富的丝织物品，才能为后来的丝绸之路上的丝绸贸易打下坚实的物质基础。

很多人都熟悉《三国演义》，对诸葛亮这个人都不陌生。他足智多谋，

---

[1] 程俊英：《诗经译注》，上海古籍出版社，2010年版。

帮助刘备建立了蜀汉政权，成功实现"三分天下"的战略意图，可谓功绩卓著，鞠躬尽瘁。不过，诸葛亮的结局有些悲剧色彩，他五次北伐，终告失败，并没有完成统一大业，最后因积劳成疾病死在五丈原，带着遗憾离开了他未竟的事业。那么，五丈原在哪里，诸葛亮怎么会病死在那里呢？

五丈原就在宝鸡的岐山县境，就是凤鸣岐山的周原之地。历史上，这里向来被称作"关陇锁钥，西南禁喉"。由关中到西北进入丝绸之路，或由关中下江汉，进西南；或者反过来，由巴蜀、江汉到关中，或由西北入关中、进中原，宝鸡都是必经之地。当年大家熟悉的军事家韩信"明修栈道，暗度陈仓"的故事也发生在这里。

史书记载，从228年到234年，诸葛亮曾五次带兵北伐。五次进军路线均是从四川的成都北上，进入汉中，然后进攻宝鸡，试图占领宝鸡，进而攻占关中。234年，诸葛亮率领军队继续第五次北伐，进军到了五丈原，屯田于渭水南岸，与司马懿相持。司马懿老谋深算，坚壁不出。不久，诸葛亮积劳成疾，卒于军中，蜀汉北伐最终宣告失败。

大诗人杜甫曾有一首诗说：

> 丞相祠堂何处寻？锦官城外柏森森。
> 映阶碧草自春色，隔叶黄鹂空好音。
> 三顾频烦天下计，两朝开济老臣心。
> 出师未捷身先死，长使英雄泪满襟。
>
> ——杜甫《蜀相》[①]

这首诗对诸葛亮的一生给予了高度评价，其中"出师未捷身先死，长使英雄泪满襟"两句诗说的就是诸葛亮没能完成统一大业病死五丈原的事，读起来令人唏嘘感怀。

---

① 《全唐诗》，中华书局标点本，1960年版。

诸葛亮北伐失败的根本原因是什么？

后人对此进行了很多探讨。我觉得，根本原因在于双方力量对比悬殊。当时，蜀汉只占据西南一隅，全部人口加在一起不足100万（94万）。而曹魏呢？近400万，1∶4的差距。这是其一。

其二，诸葛亮每次北伐所带兵力只有10万，而曹魏用来对付它的一线军队就有20万。这是军事力量对比上的差距。

所以，虽然诸葛亮善于治军，他的军队训练有素、纪律严明，但始终无法在蜀魏战争中取得决定性的胜利。

不过，大家知道，战争消耗的不仅是人，最主要的是物资。这里的问题是，蜀汉人少、地狭，军力不足，为什么还能支撑诸葛亮五次北伐呢？

原因之一，就与蜀锦有关。

成都平原盛产桑蚕，织锦业发展很早。到了汉代，成都的丝织业进入繁荣时期，并在全国打出了一个重要的品牌——蜀锦。与其他地区生产的丝绸制品相比，蜀锦不仅制作精美，而且颜色无比鲜艳漂亮。所以，蜀锦不仅作为贡品上贡，而且行销全国。那么，蜀锦为什么会如此与众不同呢？这跟蜀锦制造过程中的一道工序有关。史书记载：

> 锦江织锦，濯其中则鲜明，濯他江则不好。
>
> ——《华阳国志·蜀志》[1]

蜀锦织造工艺流程中有一个重要程序，就是锦工织出锦后，必须在锦江中漂洗——锦江是流经成都南部的一条人工江水，是从都江堰工程引来的岷江的水。经过锦江漂洗的蜀锦颜色鲜艳、明丽，十分漂亮，而在其他的江河水中漂洗却达不到这种效果。究其原因，是因为锦江水源自岷江，而岷江水源自高山融雪，当水流到成都地面后，水温仍低于外地河水，濯锦的过程实

---

[1] 常璩：《华阳国志》，齐鲁书社，2010年版。

质上是一个对织锦冷处理的过程。所以，才收到了奇效，使蜀锦成为全国丝绸制品中的佼佼者，受到大众的追捧。

在两汉时期，锦江两岸分布着大量官、私织锦作坊，汉代还在这里设有专门的锦官，管理官营织锦作坊事务，因此这一区域被当地的老百姓称为锦里，或锦官城。"里"是古代城邑内供民众居住生活的主要空间，大致相当于后来的"坊"。久而久之，"锦官城"又成了成都整座城市的代称。杜甫在《蜀相》中就称成都为"锦官城"。今天，成都还有个地方叫锦里，是著名的商业区域。

蜀汉政权建立后，具有鲜明特色和优良传统的蜀锦当然成了主要的经济商品，诸葛亮做蜀汉丞相时十分重视蜀锦的生产和销售，生产大量精美蜀锦，沿着长江远销大江南北，最远销售到南京地区。蜀锦销售所带来的巨大经济收益，大大增加了蜀汉的财政实力，并为诸葛亮的五次北伐奠定了经济基础。

在汉魏、南北朝至唐代，当时我国的丝织品种类已经十分丰富，既有来自汉唐长安的宫廷丝绸，又有来自山东的齐纨鲁缟，另有大量的如绫、绢、绮、纱等数十种不同的丝织品。不过，蜀锦仍然是丝织品里的精华，是畅销的丝织品。当时，蜀锦的销售方向主要有两个：一是沿长江销往长江中下游地区；另一个方向则是北上，沿秦蜀之间的道路，到达宝鸡，再由宝鸡直接沿丝绸之路销往西北，乃至西域。

20世纪七八十年代，考古工作者在新疆吐鲁番进行考古发掘时，发现了一个规模很大的贵族古墓群。古墓中，出土了大量织锦。经过鉴定，这些织锦的年代属于南北朝到唐朝之间，而且绝大多数织锦是蜀锦，这进一步证明了宝鸡在蜀锦进入丝绸之路过程中的重要交通枢纽作用。

四、宝鸡战胜凤凰

历史上，宝鸡曾有不少名称和别称，如陈仓、周原、雍城、凤翔等。那么，宝鸡这个名称是如何得来的呢？

唐朝是我国历史上著名的盛世，特别是到了唐玄宗开元年间（713~741），经济的发展更是达到了前所未有的顶峰。大诗人杜甫曾经对当时社会的繁荣情景有过形象的描述：

> 忆昔开元全盛日，小邑犹藏万家室。
> 稻米流脂粟米白，公私仓廪俱丰实。
> 九州道路无豺虎，远行不劳吉日出。
> 齐纨鲁缟车班班，男耕女桑不相失。
>
> ——杜甫《忆昔》[1]

在杜甫的这首诗里，我们仿佛看到了古代"男耕女桑"田园生活的最高境界。那时候的丝织业也达到了历史上的繁荣时期。官方和民间生产的丝绸数量庞大，不仅国家的仓库中储存了大量的丝绸，一些富贵人家也往往把拥有丝绸的数量作为财富的标志。在《太平广记》中记载了这样一个故事：

唐玄宗开元年间，长安有一位巨富叫王元宝。有一次，唐玄宗问王元宝家里有多少财富。王元宝回答说：

> 臣请以绢一匹，系陛下南山树，南山树尽，臣绢未穷。
>
> ——《太平广记·邹凤炽》[2]

在唐朝，一匹大约等于二丈，一匹绢可以卖到1000文左右。南山是长安以南秦岭山脉的一段，又叫终南山。当时，南山森林植被很茂密。王元宝向唐玄宗炫耀说，要说我家里有多少财富，我打个比方吧，把我家里的绢拿出来，缠绕在终南山的树上，每棵树缠绕一匹绢，全部终南山的树都缠完了，臣下

---

[1] 《全唐诗》，中华书局标点本，1960年版。
[2] 李昉等：《太平广记》，中华书局，1961年版。

家里的绢还没有用完。可见，王元宝家的富裕程度。

但是，再富裕的社会也经不起瞎折腾。到了天宝年间（742~757），唐玄宗失去了励精图治的勤政作风，信任口蜜腹剑的李林甫，宠爱风情万种的杨贵妃，导致朝政腐败。755年，安史之乱爆发，唐玄宗在长安夜夜弦歌的升平生活被彻底打破。

安史之乱爆发的第二年（756），叛军攻破关中平原的东大门潼关，眼看都城长安不保，唐玄宗带着杨贵妃等仓皇逃出长安，打算逃到成都。7月15日走到马嵬驿（今陕西兴平西），发生兵变。兵士们认为，安史之乱爆发都是因为唐玄宗宠爱杨贵妃，不理朝政，于是逼迫唐玄宗杀死杨贵妃。而后，才保护唐玄宗入蜀。

唐玄宗逃走了，唐朝的江山社稷怎么办？这时候，唐玄宗的太子李亨并没有跟随他的父亲一块逃走，而是在灵武（今宁夏灵武）自称皇帝（即唐肃宗），依靠郭子仪与李光弼的军队与叛军作战。

但灵武位置偏僻，交通运输和信息沟通都非常不便。唐肃宗就想另选一块根据地。于是，他看中了陈仓。

陈仓历史悠久，是周朝的兴起之地——周原；当年秦的祖先也长期在这里活动，是秦人崛起的地方。同时，陈仓交通便利，容易得到来自江汉的军事物资，又靠近长安，有利于就近指挥军队。于是，在安史之乱的第三年（757）春天，唐肃宗从灵武进驻离陈仓几十里的扶风郡（天兴县）。

到了扶风郡之后，唐肃宗取"凤鸣岐山"传说，改扶风郡为凤翔郡，改陈仓县为凤翔县。史书曾有这样的记载：

> 周之兴也，鸑鷟鸣于岐山。
>
> ——《国语·周语》①

---

① 陈桐生译注：《国语》，中华书局，2016年版。

鸑鷟就是凤凰。这句话的意思是说，周武王带领八百诸侯攻伐殷商的前夕，有凤凰在岐山高岗上鸣叫。凤被周人看作神鸟，是天帝的化身，周人把凤鸣作为大吉之兆。后来，周武王果然灭了殷商，建立了周朝，延续了八百多年的统治。这就是"凤鸣岐山"典故的由来。

不过，过了没几天，唐肃宗又下诏改陈仓县为宝鸡县。在有些朋友看来，凤翔多好听呀！难道凤凰还不如宝鸡？

其实，这是有原因的。

据司马迁《史记》记载，秦文公十九年（前747）前后，陈仓这个地方频繁地降落陨石；陨石降落的时间往往是在晚上，如流星划破天际，发出巨大的声响，惊得周围山上的野鸡都鸣叫起来。其中，有一块巨大的陨石降落在陈仓的城北，形状就像一只报晓的雄鸡。每天清晨，附近的雄鸡往往都集中在这块陨石上，为陈仓人报晓啼鸣。秦人对陨石降落这种天象还不能够完全理解，就把那块巨大的陨石当作了宝贝，取名陈宝（陈仓的宝贝），并在附近建立了一座祠堂，取名"陈宝祠"，年年用狗和羊作为牺牲进行供奉。

前面我们讲到农耕社会田园生活的时候，一直在谈桑蚕，其实，鸡也是古代田园生活中一个不可或缺的重要文化元素。田园诗人陶渊明曾经有一首诗：

暧暧远人村，依依墟里烟。
狗吠深巷中，鸡鸣桑树颠。

——陶渊明《归园田居》其一[①]

远处是隐隐的村庄，飘出缕缕炊烟，还能听到深巷中的狗叫，以及桑树上的鸡鸣声，淡淡几笔描绘出一幅清幽宁静却又充满田园风情的画卷。

也许有朋友会问：鸡不是在鸡笼里关着吗，陶渊明怎么会说鸡鸣桑树颠呢？

[①] 徐培均：《中国古代诗苑精品》，东方出版中心，1996年版。

其实，陶渊明没有错。鸡是人类驯化的一种鸟类动物。早在原始社会末期，也就是距今四五千年前就已经被驯化，有了家鸡。凤凰的原型是一种有着漂亮羽毛的长尾雉，而家鸡的祖先则是一种短尾雉。如此来看，家鸡和"凤凰"同属于一个种群——雉。

因为是鸟类，家鸡在驯化以前，和其他鸟类一样，本来就是栖息和生活在树上的。家鸡被驯化后，尽管飞得不高，但还是能飞起来的。夜晚的时候，家鸡被关进每家每户搭建的鸡舍里。

但一些家境贫寒的家庭，连鸡舍也搭不起怎么办？

古代植桑养蚕已经成了一种传统，所以，在房前屋后、居家院子里都栽植有桑树，于是，家鸡为了躲避天敌（比如黄鼠狼），晚上就飞到桑树枝上过夜。因为鸡本来就属于鸟类，当它睡觉的时候，肌肉虽然放松了，但爪子却可以牢牢地抓住树枝。第二天清晨，当然就会出现"鸡鸣桑树颠"的情景了。

小时候，我生活在河南中部的农村，那时候院子里虽然没有桑树，但种有一棵枣树，我记得我们家养的鸡有时候就飞到枣树枝上过夜。第二天早晨，就会听到"鸡鸣枣树颠"了，很有意思。这也说明陶渊明真的了解农村生活，才把田园诗写得那么接地气，鸡和桑一起构成了农村田园生活的一幅美丽画卷。

大家知道，古代没有钟表一类的报时工具，在农村，鸡叫三遍，太阳出来，老百姓起床，开始一天的生活。所以，雄鸡能够报晓；鸡蛋、鸡肉可以满足人们对肉和蛋的需求；鸡又与"吉祥"的"吉"谐音，非常符合中国人凡事期望吉祥、吉庆、吉利的传统心理诉求。不仅如此，在古人看来，鸡身上还具备五德：

> 首戴冠者，文也；足搏距者，武也；敌在前敢斗者，勇也；得食相告，仁也；守夜不失时，信也。
>
> ——韩婴《韩诗外传》卷二

鸡头上的鸡冠，好像古代文人的官帽，这是鸡"文雅"的一面；鸡的两只脚保持一定距离站立着，时刻准备迎接挑战，这是鸡"威武"的一面；看到面前的对手，鸡从不退却，这是鸡"勇敢"的一面；发现了可以觅食的地方，就呼唤附近的同类一起过来享用，这表现了鸡"仁爱"的一面；守夜报晓从不失时，表现了鸡"守信"的一面。"文、武、勇、仁、信"五德俱全，简直成了圣鸡、神鸡。可见古人对鸡的崇拜。

所以，在唐肃宗看来，鸡和凤同源，都具有神性。在陈仓，到唐肃宗的时候，陈宝祠已经存在了一千多年，把鸡进一步神圣化。这就是说，鸡的神性一点都不亚于凤，而鸡含有的吉祥、吉庆、吉利和鸡身上的"五德"更是唐肃宗剿灭叛军、中兴唐朝所需要的文化舆论力量。最终，唐肃宗不惜舍弃了"凤翔"这个名称，毅然决定把陈仓重新改名为宝鸡，"宝鸡"最终战胜了"凤凰"，一直沿用至今。

所以，植桑养蚕、雄鸡报晓、男耕女织、把酒言欢的田园生活一直是中国古人一种恬静、和谐、美好的生活情景，唐朝诗人孟浩然把这种生活情景也化作了一首优美的诗篇：

故人具鸡黍，邀我至田家。
绿树村边合，青山郭外斜。
开轩面场圃，把酒话桑麻。
待到重阳日，还来就菊花。

——孟浩然《过故人庄》[①]

这首诗歌词句隽永、意境优美，青山、绿树、桑麻、家鸡、菊花、美酒引起了后人对古代田园生活的无限向往。在古代美好生活的画卷中，从来少不了桑树、蚕宝、丝织，少了这些内容，感觉这幅画卷就是残缺的、不完美的。

---

① 《全唐诗》，中华书局标点本，1960年版。

下一讲,我们将沿着丝绸之路继续西上,去品味甘肃东部的一座丝路古城。请大家关注下一讲:得天独厚话天水!

【趣味知识自测题】参考答案

1.B 2.B 3.C 4.C 5.C 6.C 7.B 8.D 9.A 10.D

第二章 男耕女织话宝鸡

第三章

得天独厚话天水

趣味知识自测题

1. 在古代传说中，人间有一条大河和天上的银河相连着，这条大河是_____。

   A. 黄河　　　　　B. 长江　　　　　C. 淮河　　　　　D. 汉水

2. 我国四大民间传说不包括_____。

   A. 牛郎织女传说　　　　　　　B. 七仙女传说

   C. 梁山伯与祝英台传说　　　　D. 孟姜女传说

3. "牛郎织女"传说里的"织女星"与古代的一位女性祖先有关，她是_____。

   A. 螺祖　　　　　B. 女娲　　　　　C. 女修　　　　　D. 孟姜

4. "两情若是久长时，又岂在朝朝暮暮"的词作者是_____。

   A. 柳永　　　　　B. 秦观　　　　　C. 苏轼　　　　　D. 李清照

5. 我国有四大佛教石窟艺术宝窟，其中不包括_____。

A. 敦煌莫高窟　　　　　　　　B. 重庆大足石刻

C. 天水麦积山石窟　　　　　　D. 大同云冈石窟

6. 麦积山石窟中有一尊被誉为"东方微笑"的石刻，这尊石刻是为了纪念一位曾经在天水生活的古代杰出女性而开凿的，这位女性是_____。

　　A. 西汉吕后　　　　　　　　B. 北魏冯太后

　　C. 西魏乙弗皇后　　　　　　D. 唐朝武则天

7. 唐朝有一位诗人曾经亲自参观过天水的麦积山石窟，并留下了一首诗，这位诗人是_____。

　　A. 李白　　　B. 杜甫　　　C. 杜牧　　　D. 王维

8. "露从今夜白，月是故乡明"的作者是_____。

　　A. 李白　　　B. 高适　　　C. 杜甫　　　D. 岑参

9. 三国时期蜀汉北伐，诸葛亮曾经在天水附近_____。

　　A. 七擒孟获　　B. 挥泪斩马谡　　C. 巧设空城计　　D. 病死五丈原

10. 天水是我国西北地区水资源较为丰富的一座城市，被誉为_____。

　　A. 塞外江南　　B. 塞上江南　　C. 陇上江南　　D. 北国江南

【评分标准】共10题，总分100分。每题选择正确得10分，选择错误0分。

【评估等级】

大牛（对城市很熟悉）：80~100分；

及格（对城市基本了解）：50~70分；

菜鸟（对城市很陌生）：0~40分。

注：参考答案附在本章末。

开篇的话

在很多人的印象里，甘肃省属于西北荒漠地区，干旱缺水。但是，有一座城市却是个例外，它有一个听起来水淋淋的名字，水资源丰富。

在我国民间，牛郎织女的爱情传说家喻户晓。但是，这个爱情故事最早起源于哪里？为什么我们的祖先把天上的银河叫作河汉？

这两个问题的答案都与这座城市有关。

不仅如此，这座城市还有一处驰名世界的艺术宝窟。在这座宝窟里，竟然也包含着和天上的牛郎织女相似的凄美爱情故事。

这座城市就是天水。

它位于甘肃的东部，被誉为甘肃的东大门。从关中进入河西走廊，或者从西域进入中原地区，天水都是必经之地。因此，天水自古以来就是丝绸之路上的一座重镇。

那么，天水这座听起来水淋淋的城市的名称是如何得来的？它又是怎么与这么多美丽的爱情传说发生了密切的关联呢？

下面，我就和大家一起走进天水，揭开以上这些谜团。

一、天上银河的来历

很早以前，在天水一带流行着这样一首汉乐府诗：

> 迢迢牵牛星，皎皎河汉女。
>
> 纤纤擢素手，札札弄机杼。
>
> 终日不成章，泣涕零如雨。

河汉清且浅，相去复几许？

盈盈一水间，默默不得语。

——《迢迢牵牛星》①

这首诗讲述的是天上的牵牛星与河汉女（织女星）隔着浅浅的河汉（银河）却无法相见，织女只好整日以泪洗面，受尽了相思之苦的故事。这个爱情故事非常感人，在我国的很多地方广为流传。

但是，这个爱情故事最早起源于哪里？为什么我们的祖先把天上的银河叫作河汉？这两个问题在我国一直都有不同的说法。

有证据表明，这两个问题的答案与丝路古城天水有密切的关联。

在四五千年以前，我们的人文始祖伏羲氏就在天水一带活动，并在这里繁衍生息。所以，这里是中华民族早期文明的发祥地之一。

到了两千多年前的先秦时期，秦人的先祖（就是后来建立秦朝的秦始皇的先祖）也生活在汉水的上游地区，他们过着半农耕、半游牧的生活。在秦人的先祖中，有一位女性叫女修。史书记载：

帝颛顼之苗裔孙曰女修。女修织，玄鸟陨卵，女修吞之，生子大业。

——《史记·秦本纪》②

女修是颛顼（黄帝的孙子，三皇五帝之一）的苗裔孙，心灵手巧，善于纺织。一次，女修在野外吞下了玄鸟产下的卵，后来，怀了孕，生下了秦人之祖大业。大业带领秦人在汉水上游一带发展早期农业，植桑养蚕，男耕女织，为秦人的崛起奠定了基础。到秦始皇的时候，终于统一了全国，建立了我国第一个

---

① 徐培均：《中国古代诗苑精品》，东方出版中心，1996年版。
② 司马迁：《史记》，中华书局标点本，1975年版。

封建王朝——秦朝。

大家知道，水是生命之源。所以，《管子》说：

> 水者，何也？万物之本原也，诸生之宗室也。
>
> ——《管子·水地篇》[1]

秦的先民居住于汉水上游，汉水养育了他们，哺育了他们的文化，秦人对汉水充满了敬仰。于是，他们将晴朗夜空中呈现的银白色光带（即银河）相应地称作"汉"，或"河汉""天汉""银汉"；将位于河汉东侧呈三角状排列的一颗大星和两颗小星称作"织女"，以纪念他们善于纺织的始祖女修。所以，女修就成了织女的人物原型。

到了战国时期，同样在天水附近的区域又有了牵牛星的传说。在两汉的时候，牵牛星与织女星的故事不断演绎，最终形成了这样一个传说故事：

在银河的东面，住着天帝的女儿织女。她心灵手巧，整天在机杼上忙碌，织成云锦天衣，把天空装饰得五彩斑斓。天天织衣太辛苦了，所以，在闲暇时间，织女经常约着天上的仙女在银河里洗浴、嬉戏。

那时候，天地相连，银河也与人间的河流相通着。

在人间，有一个苦命儿郎叫牛郎，住在一条大河的附近。他从小没了父母，兄嫂又不待见他，分给他一头老牛，让他自立门户，生活过得很清苦。但牛郎没有想到，这头老牛却是头神牛。有一天，老牛告诉牛郎，让他深夜到大河边，会看到有一群天上的仙女在河里洗浴。老牛让牛郎偷走了正在洗浴的织女的天衣，织女洗完澡，发现没衣服穿，无法返回。她又同情牛郎的身世，于是与牛郎结为夫妻，在人间过起了男耕女织的美满生活。织女下凡的事情后来被天帝知道了，天帝很生气，就派王母娘娘来到人间，把织女强行带回天宫。牛郎得知消息，披着神牛皮做成的皮衣在后面追赶，追到银河边，无

---

[1] 李山译注：《管子》，中华书局，2016年版。

法渡过。于是,他只好隔着银河与织女相望。

在这个传说中,有一个十分关键的地方:银河与人间的一条大河相连着。牛郎就生活在这条大河边,所以才能发现在银河里洗浴的织女。

那么,这条大河是哪条河呢?就是汉水。

汉水是长江最大的支流,它发源于天水市西南的嶓冢山(今天水市齐寿山)。然后,向东南流经汉中,再进入长江。

这就是说,由于汉水发源于天水西南的嶓冢山,传说又与天上的银河相连,因此,先秦时期,秦人的祖先们就自然而然地把这个地方命名为"天水"。

这就是天水得名的一种流行说法。所以,虽然关于"天水"的来历有不同的说法,但这种说法最富有传奇色彩,也最容易被人们接受。

实际上,天水地区不仅是长江最大支流汉水的源头所在地,黄河的最大支流渭河在天水境内也有50条一级支流。同时,天水又有跑马泉、甘泉、玉泉等众多名泉和湖泊。

所以,虽然甘肃省整体上干旱缺水,天水却属于暖温带半湿润气候区,四季分明,气候湿润,年降水量450~700毫米,冬无严寒,夏无酷暑,森林覆盖率也很高,成为我国西北地区水资源较为丰富的一座城市,被誉为"陇上江南"。

今天,"牛郎织女""孟姜女""梁山伯与祝英台"与"白蛇传"被列为我国四大民间传说。

大家会发现,这四大传说都与爱情有关,而且,都带有淡淡的悲剧色彩。相对来讲,只有牛郎织女还可以在每年的七月初七,即"七夕"在鹊桥相会,暂时了却相思之苦。北宋词人秦观曾经为此写了一首词:

纤云弄巧,飞星传恨,银汉迢迢暗度。

金风玉露一相逢,便胜却人间无数。

柔情似水,佳期如梦,忍顾鹊桥归路。

两情若是久长时，又岂在朝朝暮暮。

——秦观《鹊桥仙》①

这首词把牛郎织女的鹊桥相会写到了极致，尤其是"两情若是久长时，又岂在朝朝暮暮"一句，可以说是对人世间千古爱情中的缺憾——长相思却不能长相守的完美诠释。

但是，很多人不知道，天水最有名的麦积山石窟，竟然也包含着不亚于"两情若是久长时，又岂在朝朝暮暮"的凄美爱情故事。

二、祸起萧墙

在天水市的东南部，有一座孤立的山峰，就像突然崛起的一块巨石，高百余丈，山形上空下缩，远远望去，就像麦收季节民间百姓堆积起来的麦垛，所以取名"麦积山"。

去过麦积山的朋友都知道，麦积山的佛教洞窟全部修建在麦积悬崖上，最高处离地面80多米，几乎相当于30层楼那么高，最低的也有二三十米。石窟开凿始于公元5世纪初期，历经一千多年持续不断的开凿，今天，留下的洞窟有200多个，各种造像7800余尊。要在高高的悬崖峭壁上开凿石窟，增加了开凿的难度。正好，天水南部周边山地植被茂密，树木成林，所以，天水当地留下一句民谣：

砍尽南山柴，修起麦积崖。

——秦州民谣

当时采取的办法是，开凿石窟时找来大量木料，从平地把木料搭成木架，

---

① 唐圭璋：《全宋词》，中华书局，1965年版。

就像今天建楼房的脚手架，一直到达相应的位置，开凿出龛室，然后，在龛室中塑像、描绘壁画。等工程完工后，把木架拆除。最后，再架设悬空的天梯通到相应的龛室。这一过程充分彰显了天水先民的智慧。

那么，天水为什么会开凿石窟寺呢？

其中一个原因是天水位于丝绸之路的重要交通线上。佛教发源于印度，在丝绸之路开通后，开始沿丝绸之路从西域向我国内地传播。所以，在丝绸之路沿线，如新疆的和田、吐鲁番，甘肃的敦煌、天水，以及中原的西安、洛阳、大同等地，都有大量的佛教寺院、佛教石窟等遗存。至今，留下了敦煌莫高窟、天水麦积山石窟、洛阳龙门石窟以及大同云冈石窟，成为驰名中外的四大佛教石窟艺术宝地。

不过，这四大佛教石窟艺术中，龙门石窟和云冈石窟所在地都是曾经的都城，开凿时皇家动用了大量的人力、物力和财力，所以，开凿出来的佛像高大、宏伟、撼人心魄，体现出非同凡响的皇家气魄；而天水、敦煌远离都城，没有皇家财政的支持。敦煌石窟的开凿主要靠当地的世家大族或化缘僧侣，经过很长时间，开凿出密密麻麻的小型洞窟，最后形成了数百个小型石窟组成的石窟群。

天水麦积山石窟又是如何开凿的呢？

天水不仅位于丝绸之路的重要交通线上，而且恰好位于关中平原、成都平原和大西北三大区域的交会地带，人流、物流、资金流都曾经很频繁，这为石窟的开凿提供了有利条件。同时，因为天水远离都城，所以，麦积山石窟造像就呈现出了不同于龙门石窟和云冈石窟造像的特点，即世俗化。其中，与一个凄美的爱情故事相关的一尊塑像尤其体现了这个特点。

一千五百多年前，活动在蒙古草原的鲜卑族逐渐强大起来，统一了我国的黄河流域，建立了北魏政权。在孝文帝统治时期，北魏把都城从山西平城（今大同）迁到了河南洛阳，孝文帝推行了全面的汉化改革，推动了社会的发展。但改革也触动了一些顽固派的利益，引起了他们的不满，留下了很多问题。

所以，孝文帝去世后没多久，北魏内部就陷入了争权夺利的斗争中，然后，分裂为东魏和西魏。

北魏有一个大将叫宇文泰，手握重兵，占据关陇地区。公元535年，宇文泰拥立孝文帝的孙子元宝炬（507~551）为皇帝，建立了西魏政权，都城定在了长安（今西安），元宝炬就是西魏的魏文帝，年号大统。宇文泰因为拥立元宝炬有功，所以，西魏建立后，做了西魏的大丞相、柱国大将军，实际把握了西魏的军政大权。

这就意味着，元宝炬虽然做了皇帝，但西魏的军政大权都掌握在大丞相、柱国大将军宇文泰手里，元宝炬实际上是一个傀儡。傀儡皇帝不好做，关键时候任人摆布，做不了主。这也为日后他和皇后乙弗氏（510~540）之间的爱情悲剧埋下了伏笔。

乙弗氏是什么人呢？

乙弗氏和元宝炬一样，都是鲜卑人。她的祖先原来生活在青藏高原，后来归附北魏，世代高官，是北魏时期的显贵家族，与皇家始终保持着姻亲关系。乙弗氏的父亲（乙弗瑗）就是北魏的驸马都尉，娶的是孝文帝的女儿淮阳公主，从亲戚关系上，孝文帝是乙弗氏的亲外公。

当北魏孝文帝从山西平城（今大同）迁都洛阳的时候，乙弗氏一家也随之迁到了洛阳。随着孝文帝改革和推行汉化政策，乙弗氏家族也接受了儒家文化教育。所以，乙弗氏从小熟读诗书，深通礼仪，受儒家文化影响很深，可以说是一个地地道道的洛阳姑娘。

16岁的时候（525），乙弗氏嫁给了19岁的表哥元宝炬（乙弗氏的母亲淮阳公主是元宝炬的亲姑姑）。按照现代的说法，这种婚姻属于近亲结婚，对后代健康不利。但在古代，人们对近亲结婚的危害还没有充分认识，反而觉得亲上加亲会更亲近。甚至到了清朝，在《红楼梦》里，贾母还希望他的亲孙子贾宝玉和亲外甥女林黛玉结为夫妻。

再回到乙弗氏与表哥元宝炬的婚姻上。从婚后情况来看，两人相亲相爱，感情融洽，是一对恩恩爱爱的小夫妻。

乙弗氏26岁的时候（535），元宝炬被宇文泰拥立为帝。乙弗氏顺理成章做了西魏的皇后，一国的国母。

做了皇后的乙弗氏怎么样呢？史书记载：

> 性好节俭，蔬食故衣。珠玉罗绮绝于服玩。又仁恕不为嫉妒之心，帝益重之。
>
> ——《北史·后妃传上》[①]

她十分节俭、朴素，吃一般蔬菜粮食，穿一般的衣服，珍珠美玉、绫罗绸缎从不穿戴；为人仁爱宽厚，从不妒忌，所以，深得魏文帝的宠爱。宠爱到什么地步呢？根据史料记载，从16岁和魏文帝结婚到31岁去世，15年间，乙弗氏先后生了12个子女，平均一年多就为元宝炬生一个孩子，可以说是受到了专宠。

我们常说：天有不测风云，人有旦夕祸福！就在乙弗氏与元宝炬这对帝王夫妻恩爱有加的时候，他们的爱情却遭到了致命打击。

这时候，原来依附于北魏的北方草原地区的柔然部族趁着北魏分裂，逐渐强大起来。柔然的可汗叫阿那瑰，拥兵数十万，经常侵扰西魏北部的边境，对刚刚建立起来的西魏政权构成了巨大的威胁。

怎么和柔然搞好联络，缓和两个政权之间的紧张关系呢？当时最好的办法就是"和亲"。这是从汉朝建立以后就采取的一种政治手段，在一定程度上是有效果的。

所以，宇文泰就和亲问题和元宝炬商量，力主尽快和柔然联姻。元宝炬同意了。

先是以一个宗室女（化政公主）嫁给阿那瑰的弟弟塔寒，但力度显然是

[①] 李延寿：《北史》，中华书局，2013年版。

不够的。

阿那瑰有一个女儿郁久闾氏，也到了谈婚论嫁的年龄。宇文泰就提出建议，希望元宝炬迎娶郁久闾氏——因为在宇文泰看来，这是交好柔然的最佳方式。

但这样一来，问题就出来了，元宝炬原来的皇后乙弗氏怎么办？

这就是乙弗氏悲剧命运的开始。

根据史料分析，在决定与阿那瑰联姻的过程中，元宝炬的内心肯定经历过痛苦挣扎。他与乙弗氏毕竟是十多年的恩爱夫妻，难道就这样抛弃了她？所以，迎娶郁久闾氏并非出自元宝炬的本意，但在宇文泰的压力下，最终元宝炬会怎么做，还要看两个方面。

一方面，元宝炬是个什么性格的人。史书记载：

> 文帝以刚强之质，终以守雌自宝。
>
> ——《北史·魏本纪》[1]

魏文帝元宝炬的性格里有"刚强"的一面，颇有些乃祖孝文帝的遗风；但骨子里边，还是以"守雌自宝"。"雌"不是"雄"，是示弱、藏锋、明哲保身，苟且活下去。所以，这也决定了元宝炬接下来的行事方式。

另一方面，大丞相、柱国大将军宇文泰的态度。与柔然和亲是宇文泰出的主意，他当然希望元宝炬能够迎娶郁久闾氏。甚至在他看来，这是西魏的"大局"，也多次劝说元宝炬以"大局"为重，从西魏江山社稷的安危出发，顺利完成与柔然的和亲。

这样，作为傀儡皇帝的元宝炬实际上已经没有第二种选择了。

538年（大统四年）2月，元宝炬正式迎娶郁久闾氏，并将她立为正宫皇后。而乙弗氏则进入皇家的一座寺院，削发为尼。

按照常理，事情到这里，应该结束了。

---

[1] 李延寿：《北史》，中华书局，2013年版。

但事实上，乙弗氏的悲剧命运才刚刚开始。

三、永恒的微笑

做了皇后的郁久闾氏虽然年龄不大，当时只有 14 岁（在古代，14 岁的女孩就已经成人，可以嫁人了），但处事的方式却老练成熟，与她的年龄不相称。她深知元宝炬与乙弗氏之间感情不一般，一直心存嫉妒。所以，她不能容忍乙弗氏留在都城长安，担心他们旧情复燃，于是逼迫元宝炬将乙弗氏发配出京。

发配到哪里？

除了长安，哪里才是乙弗氏的容身之地呢？

向东，老家洛阳已属于东魏，连年和西魏征战，两个国家是冰炭不同炉；向北，是柔然的势力范围；向南，是难以逾越的秦岭。唯一的出路，只有向西。

乙弗氏是一个虔诚的佛教徒，而天水恰好有一座麦积山石窟寺。既然在长安待不下去了，那就打定主意去天水吧。

元宝炬和乙弗氏本来有 12 个子女，可惜的是，最后活下来长大成人的只有两个儿子元钦、元戊。这有两方面的原因：一是古代医疗水平不高，孩子出生率高，死亡率也高；二是近亲结婚。乙弗氏和元宝炬是表兄妹，近亲结婚容易导致孩子夭折。两个儿子中，元钦当时的身份是太子，不能离开京城。元戊为武都王，所以，元宝炬就任命元戊为秦州刺史（当时天水称秦州），陪伴乙弗氏前往天水。

来到天水的乙弗氏命运如何？她能够像自己预想的那样清静平安地度过余生吗？

乙弗氏来到天水后，马上喜欢上了这里。她发现，天水虽然没有都城那么繁华，但气候湿润、环境优美、民风朴实。对于她来说，反倒是一个治疗心理创伤的好地方。

当然，乙弗氏最心仪的还是梦寐以求的麦积山石窟。所以，来到天水后，她几乎每天都要到麦积山礼佛、进香、修行。就这样，乙弗氏逐渐适应了天水的生活，虽然不免对元宝炬有思念之苦，但到麦积山进香拜佛也在一定程度上缓解了她的烦乱心绪。

但是，她万万没有想到，在天水仅仅过了两年平静的生活，长安的一道诏书又给她带来了杀身之祸。

原来，远在长安的元宝炬仍然对乙弗氏念念不忘，而新来的这位柔然皇后郁久闾氏只是个小自己十多岁的小丫头，元宝炬很难和这位可以做自己女儿的新皇后培养起感情来。

思念久了，元宝炬便在私下里派人给天水的乙弗氏传去密旨，让她重新蓄发，准备等待时机回归长安。

元宝炬万万没想到，他这样做是在把乙弗氏一步步往死路上引！

郁久闾氏虽然只有十五六岁，但毕竟生在帝王家，对宫廷斗争那一套并不陌生，况且临行时，父亲还给她交代了很多斗争要诀。所以，她私下里一直都在派人监视元宝炬的一举一动。得知元宝炬和乙弗氏仍然保持着秘密联系，而且还让乙弗氏重新蓄发，郁久闾氏忍不了了。

怎么办？

她偷偷派人把消息想方设法传递回国，请求父亲为她撑腰。

阿那瓌可汗得到消息，当然会为自己的宝贝女儿鸣不平。你元宝炬不是拿我阿那瓌开涮吗？看不起我女儿，就是蔑视我阿那瓌，蔑视我强大的柔然！

于是，阿那瓌亲自率领10万铁骑，南下进攻西魏的夏州（今陕西靖边县）；并派人到长安放出风声，说此次进攻不为别的，就是因为元宝炬不忘乙弗氏，而冷落了柔然公主。必须彻底解决这个问题，否则，绝不罢兵。

柔然进攻夏州的消息和长安城的传言很快就传到了魏文帝那里，魏文帝知道，阿那瓌所谓的"彻底解决"意味着什么？

他不敢设想。

一边是西魏的江山社稷，一边是相濡以沫十多年的恩爱妻子。要江山就要舍弃爱妻，要保爱妻可能就会丢掉江山，真是难哪！

人的一生往往会面临一些两难的抉择。元宝炬若是普通老百姓，可以为了爱情抛弃其他的一切，但他首先是一国之君，江山社稷的安危才是第一位的。

所以，万般无奈之下，元宝炬用颤抖的手写下了一道手诏——令乙弗氏在天水自尽。

诏书很快到了天水。接到诏书的乙弗氏如五雷轰顶，和他的儿子武都王两人抱头痛哭。

不过，很快，面对死神威胁的乙弗氏反而镇定了下来，她跪在地上，面朝东方的长安，祈祷道：

愿至尊享千万岁，天下康宁，死无恨也！

——《北史·后妃传上》[1]

自己临死，还不忘首先为丈夫祈祷，希望用自己的一死，换来丈夫和子孙千秋万代的江山，带给天下百姓康宁。多么善良的一位皇后呀！

然后，她走进一个房间，蒙被自尽。

这一年，是540年（大统六年），乙弗氏刚满31岁。

乙弗氏是千千万万中国女性中的一员，她虽然是一个鲜卑女性，但她的贤淑、宽仁、慈悲，无不体现出深厚的儒家文化修养。今天，鲜卑作为一个民族虽然消失了，但鲜卑文化已经深刻融入中华文化的大家庭中，为中华民族整体文化的丰富发展做出了巨大贡献。

乙弗氏去世后，武都王把眼泪都哭干了。但人死毕竟不能复生，那么，怎么告慰母亲的在天之灵呢？

---

[1] 李延寿：《北史》，中华书局，2013年版。

武都王元戊想到了母亲生前终日礼拜的麦积山。于是，他亲自主持，在麦积山开凿了两个石窟。

一个位于麦积山东崖，这座石窟摆放乙弗氏的灵柩，被后人称为"寂陵"或"魏后墓"，就是今天编号为第43窟的石窟。

另一个是紧挨着的第44窟，这是特意为供奉乙弗氏修造的供养人石窟，是武都王生前拜祭母亲的地方。在武都王看来，身为皇后的乙弗氏是自己的母亲，温柔、贤惠，一生辅佐丈夫，操劳国事家事。母亲虽然被迫自尽，但生前并没有怨天尤人，临死前还把祝愿送给了丈夫和天下百姓。武都王觉得，母亲死得很坦然，死后也会含笑九泉。

因此，在宽阔的石窟内，正壁主龛的位置，武都王特意请工匠艺人雕塑了一尊阿弥陀佛坐像。只见此坐像长眉入鬓，面容秀美，肌肤润泽，衣裙舒展，双眼饱含深情、温婉柔顺，面露微笑，仿佛让冰冷的石窟有了情感的温度，突出反映出麦积山石窟世俗化的特点。这尊面露微笑的佛像被游客誉为神秘的"东方微笑"。

其实，莫高窟第44窟的这尊雕像反映了中国人接受外来文化的特殊方式。佛教从丝绸之路进入中国以后，就被从根本上改造了。比如，佛教僧侣要敬拜父母、敬拜皇帝，皇帝就是现世佛，世俗政治的力量要大于佛教的力量。老百姓敬拜佛神也大多是为了寻求心灵的暂时寄托，所以，在塑造佛像时，去掉了很多冷冰冰、神圣不可侵犯的东西，增添了许多温情和容易使人接近的要素。

"东方微笑"雕塑只是麦积山这座被称为"中国雕塑博物馆"的佛教石窟的一个缩影，它反映了天水这座城市在接受外来文化时的特殊方式，也代表着中国人接受外来文化的方式。

乙弗氏当年是被发配到天水的，在乙弗氏去世两百多年后，有一位唐朝的大诗人却因为避难来到了天水。

四、得天独厚的天水

在我国的城市发展史上,一直都有这样一个有趣的现象:建都长安的王朝内部发生叛乱,都城受到威胁的时候,皇帝首先想到的是向西逃往宝鸡、天水方向。

皇帝之所以会选择这样一条逃亡路线,一方面因为这里从张骞通西域以来,受益于丝绸之路贸易,很多城市得到了快速发展,成为封建王朝一个新的战略回旋空间;另一方面,这里地域广阔,民风彪悍,容易积蓄力量,东山再起。

天水就处在这个战略回旋空间的核心地带。所以,在动荡时期,就显示出其地位的重要性,增加了城市发展的机遇,一些不请自来的显赫人物,也给这座城市的文化增添了亮丽的色彩。

在乙弗氏的故事发生两百多年以后,唐朝发生了安史之乱,叛军占领了长安。公元757年,唐玄宗、杨贵妃以及许多王公大臣都向宝鸡、天水方向逃亡,大诗人杜甫也携眷西行,来到天水(当时叫秦州)。

不过,杜甫到天水并非纯粹因为避难。

755年,安史之乱爆发,长安被攻占,玄宗在向宝鸡、天水逃跑的过程中,感觉仍不安全,便南下逃难四川。太子李亨并没有跟随玄宗一块逃往四川,而是留在大西北,趁机在灵武(今宁夏灵武)即位,是为唐肃宗。

为了站稳脚跟,把握实权,唐肃宗极力排斥玄宗旧臣,宰相房琯首当其冲,被罢去相权。杜甫与房琯是至交,也受到株连,从工部员外郎贬为华州司功参军。

华州在哪里?就是今天的陕西省渭南市华州区,位于关中平原的东部。

当时,关中大旱,饥民饿殍遍地,华州同样如此。杜甫眼看无法维持一家人的生活,只好辞去官职,西去天水。

杜甫为什么选择去天水?

一是因为那里相对比较安全；二是因为那里有他的两个熟人。哪两个熟人呢？一个是他自己的从侄杜佐，已在那里安居，可以暂时投奔他；第二个熟人是杜甫的一位挚友赞公和尚。

赞公和尚本是长安大云寺的住持，学识渊博，是长安知名的高僧大德。唐朝的僧人就像玄奘一样，与世俗社会保持着密切的关系，杜甫在长安为仕途奔波期间就与赞公和尚来往密切，彼此欣赏，于是成为知心好友，交情莫逆。

757年春天，长安被安史叛军攻陷，杜甫就暂时藏匿到赞公和尚的大云寺。得知唐肃宗在灵武即位后，杜甫便想投奔灵武。但如何才能逃出长安呢？赞公和尚替杜甫出了个主意：化装成和尚。于是，他给杜甫找了一套较为合体的僧衣、僧帽、僧鞋。就这样，杜甫逃出了长安。

杜甫是怀有远大的政治抱负的，他早年曾歌咏：

致君尧舜上，再使风俗淳。

——杜甫《奉赠韦左丞丈二十二韵》[①]

杜甫想要做一个有为的宰相，帮助皇帝成为尧舜那样的明君。

但没有想到，到了灵武，新即位的唐肃宗却不待见他，并因为杜甫与房琯关系亲近而将他贬到华州，杜甫的满腔热情被兜头浇下来一盆凉水。

这个时候，他得到了赞公和尚也逃出长安到了天水的消息，于是，就决定前去天水。

杜甫客居天水三个多月，他首先发现，这里到处种植着葡萄、石榴，各民族和睦相处，不时有来往于丝绸之路的商人牵着载满货物的骆驼经过。他在诗歌中描述过这里的情景：

一县葡萄熟，秋山苜蓿多。

[①] 《全唐诗》，中华书局标点本，1960年版。

……

羌女轻烽燧,胡儿制骆驼。

——杜甫《寓目》①

这是一幅由葡萄、苜蓿、羌女、胡儿、烽燧、骆驼组成的西部风光画卷。

他还发现,这座城市的人文底蕴很丰富,除了伏羲氏、银河以及牛郎织女的传说外,最吸引杜甫的还有三国时期诸葛亮在天水留下的传奇故事。由于天水位于关中平原、成都平原和大西北三大区域的交会地带,所以,这里成为当年诸葛亮从成都出兵北伐,占领关中的重要通道。著名的失街亭、收姜维的故事就发生在天水。

街亭位于今天水市秦安县东北40公里,地势险要,是关陇地区和成都平原之间的交通要道,被誉为关陇咽喉。诸葛亮第一次北伐的时候(228),曾派参军马谡据守街亭,防止魏军南下。只会纸上谈兵的马谡刚愎自用,在山上扎营,被魏军大将张颌包围在山上,断了水源,导致马谡带来的蜀汉军队惨败。街亭丢失后,诸葛亮带来的蜀汉军队腹背受敌,被迫退回汉中,第一次北伐中原以失败告终。诸葛亮按照军法,挥泪斩马谡,并且上疏后主刘禅,主动请求自贬三级。从此,街亭名扬天下。

不过,后来,诸葛亮在天水收服了文武双全的魏将姜维,而姜维在诸葛亮去世后延续了北伐事业,算是在一定程度上弥补了当年失街亭的缺憾。诸葛亮失街亭、收姜维的传奇故事无疑给这座城市增添了迷人的文化色彩,使杜甫对天水这座城市充满了敬意。

来到天水后,杜甫暂时落脚在从侄杜佐的住地——天水郊外的东柯谷。

在此期间,杜甫除了与暂住在城南寺院里的赞公和尚经常往来外,他还特意参观了麦积山石窟。

---

① 《全唐诗》,中华书局标点本,1960年版。

杜甫早听说麦积山的大名，听杜佐介绍麦积山距东柯谷20余里，所以，曾经到麦积山拜谒了一番，并留下了《山寺》诗一首：

> 野寺残僧少，山园细路高。
> 麝香眠石竹，鹦鹉啄金桃。
> 乱水通人过，悬崖置屋牢。
> 上方重阁晚，百里见秋毫。
>
> ——杜甫《山寺》[①]

当时麦积山处于衰落阶段，山上有瑞应寺，但已没有多少僧人，故诗人称麦积山为"山寺"。虽然时值深秋，山寺残破，但杜甫还是登上了悬崖峭壁上的窟龛，举目遥望，可以看得见百里以外的风景。

不过，杜甫在天水停留期间，兵荒马乱，和家里的弟弟失去了联系，寄出去的书信长期没有回音，心情未免有些沉重，写下了这样一首诗：

> 戍鼓断人行，边秋一雁声。
> 露从今夜白，月是故乡明。
> 有弟皆分散，无家问死生。
> 寄书长不达，况乃未休兵。
>
> —— 杜甫《月夜忆舍弟》[②]

这首诗表达了他离乡背井后思念亲人的强烈感情，"露从今夜白，月是故乡明"至今仍是人们表达思乡之情的佳句。

本来，杜甫打算长期在这里生活下去的，并且在天水购置了一块山间薄地，以备将来养家糊口。不过，他最后还是离开了这里，前往成都去了。至于他

[①] 《全唐诗》，中华书局标点本，1960年版。
[②] 《全唐诗》，中华书局标点本，1960年版。

离开天水的原因,他在诗中写道:

此邦俯要冲,实恐人事稠。

应接非本性,登临未销忧。

——杜甫《发秦州》①

表面看来,杜甫是因为不喜欢迎来送往,所以才离开天水去成都。但其实正好反映出天水地处丝绸之路要冲地带,交通繁忙,来往人员众多。

杜甫虽然没有在天水长期居住下去,却在此创作留下了100多首诗歌,仅次于杜甫在成都创作的诗歌数量(杜甫在成都留下了260多首诗歌),成为天水一份宝贵的文化财富。

我们常用"得天独厚"来形容某个地方得到了上天的眷顾,比如,被誉为人间天堂的苏州和杭州,或者曾经为我国古代都城的西安、洛阳、开封、安阳、南京和北京等,都可以说是得天独厚的地方。

不过,我们也可以毫不夸张地说,天水有足够的资格列入这些得天独厚的城市之列。

天水的伏羲文化、牛郎织女文化、麦积山佛教文化、三国文化和诗歌文化都曾经是古代丝绸之路大通道上的骄傲。这些文化,通过丝绸之路逐渐传播开去,大大提升了天水的知名度。最终,这些文化又汇入中华文化的大河,成为中华民族文化的宝贵元素,闪烁出历史的光芒。

下一讲我们将来到黄河边的一座丝路古城,探索兰州的城市密码。

请看下一讲:丝路要津话兰州!

【趣味知识自测题】参考答案

1.D 2.B 3.C 4.B 5.B 6.C 7.B 8.C 9.B 10.C

① 《全唐诗》,中华书局标点本,1960年版。

第四章
丝路要津话兰州

趣味知识自测题

1. 唐朝的一位边塞诗人曾经在兰州夜宿,并留下了"北楼西望满晴空,积水连山胜画中"的诗句。这位诗人是_____。

   A. 高适　　　　　B. 岑参　　　　　C. 王维　　　　　D. 王翰

2. 元朝的时候,设立甘肃行省,从甘州和肃州各取前一个字,叫甘肃。甘州和肃州分别指_____。

   A. 张掖、酒泉　　B. 敦煌、兰州　　C. 酒泉、天水　　D. 张掖、武威

3. 明太祖朱元璋实行分封制,其中,被封到甘肃镇的是_____。

   A. 朱标　　　　　B. 朱棣　　　　　C. 朱樉　　　　　D. 朱楧

4. 清朝末期的时候,兰州架起了黄河上的第一座钢铁桥梁,这座桥的名字叫_____。

   A. 左宗棠桥　　　B. 中山桥　　　　C. 兰州桥　　　　D. 皋兰桥

5. 《淳化阁帖》收录了历代帝王和书法名家的法帖，成书于北宋淳化年间，当时在位的皇帝是_____。

  A. 宋太祖　　　　B. 宋太宗　　　　C. 宋仁宗　　　　D. 宋徽宗

6. 左宗棠收复新疆时，开通陕甘大道，在道旁广植"左公柳"。"左公柳"主要树种不包括_____。

  A. 柳树　　　　　B. 杨树　　　　　C. 榆树　　　　　D. 桐树

7. 洋务运动时期，左宗棠在兰州开办了很多工厂，其中不包括_____。

  A. 兰州织呢局　　B. 兰州制造局　　C. 甘肃火药局　　D. 兰州招商局

8. 古代科举考试中的乡试是各省组织文人士子参加的考试，考中的称为_____。

  A. 茂才　　　　　B. 秀才　　　　　C. 举人　　　　　D. 进士

9. 清朝时期的甘肃管辖范围很大，除了今甘肃全部，还包括西北的很多地区，但不包括_____。

  A. 西宁　　　　　B. 包头　　　　　C. 哈密　　　　　D. 银川

10. 明朝作家冯梦龙的一部小说中提到了兰州的特产"兰绒"，这部小说是_____。

  A.《喻世恒言》　B.《警世通言》　C.《醒世恒言》　D.《古今谭概》

【评分标准】共10题，总分100分。每题选择正确得10分，选择错误0分。

【评估等级】

大牛（对城市很熟悉）：80~100分；

及格（对城市基本了解）：50~70分；

菜鸟（对城市很陌生）：0~40分。

注：参考答案附在本章末。

开篇的话

大家知道,兰州是甘肃省的省会,是我国西北地区的经济、文化、教育中心。不过,在古代,相当长的时间里,兰州只是丝绸之路上的一个要津,也就是我们通常所说的渡口。历史上,曾经出使西域的张骞、西征祁连山的霍去病,还有到印度取经的唐僧,以及大量的商人、使节和旅行家等,都是在兰州附近渡过黄河,踏上漫长的丝绸之路的。

盛唐的时候,大诗人高适从长安出发,到新疆就职,也同样来到了兰州。入夜的时候,听着滚滚的黄河涛声,他难以入眠,于是,登上兰州北城楼,留下了这样一首诗:

北楼西望满晴空,积水连山胜画中。

湍上急流声若箭,城头残月势如弓。

——高适《金城北楼》①

高适的这首诗描写了他站在北城楼看到的情景:月光照耀下的兰州,积水连山,山河壮美胜似画中;黄河流过兰州城北,激流翻滚,气势宏大。后来,这首诗流传下来,成为赞颂兰州的名篇佳作。

兰州虽然是丝路要津,但在明清以前的很长时期里,城市地位一直不高,在甘肃境内,远不如河西走廊的几座城市重要。

比如敦煌,名气很大,敦煌的莫高窟更是世界知名。

再比如武威,是魏晋十六国时期多个割据政权(前凉、后凉、南凉、北凉和大凉)的都城所在地,曾经显赫一时。

---

① 《全唐诗》,中华书局标点本,1960年版。

还比如甘肃省的得名，元朝的时候，甘肃设立行省，从甘州和肃州各取前一个字，叫甘肃。甘州是哪里？甘肃张掖；肃州指哪里？甘肃酒泉。完全没有兰州的份。

所以，当敦煌、武威、张掖、酒泉等已经成为国内名声显赫的城市的时候，兰州却默默无闻。

那么，从什么时候开始，兰州打破了这种城市格局，逐步崛起并成为甘肃的政治中心？又是什么人打破了这种格局，奠定了兰州作为我国西北经济、文化和教育中心的地位呢？

谈到兰州城市地位的转变，我们首先不得不回溯明朝初期的一段历史。

一、肃王移藩兰州

明朝建立以后，明太祖朱元璋实行分封制，把自己的儿子分封到各地，让他们掌握一定的军队，从四面八方形成对都城南京的拱卫之势。根据历史记载，朱元璋前后分三批分封了自己的20个儿子（朱元璋共有26个儿子）到各地做藩王，其中有他和结发妻子马皇后生的儿子，比如太原的晋王朱棡、开封的周王朱橚等，也有一个朱元璋和一位宫女生的儿子——朱楧（1376~1419），被封到了甘肃镇。

在封建社会，正妻生的儿子被称为嫡子，非正妻生的儿子称为庶子。朱楧是宫女生的，那就是庶子里的庶子。这就意味着，因为他妈妈低贱的身份，朱楧很可能会受到父亲朱元璋的冷遇，好事不大可能轮到他头上。

那么，宫女生的朱楧凭什么跻身藩王行列呢？

朱楧的妈妈姓郜，虽只是一个宫女，但非常漂亮，而且贤惠，很得朱元璋宠爱。洪武九年（1376），郜氏生下了朱楧，朱楧在朱元璋的儿子中排行第十四。由于宠爱郜氏的缘故，朱楧长到2岁的时候，就被封为汉王（封地不详）。但因为年龄尚小，没有离开京城南京去外地就藩（按照惯例，藩王是要到封地就藩的）。过了十多年，朱楧已经长成为一个英俊少年，在这个过程中，他不再依靠漂亮的妈妈，而是靠自己的本领逐渐得到了朱元璋的喜爱。

一个小小少年，他有什么特殊本领呢？

朱楧虽然是宫女所生，在名分上低其他兄弟一头，但从小聪明伶俐，喜欢读书练字，文采出众。大家知道，朱元璋是贫苦出身，从小放过牛、当过和尚，就是没有读过书。他成为农民起义领袖后，非常羡慕读书人、重用读书人。而今，看到勤奋读书、聪明伶俐的儿子朱楧，仿佛在帮助自己实现儿时的梦想。所以，朱元璋打心眼里喜欢他这个儿子，并把他形象地称为"朱家秀才"，有意重点栽培。于是，他做出了两个安排：

第一个安排，在朱楧15岁的时候（1391），派他到山东临清的明朝军队里，和士兵一起学习骑马射箭，很有点像今天的军训。不过，因为他身份不一般，所以，除了学习骑马射箭，还学习了操练军队、排兵布阵、指挥作战的本领。

第二个安排，等朱楧学习锻炼一年多后，朱元璋又下诏改封他为肃王，准备把他派往甘肃镇做藩王。

那么，朱元璋为什么要对朱楧的封藩做出这样的调整呢？

为了防备元朝残余势力的袭扰，明朝在北部边境设置了辽东、蓟州、宣府、大同、太原、延绥、宁夏、固原、甘肃九个重镇，派驻重兵进行防卫，称为"九边"。在"九边"重镇中，甘肃镇是形势最复杂的边镇之一。它控制着河西走廊，在它的北边，有元朝残余势力的侵扰；西边和南边则有回纥、诸羌虎视眈眈。所以，它关系着明朝大西北的安危，责任重大。

派谁镇守甘肃镇呢？

在朱元璋眼里，诸子之中，能文能武的朱楧很适合担此大任。所以，朱元璋就决定将年轻的朱楧放在形势复杂的甘肃镇，希望朱楧能在复杂的环境中迅速成长，建功立业，真正成为大明王朝的西北屏藩、国家栋梁。这充分说明了明太祖对朱楧的器重和信任。

19岁的时候（1395），肃王朱楧正式离开南京，赶赴大西北的甘肃镇。

今天，大家都知道，甘肃省的省会在兰州，按理说肃王朱楧藩邸当然也应该设在兰州。其实不然，肃王朱楧的藩邸设在甘州，也就是甘肃张掖。这又是为什么？

因为在当时的甘肃，位于河西走廊的张掖比兰州经济发达，而且靠近边塞，可以就近抵御元朝残余势力的进攻。这是其一。

其二，明朝的甘肃镇所管辖的范围并不包括兰州。当时的兰州属于陕西布政使司临洮府管辖下的一座县城。所以，朱楧就藩当然去不了兰州。

不过，我们从历史记载中发现，朱楧在张掖仅仅待了四年，之后，肃王藩邸就从张掖移往兰州了。

这又是怎么回事？

是朱楧干的不称职，朝廷对他不满意吗？

事实并非如此。

朱楧到任后，并没有辜负朱元璋对他的重托，他做了几件事：

一是熟悉民情。

二是训练军队。当时，他手里掌管着甘肃镇的五卫兵马，再加上他控制的一些地方和临时调遣部队，合计超过五万人，在诸王中的军事实力可以排在前三位（仅次于燕王朱棣、宁王朱权）。

他还做了第三件事，就是督军屯田，并由此得到朱元璋的赞许。

元朝末期，连年战争造成了大量土地荒芜，人民流离失所。为了尽快恢复生产，朱元璋就在全国范围内推行屯田制。屯田主要分为军屯和民屯（后来还有商屯）。军屯就是利用军队士兵屯田，这种做法在秦始皇的时候就开始实行了；民屯是利用移民到荒地上开垦田地。朱楧发现，甘肃镇大部分区域位于河西走廊，有大片绿洲，可以利用祁连山的冰雪融水进行灌溉，具备农业开发的良好条件。所以，他响应朝廷号召，在甘肃镇实行了大规模的军屯，并引导流民在这里进行民屯。朱楧的屯田取得了明显效果，就地解决了数万军队的粮食供应问题，养兵数万不费国家一粟，充分显示了他的治军和行政能力。这就是说，朱楧不折不扣地执行了朱元璋的国策，集草屯田，发展经济，稳定大西北局势，算是比较圆满地完成了父亲交给的任务。

朱楧不仅称职，而且还干得相当出色。

在明初，藩王的地位仅次于皇帝，有军队、有衙署、有亲军、有家眷，机构相当庞大，就相当于一方土皇帝；皇帝的都城不能轻易挪动，藩邸也是不能无缘无故迁移的。

那么，肃王从张掖移藩兰州到底有什么蹊跷呢？

根据《明史》记载，洪武三十一年（1398），明太祖驾崩。皇长孙朱允炆继位，是为建文帝。建文帝元年，即明太祖驾崩的第二年，肃王就上表朝廷：

建文元年，乞内徙，遂移兰州。

——《明史·诸王传》①

肃王朱楧主动上书，请求移藩到兰州。

其中的原因，正史和兰州的地方文献中都没有详细记载。

但我们仔细分析当时的历史大背景，肃王主动提出内徙兰州，其中定有难言之隐。

前面我们说过，肃王朱楧虽然是庶子，但明太祖一点都没有歧视他，反而把九边重镇中的甘肃镇交给他管理，给予重兵，委以督军屯田等重任，使之成为和明太祖嫡出的晋王朱棡、周王朱橚等几乎地位相当的藩王，充分显示出明太祖对他的信任。而肃王正是血气方刚、年轻气盛的年龄，也知恩图报，积极训练士兵、督军屯田，希望在甘肃边镇能有一番作为，报答父皇的厚爱。所以，移驻兰州，肯定不是出于明太祖朱元璋生前的什么安排。

当时的兰州，不属于甘肃镇的管辖范围，而是属于陕西布政使司临洮府管辖下的一个小县城，叫兰县。如果离开了甘州，朱楧不仅会脱离他所统辖

---

① 张廷玉等：《明史》，中华书局标点本，1974年版。

的甘州五卫大军，而且远离自己的势力范围，将大大削弱自己的权力。

难道朱楧脑子进水了，干吗要这样跟自己过不去呢？

如果排除以上这些可能性，那只有一种可能：朱楧移驻兰州与新任皇帝建文帝朱允炆有关。

建文帝朱允炆是朱元璋的孙子，由于朱元璋的皇太子朱标早死，按照嫡长子、嫡长孙继承制，在朱元璋去世后，朱标的儿子朱允炆以皇太孙的名义继承皇位。他继位时，刚满20岁。

这时，建文帝面临的最棘手的问题是什么？

他爷爷明太祖朱元璋给他留下的"藩王"制度。

朱元璋在世的时候，这种制度运转没有问题，建文帝即位后，这就成了大问题。

面对一个个手握重兵、雄踞一方的藩王，建文帝感觉到，为了防止皇权受到严重削弱和挑战，他必须采取必要的措施。所以，建文帝借鉴西汉时期的办法，一上台便开始着手削藩。

首先拿哪位藩王开刀呢？他选中了开封的周王。周王朱橚是朱元璋的第五个儿子，马皇后所生，是地地道道的嫡子，很受朱元璋宠爱，所以，第一批封藩的时候，朱橚就被封到了开封，做了周王。但由于开封地处中原腹地，所以，不像燕王朱棣、肃王朱楧他们几个藩王，朱橚手里没有兵权，只有亲军护卫。但周王是个不安分的人，在朱元璋在世时，就曾显露出觊觎皇位的野心；朱元璋去世后，他对于自己的侄子朱允炆更是不屑一顾。所以，志在削藩和稳定朝局的建文帝，正好可以从周王朱橚下手。

建文帝即位的第二个月，即派心腹大臣曹国公李景隆为钦差大臣，以"备边"为名，前往北方。路过开封时，突然派兵包围周王府，以谋反之罪，把毫无防备的周王抓了起来，削去王爵，流放到云南。

紧接着，把代王、岷王、齐王等废为庶人，又以擅自杀戮、违反朝规的罪名，逼迫湘王（柏）自尽。可谓山雨欲来风满楼呀！

肃王朱楧虽远在甘州，但也很快得到了这些信息，预感到事情的严重性。自己手握重兵，又非明太祖的嫡子，新皇帝对自己绝不会手下留情。面对危局，应该做何应对呢？

肃王思前想后，摆在他面前的路似乎只有两条：

第一，不作为。等着朝廷罗织个什么罪名，把自己的藩王爵位削去，甚至以莫须有的罪名把他杀掉。

第二，有作为。起兵造反，寻求自保。但自己手里只有区区五万多兵力，这不是以卵击石，自寻死路吗？

但朱楧饱读诗书，熟悉历史，对刚刚即位的新皇帝的心思基本可以揣测个八九不离十。所以，他仔细想来，琢磨出了第三条路：与其坐以待毙，不如主动向建文帝示好、示弱。办法就是主动削藩，解除建文帝对自己的戒心。

于是，就出现了肃王请求移藩兰州的那一幕情景。

他这样选择也是做了精心考虑的：

第一，离开甘肃镇，等于自动交出了数万军队的掌控权，向朝廷亮明主动削藩的姿态。

第二，既然要离开甘肃镇，属于甘肃镇管辖的河西走廊其他城市，如武威、酒泉、敦煌等也不能作为移藩之地。西宁当时虽归甘肃镇管辖，但位置偏远，也容易引起朝廷生疑。

所以，思来想去，与河西走廊一河之隔，又不属于甘肃镇管辖的兰州是理想的选择。

当建文帝接到肃王朱楧移藩兰州的请示后，对这位识大体、顾大局的叔叔大加赞扬，也很是感动。

建文帝不仅马上同意了肃王的奏请，而且，派遣自己的心腹大臣曹国公李景隆远赴兰州，赏赐肃王大量金银，并亲自与肃王选择地址，大兴土木，筹建新的肃王府。不久，新修的肃王府在兰州落成（在今兰州老城东北部，城隍庙以东至会馆巷以西，张掖路以北、滨河东路以南的大片地区）。王府城墙有一丈多高，周围三华里，府内亭台楼榭，金碧辉煌。

尔后，肃王又成功适应了明成祖朱棣的藩王政策，不仅躲过了削藩风波，而且成了朝廷树立的藩王典型和学习的榜样。

表面看来，肃王移藩兰州有一定偶然性，但历史往往就是由一个个看似偶然的必然性事件构成的。

那么，肃王的到来，究竟会给兰州带来怎样的影响？兰州城市地位翻天覆地的巨变是不是就与这位肃王有关呢？

二、风靡上流社会的兰绒

肃王朱楧从移藩兰州（1399）到去世（1419），总共在兰州生活了20年。但明太祖朱元璋建立藩王制度时定下规矩，藩王实行世袭制。这个制度，后来继位的皇帝一直保留着，肃王当然也是世袭的。所以，肃王朱楧只是第一代肃王（历史上称为肃庄王），至末代肃王朱识鋐（1643），共传了12代，肃王家族在兰州整整生活了240多年，几乎与明王朝相始终。

明成祖朱棣继位之后，虽然藩王的手里不再有兵权和地方行政权，但藩王有大量的封地，有自己的僚属，其政治地位仍然在地方大员之上，其带给地方的政治、经济和文化的影响也是可想而知的。

所以，肃王及其家族到来的那一天，也就是兰州发生巨变的那一天。这些巨变都体现在哪里呢？

首先是经济方面的。

在很多人的印象中，丝绸之路的繁荣出现在汉唐时期，那时，丝绸织品、茶叶、瓷器等是我国输入西方的主要商品。到了宋元明清时期，海上丝绸之路繁荣起来，陆上丝绸之路是不是就终结了？

其实，陆上丝绸之路的交往一直都没有停止，只不过其规模和形式发生了一些改变。在明清时期，就曾经有一个产自兰州的服装品牌活跃于陆上丝绸之路,其火爆程度丝毫不亚于汉唐时期的丝绸,而且成为兰州经济腾飞的一大标志。

这个品牌的名字叫兰绒。

顾名思义,兰绒就是产自兰州的用羊毛绒制作的服装。它质地轻柔,绵软保暖,高贵时尚,花色品种丰富,备受上层社会的青睐。明代的缙绅、士大夫也以穿着绒褐服装为时髦,一时间,穿着兰绒成为冬天里明朝上层社会的一种时尚。

明朝善于写作讽刺作品的冯梦龙曾在他的一部笔记小说《古今谭概》中记载了这样一件事情:

明朝的时候,有一位很有名的徽商,叫方于鲁,安徽歙县人,以制作出售文房四宝里的"墨"发了家,成为大富商。他平日里喜欢结交上层缙绅、士大夫,这些人一般都是科举出身,也是他的大客户。他发现,每到深秋天气转凉,这些达官贵人便开始穿上兰绒上衣,保暖又雅致,显得与众不同,十分羡慕。

有一年,一个西安显贵给方于鲁寄来一段兰绒衣料。这时候,是阴历四月,已经到了春末夏初,但方于鲁还是急不可耐地拿着这段料子为自己量身定做了一件绒袍。绒袍做好后,他大宴宾客,邀请当地缙绅显贵,并特意穿上刚刚定制的兰绒袍,向宾客们显摆。当时已到了夏天,气温不低,所以,没多久,方于鲁便满脸、满身都是汗,显得狼狈不堪。其中有一位叫汪南溟的宾客,看着方于鲁的狼狈样,作诗嘲讽道:

> 爱杀兰州乾鞑绒,寄来春后趱裁缝。
> 寒回死等桃花雪,暖透生憎柳絮风。
> 忽地出神挦细脚,有时得意挺高胸。

寻常一样方于鲁，才着绒衣便不同。

——冯梦龙《古今谭概·文戏部》[①]

你看那方于鲁尽管汗流浃背，一会儿将脚伸出长袍外，一会儿挺胸作态，无非是让那些宾客关注他的绒袍。一个大富商，什么好衣服没穿过，竟然被一件兰绒袍折腾成这个样子，就像一个农民忽然穿上了龙袍一样。可见，兰绒在当时多么难得，也难怪上流社会会对兰绒形成疯狂崇拜心理。

那么，兰绒为什么会成为兰州的一个服装品牌呢？

首先是因为西北地区牧业发达，牛羊遍地，而兰州为西北羊毛的集散地，能为毛纺业提供质优价廉的羊毛原料。

其次是与肃王藩邸移驻兰州有关。肃王朱楧入藩大西北后，发现这里的冬天既漫长又酷寒，那时候又没有很好的取暖工具，所以，冬天很难熬。当时，在兰州民间，已有利用羊毛纺织制作上衣的传统，但未形成规模，也没有在上层社会流行。敏锐的朱楧注意到了这种现象，于是，冬天里特意请人为自己纺织了一件羊毛绒大衣，会见客人、公事出行都穿着这件大衣，既保暖、舒适，又显得高贵雅致。上行下效，很快，用羊绒纺织冬衣便成为兰州上层社会的风尚，兰绒也逐渐成为在全国都叫得响的一个服装品牌。皇宫大内织染局也开始专门采买兰州羊绒织造龙袍、凤衣，冬天里给皇帝、皇后御寒，羊绒在公卿贵族中逐渐风行开来。由于有利可图，到了明清时期，许多内地客商纷纷来兰州收购羊绒。据统计，清朝康熙、乾隆年间，每年在这里花费的收购资金都不下万两黄金，交易量十分惊人。

到了清朝晚期，随着洋务运动的兴起，在明清兰绒生产技术的基础上，兰州又开办了兰州织呢局（1878），利用西北地区丰富的羊毛原料，生产毛布。这是中国第一个机器纺织厂。

[①] 冯梦龙编著，栾保群点校：《古今谭概》，中华书局，2018年版。

但是，我觉得，兰绒之所以能成为全国一个响当当的品牌，归根到底，还有第三个关键因素，即兰州所处的丝路要津的地理位置。大家知道，如何跨越黄河天堑始终是丝绸之路交通的大难题。然而，就在肃王藩邸移往兰州之前不久（1385），兰州建起了一座浮桥，可以行人，也可以走大车，大大便利了两岸的交通。到了清朝末期的时候，兰州架起了黄河上第一座钢铁桥梁，这座桥的名字叫中山桥。便利的交通条件，促使兰州成为西北地区贸易交流和物资集散的中心。

频繁的贸易往来，是城市经济繁荣的标志；而城市经济的发展，则是城市走向繁荣的基础。

不过，我们知道，要想让一个人有气质，得让这个人识字读书；要想让一座城市有气质，就得在这座城市大兴文化和教育。文化和教育是城市的灵魂，一座没有文化的城市就是一座没有底蕴的城市、没有希望的城市。

那么，肃王迁入兰州，又给兰州这座城市带来了怎样的文化风尚呢？

三、《淳化阁帖》传奇

在肃王迁入兰州以前，兰州是什么样子？有什么文化底蕴？

那时，兰州只是一个小小的县城，城市人口不足一万，少得可怜，也根本谈不上什么文化。

肃王藩邸迁入兰州在改变其经济状况的同时，重点改变的就是兰州的文化面貌，而让很多人想不到的是，这种改变是由一件书法作品引起的。

肃王朱楧从小聪明好学，爱好诗书，尤其在书法方面表现出了卓越的才能，明太祖呼之为"朱家秀才"。

为了激励朱楧，明太祖曾把一件宫中的书法国宝赐给了他，这件国宝就是宋本的《淳化阁帖》。为什么说它是国宝呢？因为这件《淳化阁帖》的来历和价值非同一般。

喜欢书法的朋友都知道，宋以前的书法墨迹最珍贵。而且，一提到古代书法家，大家最熟悉就是王羲之、王献之，还有唐代的颜真卿、柳公权、欧阳询、褚遂良等。这些都是宋以前的书法大家。但由于时间久远，他们传世的作品很少。

北宋淳化三年（992），宋太宗赵光义把内府所藏历代墨宝集中起来，下诏由翰林院侍书王著重新编排，然后，摹刻在枣木板上。因这些墨宝编刻于淳化年间，所刻枣木板又深藏于禁宫密室，所以，历史上称为《淳化秘阁法帖》，简称《淳化阁帖》。《淳化阁帖》共十卷，卷一为历代帝王法帖，卷二至卷四为历代名臣法帖，卷五为诸家古法帖，卷六至卷十为王羲之、王献之草书，共收录了先秦至隋唐一千多年的书法作品，包括历代帝王、名臣和著名书法家103人的420篇作品。可谓字字珠玑，价值连城。

遗憾的是，宋仁宗庆历年间，皇宫意外失火，枣木原版《淳化阁帖》不幸被大火焚毁。万幸的是，留下了数部根据枣木原版拓下来的拓本《淳化阁帖》。后来，辗转经过宋、元，到了明初，其中的一部拓本落到了明太祖朱元璋手里。朱元璋也深知《淳化阁帖》的价值，在26个儿子中，他独独把阁帖赏赐给了朱楧，可见他对朱楧的喜爱与期望。

随着年龄增长，朱楧也逐渐明白了父亲的用意。所以，从此以后，朱楧就把阁帖带在身边，并最终带到了兰州的肃王府，人们把这部拓本就称为"肃府本"或"兰州本"。

经历过建文帝和明成祖的两次削藩之后，有幸躲过灾难的朱楧，真正领略到了皇权的威压和人生的无常。所以，他想到了早年愉快的读书、写字生活，再次想到了明太祖赠予他的那本珍贵的《淳化阁帖》。于是，迁入兰州之后，他收起锋芒，把大量时间消磨在描摹阁帖上。

到了第11代肃王肃宪王朱绅尧的时候，为了更好地保存《淳化阁帖》，他于万历四十三年（1615），重金邀请当时的金石摹刻大家温如玉、张应召摹刻上石，先后历时7年，用陕西富平石刻成144块，藏于肃王府内遵训阁。

后来，刻石虽然屡遭破坏，但仍存世142块，收藏在甘肃省博物馆里。

另外，清朝顺治年间（1646），陕西金石学家费甲铸按肃府本《淳化阁帖》摹刻上石，共计145石，置于西安碑林，这使我们今天能够有幸目睹《淳化阁帖》的原貌。

朱楧不是平头老百姓，被誉为"朱家秀才"的他借助《淳化阁帖》，实际上在兰州掀起了一场文化上的大变革。接下来，他又做了几件事：

第一，大兴文教。在他的倡导下，兰州的孔庙、县学、书院等都渐次建立起来，兴文重教逐渐形成风尚。

第二，培育文风。朱楧自己闲暇之余，经常吟诗、写字，并动用藩邸资金对兰州的山水进行改造，修建园林、亭榭、佛道寺观，兰州的文风由此得到大大改变。

第三，延揽人才。朱楧尊重知识，礼敬知识分子，并大量启用有才学的士人进入藩王府邸担任官职。同时，朱楧在都城南京长大，有人脉，他利用这种资源优势，吸纳大量南方人才来到兰州，改变了兰州的人才和知识结构。

去过兰州的朋友会发现，虽然偏处西北，但兰州城市大气，兰州人不排外，并且包容豁达、自信开朗。这一切与当年的肃王给兰州注入的文化气质有密切关联。

肃府本《淳化阁帖》拉开了兰州城市变化的序幕。

随着经济、文化和教育的发展，兰州的城市地位也不断得到提升。肃王朱楧移藩后，兰州升县为州（1479），成为兰州卫和肃王藩邸所在地，实际上已经成为西北地区仅次于西安的另一个政治中心。

到了清朝，一位传奇人物的到来，则彻底奠定了兰州作为我国西北地区政治、军事、经济和文化中心的地位。

那么，这又是哪位传奇人物呢？

四、左宗棠镇抚兰州

这个人叫左宗棠（1812~1885），湖南湘阴人。

很多人熟悉他是因为他曾和曾国藩一起镇压了太平天国运动，延续了腐朽的清朝统治。但其实，左宗棠在我国历史上最大的功劳是他曾经作为陕甘总督，坐镇兰州，指挥以湘军为主力的八万清军收复了新疆，维护了我国领土主权的完整。所以，他是晚清一位杰出的政治家、军事家。

1866年（同治五年），清廷把左宗棠由闽浙总督调任陕甘总督。当时，中亚浩罕国的将军阿古柏趁清廷无力顾及西北之时，在英国的支持下攻占了我国新疆的广大地区；1871年，俄国也趁机派兵侵占了新疆的伊犁。消息传到北京，引起了朝野震动。1872年（同治十一年），左宗棠把陕甘总督府从西安移往兰州，准备正式收复新疆。

左宗棠之所以驻节兰州，一方面因为兰州在清朝康熙年间已经成了甘肃的省会，它比西安更加靠近新疆，便于就近指挥作战。另一方面，当时的甘肃所管辖的地盘远不止今天的地域范围。

清朝时期的甘肃可比今天大得多，不仅管辖今甘肃、宁夏全部，而且还管辖着以西宁为中心的青海河湟地区，以及新疆哈密以东、内蒙古西部等广大地区，地域十分广阔。所以，左宗棠若想收复新疆，把指挥中枢放在兰州是必走的一步棋。

他深知，阿古柏在新疆经营多年，背后又有英国人、俄国人在军事上的支持，仅仅依靠传统的马队、笨重的火炮，是无法打败装备精良的阿古柏军队的。所以，他采取了两个办法：

第一，成立上海办事处。利用清廷给西征军划拨的专项经费（五百万两白银），从海外购置洋枪、洋炮，再通过陕甘大道，运抵兰州。据记载，在正式发起收复新疆的战役前，仅仅从海外购置并装备湘军的"来复枪"（当时世界上最先进的枪支）就超过一万支，大大增强了湘军的作战能力。

第二，创办兵工厂。左宗棠觉得，从海外采办洋枪、洋炮毕竟费时长，费用高，运输不便，终究不是长久之计。所以，左宗棠驻节兰州的第二年（1873），就把原在西安规模很小的西安机器局迁往兰州，在兰州创办了一家大规模的兵工厂——兰州制造局；并由广州、浙江调来专家和熟练技术工人数十人，仿造德国的螺丝炮和后膛七响枪，改造了中国的劈山炮和广东无壳抬枪，造出了第一批仿西式枪炮。有史以来，这是西北第一个近代军工企业。

1875年（光绪元年），左宗棠又在兰州成立甘肃火药局，专门制造军用火药。

兰州制造局和甘肃火药局制造的枪炮、火药，不仅可以就近供应西征大军的需要，而且大大减少了从遥远的沿海地区进口大量武器弹药所花费的巨额军费开支。

装备了进口和仿制洋枪、洋炮的西征军队，战斗力大大提高。左宗棠的西征军完全不同于以往的中国旧式军队，已经是一支和欧洲列强战斗力相仿的、具有近代化色彩的部队。

1876年5月，左宗棠指挥大军秘密集结在新疆哈密，然后，以迅雷不及掩耳之势开始了收复新疆的战斗。第二年3月，阿古柏在走投无路的情况下，服毒自杀。8月，北疆和南疆已经全部控制在左宗棠率领的清军手中。1881年，又通过谈判，从俄国人手中收回了伊犁。至此，新疆全境重新回到祖国的怀抱。

得到左宗棠的战报，光绪帝和摄政的慈禧太后异常兴奋，下诏封左宗棠二等侯爵，嘉奖全体西征将士。新疆各地百姓也于大小村镇建立左公祠，烧香礼拜。

就在左宗棠收复新疆的过程中，兰州发生了天翻地覆的变化。

左宗棠从1866年调任陕甘总督，直到1880年（光绪六年）离任，前后历时十余年。其中，左宗棠在兰州驻节的时间就超过8年，兰州是他在西北期间停驻时间最久的城市。

在这期间，左宗棠开通了陕甘大道。他根据西北地区干旱缺水的特点，特意选择了耐寒的柳树、杨树、槐树、榆树栽植在大道两旁，后人统称为"左公柳"，形成了以兰州为核心的西北陆上交通新网络，大大改善了西北的交通和环境状况。

收复新疆的第二年，即1878年（光绪四年），左宗棠在开办兰州制造局和甘肃火药局之后，又在兰州开办了中国第一个机器纺织厂——兰州织呢局。利用西北地区丰富的羊毛原料生产毛布，把肃王创造的兰绒品牌进一步发展壮大。

这些做法，都在短时间内迅速改变着兰州的城市面貌和地位，加快了兰州近代化的进程，逐渐缩短了兰州与内地、东部沿海地区的差距。

不过，左宗棠在兰州驻节期间还做了一件大事。在我看来，这件大事才是兰州城市实现大转变的一个里程碑。

这是一件什么事情呢？

1872年，左宗棠驻节兰州。来到之后，他发现了一个怪现象：1666年（清康熙五年），甘肃就从陕西划出自成一省，但两百多年过去了，甘肃乡试依旧与陕西合闱（闱，科举考场），陕甘两省的乡试都要集中到西安举行。

大家知道，封建时代历来提倡"学而优则仕"，科举入仕是文人士子步入仕途，进一步实现人生价值的重要方式。古代的科举考试分为县试、府试、乡试和会试。乡试就是由各省组织的文人士子以生员、贡生、监生、荫生等身份参加的考试，考中的称举人；然后，择机到京城参加全国的会试。所以，乡试承上启下，是文人步入仕途的重要环节。

当时甘肃管辖的地盘比今天大得多，银川、西宁、乌鲁木齐都在它的管辖范围之内，而一年一度的乡试，甘肃的士子都要集中到西安举行。从距离上讲，兰州到西安一千多里，而银川、西宁、乌鲁木齐到西安好几千里，考生参加一次乡试，来回少则一两个月，多则三四个月，路途遥远；而且，一路上的川资少则几十两，多则一百多两，穷困一些的士子家庭怎么能够承担得起呢？结果导致大部分有资格参加乡试的士子无法到达西安，有时间、有条件抵达西安的考生只占应试人数的十分之二三。所以，甘肃考生不是没有能力中举，走上仕途，在某种程度上讲，是被遥远的路途、不公平的教育制度给耽误了，这严重制约了兰州乃至大西北文化教育事业的发展。

左宗棠是一个典型的封建知识分子，有浓厚的"学而优则仕"的情结。而且，年轻的时候，他还有一段辛酸的科举往事。据记载，左宗棠从小熟读四书五经，深受儒家思想的影响。他天资聪颖，15岁参加湘阴县试，即拔得头筹；第二年，应长沙府试，取中第二名；21岁时，参加湖南乡试，取得第18名，成了举人，可谓春风得意。但在之后的6年里，他三次赴京会试，均未考中，在科举考场上留下了很大遗憾。

他了解了兰州的情况后，想到当年自己科举考试的艰难，心里更是五味杂陈。于是，他果断上书朝廷，奏请两件事：第一，陕甘乡试分离，在兰州设立独立的乡试考点；第二，设立与陕西平行的甘肃学政，强化甘肃地方的教育。

朝廷接到奏请后，鉴于左宗棠在当时朝野的崇高威望，而且收复新疆在即，所以，1875年（光绪元年），奏章得到允准。

得到消息，左宗棠想方设法从当地乡绅富商那里筹措了五十万两白银，开始修建乡试的贡院。不久，贡院落成。落成后的贡院规模宏大，可同时容纳7000名学子参加考试。在当时各省贡院中，是数一数二的。

与此同时，左宗棠还多次上书朝廷，请求增加甘肃科举取士的名额。据统计，从1875年起到1905年（光绪三十一年）科举考试制度被废除，30年的时间里，兰州共选取了681名举人赴京会试，考中进士116名。别看这个数字不大，但却超过了以往两百余年甘肃考中进士的总和。

而就在1875年，兰州举行了陕甘分闱之后的第一次甘肃乡试。参加乡试的生员达3000多人，是以往每年赴陕考生人数的数倍。

我们说，十年树木，百年树人；百年大计，教育为本。左宗棠的做法，实际上为兰州后来的持续发展奠定了人才基石，功在当代，利在千秋。

前事不忘，后事之师。兰州之所以从一个汉唐时期的丝路要津，到明清时期发展成为甘肃乃至西北的政治、经济和文化中心，再到现代成为一座开放、包容、前沿、充满活力的现代化城市，与肃王移藩及左宗棠的入驻有千丝万缕的联系。他们在兰州的所作所为，逐渐使兰州实现了从一个黄河渡口向西北中心城市的华丽转变，成为名副其实的丝路名城、西北大都会。

下一讲，我们将跨越黄河，走进青藏高原的一座丝路名城。

请看下一讲：天地大美话西宁！

【趣味知识自测题】参考答案

1.A　2.A　3.D　4.B　5.B　6.D　7.D　8.C　9.B　10.D

第五章

天地大美话西宁

趣味知识自测题

1. 被誉为"西部歌王"的王洛宾曾经创作了流行歌曲《在那遥远的地方》，歌曲的创作地在_____。

   A. 青海　　　　　B. 西藏　　　　　C. 新疆　　　　　D. 内蒙古

2. 汉代有一位将军曾经带领士兵在西宁所在的河湟谷地开展大规模屯田，这位将军是_____。

   A. 卫青　　　　　B. 霍去病　　　　C. 马援　　　　　D. 赵充国

3. 《步辇图》留下了唐蕃和亲的珍贵历史画面，它的创作者是_____。

   A. 阎立本　　　　B. 吴道子　　　　C. 韩干　　　　　D. 周昉

4. 文成公主与吐蕃和亲所携带的物品中，不可能包括_____。

   A. 精美丝绢　　　B. 精美绘画　　　C. 玉米种子　　　D. 小麦种子

5. 文成公主与吐蕃和亲所经行的路线中，不包括_____。

A. 黄河　　　　　B. 日月山　　　　C. 青海湖　　　　D. 塔尔寺

6. 黄河沿线的主要农耕区域不包括＿＿＿＿。

　　A. 河湟谷地　　B. 兰州盆地　　C. 河套平原　　D. 关中平原

7. 波斯是古代丝绸之路上的重要国家，它大致相当于今天的＿＿＿＿。

　　A. 伊朗　　　　B. 伊拉克　　　C. 叙利亚　　　D. 沙特阿拉伯

8. 丝绸之路"青海道"又名＿＿＿＿。

　　A. 天路　　　　B. 石门道　　　C. 唐蕃古道　　D. 吐谷浑道

9. 法显到印度取经回国以后，把自己的求法经历写成了一本书，这本书是＿＿＿＿。

　　A.《佛国记》　B.《经行记》　C.《大唐西域记》　D.《西游记》

10. 隋朝时期，有一位来自西域的商人后裔，曾经做了国子博士，还考定音律，他的名字叫＿＿＿＿。

　　A. 康僧会　　　B. 何妥　　　　C. 白明达　　　D. 李龟年

【评分标准】共10题，总分100分。每题选择正确得10分，选择错误0分。

【评估等级】

大牛（对城市很熟悉）：80~100分；

及格（对城市基本了解）：50~70分；

菜鸟（对城市很陌生）：0~40分。

注：参考答案附在本章末。

开篇的话

20世纪有一首民歌在我国广为传唱,直到今天,每当唱起这首歌,很多人还觉得非常熟悉。这首歌这样唱道:

在那遥远的地方有位好姑娘,
人们走过她的帐房,
都要回头留恋地张望。

她那粉红的笑脸好像红太阳,
她那美丽动人的眼睛,
好像晚上明媚的月亮。

我愿流浪在草原给她去放羊,
每天能看她的笑脸,
和那漂亮金边的衣裳。

我愿做一只小羊跟在她身旁,
我愿每天她拿着皮鞭,
不断轻轻打在我身上。①

这首歌曲调优美、歌词隽永、极富情感,听后令人回味无穷,一直在我国传唱了60多年,让几代中国人如痴如醉。

---

① 董长晓:《为歌而生——王洛宾歌曲背后的故事》,人民日报出版社,2013年版。

那么，这首歌是谁创作的？

歌中"那遥远的地方"究竟在哪里？

那位有着"粉红的笑脸"和"美丽动人的眼睛"的姑娘又是谁呢？

一、金银滩奇遇

这支歌的作者就是被誉为"西部歌王"的王洛宾先生。

王洛宾是北京人，曾就读于北京师范大学音乐系，是一位富有爱国情怀的进步青年。抗日战争爆发后，他来到大西北，一方面进行抗日救亡宣传，另一方面从事对西部民歌的搜集、整理和音乐创作工作。

1939年，王洛宾来到青海，在西宁的一个中学教授音乐课。他发现，这里完全是一派和中原截然不同的自然风光，辽阔的草原、湛蓝的湖水、成群的牛羊、无垠的戈壁、高耸的雪山，激发了王洛宾无限的情感与创作激情。

这年夏天，电影艺术家郑君里（1911~1969）到青海湖畔的金银滩拍摄纪录片《民族万岁》（亦说《祖国万岁》），特邀在西宁已经小有名气的王洛宾参演拍摄其中的一些镜头。

金银滩位于西宁以西100千米，是青海湖畔的一个大草原，自古就是游牧民族放马牧羊的好地方。

按照导演的安排，王洛宾要与一位叫萨耶卓玛的藏族姑娘分别出演帮工和牧羊女。卓玛是当地一位千户长的女儿，大家闺秀。那时青海湖畔有个说法："草原上最美的花儿是格桑花，青海湖畔最美的姑娘是萨耶卓玛。"可见，卓玛已经是当地出了名的美丽姑娘。

拍摄工作进行了三天，晨出晚归，王洛宾在电影世界里过了三天真正的牧羊人生活。三天的相处，活泼可爱、美丽大方的卓玛给王洛宾留下了深刻的印象。

根据剧情安排，王洛宾穿上藏袍，扮演卓玛的帮工，跟着卓玛赶羊群。

其中有一个镜头，导演要求王洛宾和卓玛同骑一匹马放牧，卓玛从小在草原长大，精于骑术，而王洛宾则是在北京长大，不善于骑马。因为互不相识，所以，当影片开始拍摄的时候，王洛宾紧张地坐在卓玛的身后，手足无措。野性俏皮的卓玛忽然扬鞭跃马，猝不及防的王洛宾情急之下紧紧地抱住了卓玛的腰。骏马奔驰在青海湖畔辽阔的金银滩草原，一会儿，卓玛让马慢慢地停了下来，将缰绳放在王洛宾的手里，顺势向后一靠，多情地依偎在王洛宾的怀里。

第三天傍晚，所有的镜头都已拍完，卓玛将羊群熟练地赶入围栏。这时候，晚霞的余晖映照出卓玛的侧影，夕阳下的卓玛亭亭玉立。王洛宾站在不远处，痴痴地看着被晚霞浸染了全身的卓玛，似乎忘记了周围的世界。

卓玛感觉到了王洛宾的眼神，拴好羊栏，转回身来，脸色已经有些绯红。她用她那双乌黑的大眼睛娇嗔地瞪了王洛宾一眼，羞涩而又调皮地一笑，举起手中的牧羊鞭，轻轻地打在王洛宾的肩头，然后"咯咯"地笑着，返身跑向了远方。

王洛宾木然地站在羊栏旁，痴痴地望着消失在夕阳下的卓玛，抚摸着被卓玛打过的地方。这个俏皮、美丽又奔放的藏族姑娘，在他身上留下了永生难忘的一鞭。

到了晚上，王洛宾难以入眠，徘徊在金银滩上卓玛的帐房外。金色的月光下，星光闪烁，万籁俱寂，草原更加显得广阔无垠。但卓玛的毡窗已经落下，将千户长的女儿和他这位汉族音乐家分隔在两个世界里。

当拍摄工作结束的时候，王洛宾要离开金银滩回西宁去了。卓玛姑娘骑着马送了一程又一程，一路默默无语。直到要翻越一座山岗了，王洛宾劝卓玛别送了时，他才发现卓玛那粉红的脸颊上挂着一串晶莹的泪珠。顿时，王洛宾思如泉涌。望着依依不舍、打马远去的卓玛，那支《在那遥远的地方》像行云流水般从他的胸膛里飘了出来。

回到西宁后，他奋笔疾书，深情演唱。就这样，这支歌曲迅速在西宁走红，并唱遍了全中国、全世界。这支歌曾被香港中文学校编入国语课本，被法国国立音乐学院作为声乐教材，还曾被美国黑人歌王罗伯逊作为自己的保留歌曲，唱红了全世界。2007年，中国第一颗探月卫星——嫦娥一号升空，也特别选用这支歌曲搭载，把它作为中国的代表歌曲送入了遥远的宇宙星空。

今天，随着交通的便利和旅游业的发展，很多人唱着《在那遥远的地方》，千里迢迢，来到西宁，亲身领略金银滩大草原的魅力，西宁似乎显得不再遥远了。

不过，与此同时，来到西宁的朋友们又会有另外一个惊奇的发现：在王洛宾的歌曲里，青海给人的感觉应该是游牧的天堂，西宁也应该是在牛羊背上成长起来的城市。但是，今日西宁所在的区域却明显属于一个农耕地区：阡陌纵横，良田遍地，除了凉爽的高原气候，这里似乎与中原农耕地区没有多大差别。

那么，从什么时候开始，西宁接受了来自中原的农耕文明成果？历史上，究竟是谁把农耕文明的成果带到了西宁？农耕文明的发展又给西宁带来了怎样的影响呢？

二、赵充国屯田

提到西宁农耕文明的引入，我们就不得不说到一位曾经叱咤风云的汉朝老将军。

两千多年以前，西宁这个地方叫西平亭，是汉武帝设立的一个军事行政单位，管理以西宁为中心的青海东部地区。但到了汉宣帝时期，这个区域却被羌族中的一支——先零羌所占据，而且严重威胁到了汉朝的西北边境。派谁前往这个地区平定先零羌呢？

有一位年逾古稀、已经76岁的老将军向汉宣帝毛遂自荐，而且说了一句充满豪气的话："没有人能比老臣更胜任！"

这个人就是赵充国（前137~前52）。

原来，赵充国是一位久经沙场的军事家、三朝（汉武帝、汉昭帝、汉宣帝）老臣。他出生在甘肃天水，善于骑射，沉勇有大略，在汉武帝时期就曾经征战西北，因功被提拔为中郎将，后来又升至后将军，威震西北，匈奴、诸羌都知道赵充国的大名。

公元前62年，赵充国接过汉宣帝的命令后，率领数万大军，进军西宁，开始了他为国排难、为君分忧的青海之行。他稳扎稳打、步步为营，秘密渡过黄河，迅速击溃了先零羌的主力部队，收复西宁，先零羌首领带领残余部队逃向青海西部。

这时候，朝廷中出现了两种不同的意见：大多数朝臣主张乘胜追击，彻底消灭先零羌的残余势力；而赵充国则有不同的看法，他认为，穷寇勿追。而且，青海西部地域广阔、地形复杂，汉朝军队不熟悉地形，没有速胜的把握。

他给汉宣帝上书，提出了一个大胆的想法：停止对先零羌残余势力继续追击，让数万骑兵返回，留下一万多步兵驻扎在西宁。

大家知道，对游牧部落作战，向来重视骑兵。而赵充国面对的也是善于骑射的游牧部落，他为什么不要骑兵，只留下一万步兵，难道这位老将军老糊涂了吗？

不然！

来到西宁后，赵充国充分考察了周围的地形、地貌和民族情形。他发现，西宁地处青藏高原东部，在这里，由黄河及其支流湟水冲积形成了一块天然谷地——河湟谷地。谷地平均海拔2000~3000米，气候湿润，土地肥沃，灌溉便利，非常适宜发展农耕经济。汉武帝时期设立西平亭后，河湟谷地已经有部分地区开始农业开发，但没有形成规模。于是，一个大胆的谋划逐渐在赵充国脑海中形成了——在这里实行军屯，即利用军队进行垦田开荒，就地解决军队的粮食供应问题。

为了打消汉宣帝和朝中大臣的疑虑，他上表汉宣帝，指出了屯田的"十二利"，即屯田将会带来的十二项利益。

赵充国认为，如果能够在河湟谷地进行屯田，就能够"威德并行"，一方面以德抚羌，让生活在这里的居民获得安定的生活环境，丰衣足食，解决大军的粮食供应问题；另一方面，以守为攻，逐渐瓦解先零羌与诸羌的斗志，使他们不攻自破。

这样一来，以农养战，以战护农，兵农结合，最终达到稳定青海东部政局的长远目标。

当然，在这种情况下，骑兵就不那么重要了。

无疑，这种意见，展现出了这位老将军的深谋远虑和独到的战略眼光。

赵充国的请求最终得到汉宣帝的批准。于是，军队和当地百姓一起，在这里开垦土地、引水灌溉，并把中原地区已经相对成熟的精耕细作、铁犁牛耕等先进农耕技术带到了这里，拉开了河湟谷地农业开发的序幕。

史书记载，赵充国将军在西宁驻扎了一年左右的时间，而后，就接到新的任命，返回中原地区了。但他却在一年左右的时间里，先后带领士兵和当地百姓开垦田地两千多公顷，取得了初步的成效。

不过，不要小看赵充国老将军所开发的两千多公顷田地，如果把这件事情放在历史的长河中加以考量，其意义是十分重大的。

在汉代以后，大量中原移民进入河湟谷地，经过隋、唐、明、清等历朝历代对河湟谷地的持续农业开发，这一地区变成了黄河上游最大的一块农耕区域。如果扩大一点，把眼光放在整个黄河流域来讲，赵充国对河湟谷地进行农业开发，其实体现了我国古代城市发展的一个规律。即：几乎所有的古代城市都建立在河流沿岸，因为这里饮用水丰富，灌溉便利，适宜农耕，可以就地解决城市居民的粮食供应问题。而黄河流域是农耕文明最早开发的区域，所以，我国古代一些著名的城市都分布在沿黄河及其支流沿岸，并依托几块较大的农耕区域——上游的河湟谷地是西宁城市发展的支撑，河套平原支撑了银川和呼和浩特的发展；中下游更广阔的关中平原、华北平原成就了西安、洛阳、开封等更大的都市。

今天，有一个统计数据，河湟谷地仅仅占青海全省面积的不足10%，却集中了全省50%以上的人口，耕地面积和农产品数量占到全省的80%以上，创造了高原农业的奇迹。

赵充国老将军对河湟谷地的开发，为西宁城市持续发展奠定了雄厚的根基，使河湟谷地成为一块散发着农耕文明气息的高原宝地。

紧接着，这块宝地成了丝绸之路历史上两条通道的必经之地，首先是通向西藏的唐蕃古道的必经之地。一千多年前，有一位和卓玛姑娘同样美丽的中原姑娘就曾经来到西宁，经过唐蕃古道，去往遥远的拉萨。

那么，这位来自中原的美丽姑娘又是谁呢？

三、天路之门

这位来自中原的姑娘就是历史上有名的文成公主。文成公主来到西宁与历史上有名的唐蕃"和亲"有关。

文成公主生活在唐太宗时期，是唐朝的一位宗室女，也就是唐太宗李世民家族的一位皇族出身的姑娘。唐太宗统治时期，唐朝国力强盛，经济发展，文化繁荣，人民安居乐业。北方的突厥、西北的吐谷浑以及西域地区的许多小国纷纷归附，尊称唐太宗为"天可汗"。因为唐太宗的年号为贞观，所以，我国史书上把这一段时期称为"贞观之治"。为了进一步交好唐朝，从汉民族学习先进的文化和科技知识，周边少数民族纷纷上书唐太宗，请求与唐朝和亲。唐太宗欣然应允，并先后把几位宗室女（南阳公主、弘化公主）嫁给突厥和吐谷浑君长，加强了唐朝与周边民族间的密切联系。

当唐朝出现贞观盛世的时候，松赞干布统一了我国的西藏地区，建立了强大的吐蕃政权。松赞干布久慕中原文化，又得知唐朝与突厥、吐谷浑和亲的消息，便先后两次派出使臣，携带厚礼，向唐太宗请求和亲。唐太宗被松赞干布的诚意打动，答应把宗室女文成公主嫁给松赞干布。

贞观十四年（640）十月，松赞干布派出大论（宰相）禄东赞（又名噶尔）带着上百人的庞大迎亲使团，携带五千两黄金以及大量珠宝，远赴长安，迎接文成公主入藏。唐太宗用隆重的礼仪接待了禄东赞。著名的绘画大师阎立本还专门为此创作了一幅名画《步辇图》，把唐太宗接见禄东赞的历史场景记录了下来。

在图中，唐太宗坐在步辇上，身边众宫女簇拥着。左边的三个人，穿红衣的是唐朝的典礼官；中间站着的是松赞干布派出的婚使，身为吐蕃宰相的禄东赞；另一个人是通译官，也就是翻译。这幅画现藏北京故宫博物院，成为汉藏民族友谊的历史见证。

贞观十五年（641）正月十五日，文成公主入藏。唐太宗送给文成公主大量的嫁妆——佛像、占卜、历法、农业、医药、建筑等图书，数十匹骡马驼载着的丝绢、珍宝、植物种子、衣服、日常器具等，以及侍婢、工匠数十人，还有一支精强的卫队和一支乐队一同前往，组成了数百人的大队伍，浩浩荡荡，自长安向青藏高原进发。

根据史书记载，文成公主入藏所走的路线就是著名的唐蕃古道。这条路线从唐朝的都城长安出发，在兰州附近渡过黄河，进入西宁所在的河湟谷地。然后，向西翻越赤岭，经青海湖，进入西藏。因为青藏高原海拔高，道路难行，所以，中国人形象地把进入青藏高原的道路称作"天路"，而西宁则是中原进入青藏高原的必经之地，所以，被形象地称作"天路之门""青海锁钥"。

去过青藏高原，特别是去过拉萨的内地朋友都知道，那里海拔较高，空气中氧气含量低。所以，内地人到了拉萨，如果身体不强健，往往会出现高原反应，轻则影响在高原的旅行活动，重则甚至危及生命。

有经验的朋友都会在西宁略作停留，为什么？因为这里同属于青藏高原，但海拔比拉萨相对较低，可以适应一下高原气候和空气环境，为下一步进入拉萨做好身体上的准备。当年的文成公主当然也会面临这样的问题。

文成公主长什么模样，历史上没有记载，当然，她的美丽是毋庸置疑的，不然，唐太宗也不会把她作为和亲公主嫁给松赞干布。但我觉得，除了美丽，文成公主还有一点和一般的女子不同，那就是具有健康的体魄。因为根据史书记载，文成公主从长安出发，跋涉万水千山，行程三千余公里，时间长达数月；而且，当时的交通条件和交通工具还比较原始——要么步行，要么乘轿，要么骑马，如果文成公主的身体素质像林黛玉那样，根本不可能顺利到达目的地拉萨。所以，文成公主的美应该是富有盛唐气象的丰腴的美，而不是林黛玉式的瘦弱的美。

在西宁逐渐适应了高原气候条件，补充了充足的给养之后，文成公主一行向西宁以西的赤岭开始进发。

赤岭位于青藏高原的东部边缘，是青藏高原与黄土高原的分界线，也是唐蕃古道和丝绸之路青海道的必经之地，平均海拔在4000米左右，因其山体呈红色，所以，当地人把它称为赤岭。从这里开始，文成公主就不能再乘坐车、轿，而要改乘马匹了。

文成公主登上高高的赤岭，向西眺望她将要踏上的土地，白云朵朵、草原茫茫、牛羊肥壮；而转过头向东望去，只见沃野千里、炊烟袅袅、人口稠密，那是她熟悉的田园风光。想到此行万里迢迢，离生养她的故土越来越远，她不由得一阵心酸。这时候，唐太宗派使臣特意给文成公主送来了一面日月宝镜。据说这面宝镜不仅可以像普通镜子一样照出一个人的面容，还能够显示出都城长安的繁华。文成公主从宝镜里再次看了看繁华的长安，又从宝镜中看着自己连日来一路奔波而逐渐消瘦、晒黑的脸，不由得落下了伤心的眼泪。

传说，文成公主的眼泪滴到地上，汇成了一条小河，这就是有名的倒淌河——由于我国地势西高东低，绝大部分河流都是发源于西部，向东流去。而发源于赤岭的这条小河却由东向西流入青海湖，所以，被当地人命名为倒淌河，以纪念当年文成公主站在赤岭想念家乡而落泪的情景。

但文成公主转念一想，自己此去吐蕃，身负唐蕃联姻的重大使命，国家利益与个人情思相比，国家利益才是最重要的。于是，她止住了眼泪，摔碎了日月宝镜，毅然踏上了西行的道路。就这样，赤岭成了文成公主入藏最具纪念意义的地方。

因为文成公主在赤岭驻足停留，并摔碎了日月宝镜，从此以后，赤岭就改名为日月山。当地的人们还在文成公主驻足的地方修建了日亭和月亭，这一直留存到了今天。

在相当长的时间里，很多人认为，青海并非丝绸之路必经之地。然而，就在文成公主入藏一千三百多年，王洛宾唱响《在那遥远的地方》十多年之后，一个在西宁的重大考古发现推翻了这个错误的判断，证明了西宁曾经是丝绸之路历史上"青海道"的必经之地。

那么，这是一次什么样的发现？它又为我们展示了西宁与丝绸之路怎样的关联呢？

四、"青海道"传奇

1956年，青海省粮食厅在西宁城内城隍庙街工地施工时，偶然发现了一批银币，共76枚。经初步鉴定，这批银币来自遥远的波斯，银币铸造时间大约是五世纪晚期。这一发现一经公布，便引起了考古学界的重大关注。

波斯就是今天的伊朗，是古代丝绸之路上的重要国家。

但是，大家知道，波斯距离西宁有数千公里之遥。那么，一千五百多年以前，在道路和交通都那么艰难的情况下，波斯的银币怎么会出现在西宁？又是什么人把这些银币带到了那里？难道今天看起来比较偏僻的西宁与古代繁荣的丝绸之路有某种关联吗？

为了揭开以上这些问题的谜团，西宁的文物和考古人员翻遍了历史文献，甚至还请教了北京的一位大家——中国社会科学院考古研究所著名的历史和考古学家夏鼐先生。

其实，夏鼐已经从报纸和相关期刊上关注到了西宁发现大批银币的事情，他也十分期待能弄清楚这批银币的来龙去脉。由于交通不便，夏鼐先生不能亲自到西宁，便请西宁的文物工作者把银币做成拓片和照片，寄到北京。不久，夏鼐先生发表了一篇震惊全国考古学界的文章①，把这批银币的价值公之于众。他认为：

首先，从考古学上分析，76枚银币在一起出土，基本可以断定是一个窖藏地点而非偶然遗失。因为如果偶然遗失或后期遗落，可能只有一两枚零星出土，而且可能不在同一个地点。在考古学上，窖藏就意味着器物发现的时间几乎与器物制造的时间同步。

其次，根据银币的形制和图案等显示出来的信息，这些银币属于波斯萨珊朝卑路斯国王统治时期（457~483），大约相当于我国北魏孝文帝改革前后。当时，波斯是丝绸之路上的重要国家，军事、经济和文化实力都比较强大。它向西与东罗马帝国争雄，向东与突厥联姻，左右逢源。由于具备了强大的军事实力，波斯钱币便在中亚和西亚具有国际货币的地位，沿丝绸之路流通很广。同时，卑路斯还是一位对中国文化十分仰慕的国王，喜欢穿戴用来自中国的丝绸制作的服装。所以，他在位时期，与北魏王朝保持了密切关系，据文献记载，他曾经派出将近十个使团访问北魏的都城平城（今山西大同）。两国高层在政治上沟通好了，随之带来的就是频繁的经济贸易往来。所以，后来有大量的波斯商人到中国经商，甚至留在了中国。

由此，夏鼐先生得出结论：这批银币的出土说明，在我国的北魏时期，波斯与我国通过丝绸之路保持了密切的外交和贸易往来，而这批波斯银币就是作为商品的等价物被波斯或其他西域商人或使者带到西宁的。而且，这批银币在西宁的出土说明，西宁应当是古代丝绸之路贸易上的重要节点，甚至是枢纽城市。

---

① 夏鼐：《青海西宁出土的波斯萨珊朝银币》，《考古学报》，1958年第1期。

这个结论一经公布，简直石破天惊，为什么呢？

因为，传统观点认为，丝绸之路的路线是：从西安出发，在兰州附近渡过黄河，然后，穿越河西走廊，再通往遥远的西域。

而夏鼐先生认为，根据西宁发现的银币，可以断定：除了传统的丝绸之路路线，还有一条稍南的路线，这条道路虽然同样从西安出发，但在兰州附近渡过黄河后，不直接走河西走廊的武威，而是折到西宁。然后，从西宁分为两条路线：一条经大通河谷，到张掖，经敦煌，通向西域；另一条翻越日月山，经柴达木盆地到达敦煌，进入南疆，通向西域。

因为这条道路经过青海的大部分地区，所以，后来，夏鼐先生发现的这条道路便被命名为"青海道"（又名"羌中道""吐谷浑道"）。

遗憾的是，我们不知道当年把这批波斯银币带到西宁的到底是什么人，这有待历史和考古学家进一步考证。

不过，可以确定的是，从此以后，青海成为丝绸之路的重要组成部分，而西宁也从此走进了丝绸之路研究者的视野。

随着研究的深入，有越来越多的文献资料佐证了这条"青海道"在丝绸之路交往中的重要地位。

很多人都熟悉唐僧（玄奘）到西天取经的故事，其实，在唐僧取经两百多年以前，我国东晋就有一位高僧大德到西天取经。而且，他所走的路线就是"青海道"。

这位高僧的名字叫法显（337~422）。

法显是山西襄汾人，3岁时就出家了。后来，他潜心研究佛学经典，成为颇有学问的高僧大德。他发现，很多佛经译本不完善，甚至互相抵牾，混淆了人们的视听，不利于佛教思想的传播。于是，他产生了到佛教的发源地——天竺（印度）求法取经的念头。

63岁的时候（399），法显不顾年事已高，约请了几位僧人，从长安出发，踏上了漫长的取经道路。

但在严酷的自然环境面前,他的同伴中有些人吃不了苦头,中途返回;有些则因病或冻饿倒毙在路上。然而,法显却矢志不移,终于到达了他梦寐以求的佛经圣地。在天竺停留了十多年后,他成为当地赫赫有名的高僧。但十多年离乡背井,使他倍加思念祖国。所以,他婉言谢绝了很多寺院请他留下的邀请,乘坐商船从海上返回东晋的都城建康,也就是南京。

法显此行求法,前后经过了14年(399~413),游历了30多个大大小小的国家。回国后,他在建康从事佛经翻译,并将旅行的所见所闻记录下来,撰成了《佛国记》(《高僧法显传》)一书。

法显的经历,与后来同样去西天取经的唐僧(玄奘)的经历十分相似。他们同样都有坚强的意志、回报祖国的爱国情怀,都对佛教的传播做出了巨大贡献。但他们之间也有两点不同:一是,法显取经比唐僧早了两百多年(唐僧取经的时间是627年),应该说法显是唐僧取经的学习榜样;另一个不同则是他们出国时所选择的路线不同。

当年,唐僧从长安出发后,在兰州附近渡过黄河,然后,经河西走廊的武威、张掖,过玉门关进入西域,南下去天竺。而根据《佛国记》记载,法显虽然同样也是从长安出发,在兰州附近过了黄河。不过,过了黄河后,法显没有直接走向河西走廊,而是折向西宁;在西宁稍作停留,补充了足够的给养后,经大通河谷,到达河西走廊的张掖。此后,才与唐僧所走的路线重新会合。唐僧走的是传统的丝绸之路,而法显走的这条路线却是"青海道"。

就在法显从东向西沿着"青海道"进入西域的同时,历史上有大量的西域商人同样经过"青海道"进入我国内地。

不过,令人颇感意外的是,传统上来说,丝绸之路的起点在汉唐时期的长安,反过来,西域人沿丝绸之路进入我国一般也是先到长安,然后再到其他城市。但是,有资料表明,由于"青海道"的开辟,有一些西域商人选择了一条不经过长安的便捷路线,经由"青海道"的西宁,直接进入四川盆地,然后在长江流域进行经商活动。

那么，这些西域商人是如何经"青海道"的西宁进入长江流域的？他们到了长江流域后，又会有怎样的经商经历呢？

有资料表明，这条直接由青海到达四川的道路早在张骞通西域之前就已经存在了。

《史记·大宛列传》曾记载，张骞出使归来后，曾向汉武帝汇报说，在西域的大夏国（今阿富汗北部一带），他见到了来自我国成都平原的邛竹杖、蜀布。这就是说，在两千多年前，中西商人们已经开通了一条从中亚通往我国长江上游的成都平原的商业路线。这条商业路线的走向是，首先通过我国新疆的南疆盆地进入青海，沿柴达木盆地，翻越日月山进入西宁，再沿四川西北部的岷江上游河谷抵达四川盆地的成都。

到了南北朝时期，在法显西行求法大约一百年之后，有两个有名的西域商人家族就是沿着这条"青海道"进入我国的长江流域，并在那里发家致富的。

据《续高僧传》卷二十六《释道仙传》记载，南朝梁的时候（502~557），有一位叫康僧仙（一名道仙）的西域康国商人，经过"青海道"来到成都平原，做珠宝生意。他有自己的商船，沿长江往来于成都和南京之间，多年下来，发了大财，积累起来的财富足足可以装满两条大商船，价值数十万贯。在古代，一贯是一千个铜钱，一二十贯就可以拿来做本钱，经营小本生意。可见康僧仙的财富之多。

另据《隋书·何妥传》记载，也是在南朝梁的时候（502~557），还有一位西域何国商人叫何细胡，通过"青海道"来到了成都平原的郫县（今成都市郫县），协助南朝梁武陵王、益州刺史萧纪沿长江经营金帛生意。由于萧纪是南朝梁的郡王，后来还做了皇帝，所以，何细胡做生意可以说是背靠大树，官商结合，很快他就成了赫赫有名的巨富，被当地人称为"西州大贾"。后来，他儿子何妥弃商就学，一直做到了隋朝的国子监祭酒，还曾帮助朝廷考定音律，成为当时有名的音乐家。

康国与何国都是中亚小国，属于所谓的"昭武九姓"（中亚的康、曹、何、安、米、石、史、火寻、戊地九个小国），本来居住在今乌兹别克斯坦境内的阿姆河和锡尔河之间，善于经商，曾经长期活跃在丝绸之路上。我国姓氏中本来没有康这个姓，何姓也很少，康姓和何姓这些商人来到我国内地经商，很多人居住了下来，以国为姓，与汉族通婚，成为中华民族的一部分。所以，今天长江流域的康姓、何姓可能与康僧先、何细胡这两位中亚商人有某种亲缘关系。

为什么法显、康僧仙、何细胡要选择经过西宁的"青海道"呢？

一般情况下，无论从西域进入中原，还是从中原进入西域，经行河西走廊要便利得多。因为这里道路平坦，有不少绿洲城市可以补充给养。相对而言，"青海道"则要翻山越岭，道路艰险不少。但在河西走廊发生战乱或因其他原因受阻时，"青海道"便成为中原与西域之间交往的必然选择。法显西行求法时，正是我国的魏晋南北朝时期，河西走廊先后由多个割据政权控制，政局动荡不安，容易给通过河西走廊的僧侣、商人等造成不安全因素；而这时的西宁一带，战乱较少，相对比较安定，因此，法显选择"青海道"是有一定道理的。而对于康僧先、何细胡两人而言，除了同样与法显面临河西走廊的复杂形势外，当时的中原地区也正处于动荡不安时期，而长江流域相对比较安定。所以，他们选择不经过中原而直接到达长江流域的路线也就顺理成章了。

不过，无论是僧侣、商人，还是其他的使者、旅行家等，经过"青海道"的时候，西宁都是他们必然的经停之地、重要中转站、贸易的集散地，久而久之，这必然推动西宁城市的发展与繁荣。

而且，"青海道"的繁荣一直持续到了北宋时期。当时，西夏人占领了河西走廊，对过往的商人征收重税。所以，很多西域商人便改走"青海道"进入西宁，然后，过黄河进入中原。《宋史》有记载说：

> 诸国商人皆趋鄯州贸卖，以故富强。
>
> ——《宋史·吐蕃传》[1]

鄯州就是今天的西宁。这段记载告诉我们，到了北宋时期，"青海道"上的贸易往来频繁，来自西域的商人纷纷走"青海道"，来到西宁进行贸易，这给西宁城市发展带来了重大机遇，"以故富强"，逐渐成为当之无愧的丝路名城。

我曾两次到过西宁，在那里，一方面感受到了金银滩、青海湖的自然之美，另一方面感受到了塔尔寺以及汉、藏、回、蒙、土、撒拉等各民族和睦相处的人文魅力。给我留下印象最深的还是一位朋友在饭店请客的情景：

饭前，服务员用唱歌的方式为我们祝福；酒菜上桌，主人唱着歌敬青藏高原特有的青稞酒，客人还必须用歌声应答，快乐歌唱成了这座高原明珠城市里的人们表达情感的形式。这使我切身感受到了这座城市的热情、乐观、质朴和友善。

我想，西宁人之所以形成这种特有的性格，除了上天赐予这块土地的自然之美，以及赵充国老将军给这里带来的农耕文明之美外，曾经繁荣的丝绸之路"青海道"无疑是一个不可忽视的重要因素。"青海道"给这座城市带来了开放、带来了豁达、带来了繁荣，注入了不竭的文化源泉。

下一讲我们将走进河西走廊，去品读那里的丝路名城。

请看下一讲：铁马金戈话武威！

【趣味知识自测题】参考答案

1.A 2.D 3.A 4.C 5.D 6.B 7.A 8.D 9.A 10.B

---

[1] 脱脱：《宋史·吐蕃传》，中华书局，1985年版。

第七章

铁马金戈话武威

趣味知识自测题

1. 把武威出土的铜奔马命名为"马踏飞燕"的是_____。

  A. 郭沫若   B. 夏鼐   C. 陈毅   D. 周恩来

2. 唐玄宗时期,由武威输入长安一首著名的曲子,后经玄宗改造为_____。

  A.《秦王破阵乐》   B.《伊州曲》   C.《龟兹曲》   D.《霓裳羽衣曲》

3.《三国演义》里,在潼关把曹操杀得大败的将军是_____。

  A. 马超   B. 赵云   C. 黄忠   D. 关羽

4. 唐诗中有一种诗体叫"凉州词",其中"羌笛何须怨杨柳,春风不度玉门"的作者是_____。

  A. 王维   B. 王翰   C. 王之涣   D. 王昌龄

5. 丝绸之路上有一座山生长一种红蓝花草,其汁液酷似胭脂,所以叫胭脂山。这座山就是_____。

A. 天山　　　　　B. 昆仑山　　　　　C. 祁连山　　　　　D. 阿尔泰山

6. 古代有一位皇帝，特别钟情于"天马"，他生前曾三次为"天马"命名，这位皇帝是_____。

　　A. 秦始皇　　　　B. 汉武帝　　　　　C. 唐太宗　　　　　D. 唐玄宗

7. 十六国时期，以武威为都城曾经建立过四个割据政权，它们不包括_____。

　　A. 前凉　　　　　B. 后凉　　　　　　C. 南凉　　　　　　D. 西凉

8. 唐朝有一位诗人曾两次出使西域，每次都在武威停留，并留下了"弯弯月出挂城头，城头月出照凉州"的诗句，这位诗人是_____。

　　A. 高适　　　　　B. 岑参　　　　　　C. 李翰　　　　　　D. 李益

9. 有一位武威的唐朝诗人，曾有诗曰："莫笑关西将家子，只将诗思入凉州。"这位诗人是_____。

　　A. 高适　　　　　B. 岑参　　　　　　C. 李翰　　　　　　D. 李益

10. 据一部古籍记载，唐朝时期，武威是仅次于长安的西部繁华都市，这部古籍是_____。

　　A.《酉阳杂俎》　　B.《明皇杂录》　　　C.《太平广记》　　　D.《太平御览》

【评分标准】共10题，总分100分。每题选择正确得10分，选择错误0分。

【评估等级】

大牛（对城市很熟悉）：80~100分；

及格（对城市基本了解）：50~70分；

菜鸟（对城市很陌生）：0~40分。

注：参考答案附在本章末。

开篇的话

1969年，甘肃武威的群众在城北的雷台开挖战备地道时，无意间挖到一座古墓，从中出土了金、铜、玉、陶等器物数百件。

其中，最引人注目、令人称奇的是一匹小巧玲珑、造型独特、巧夺天工的青铜奔马。

马是人类最亲近的朋友，是速度的象征，是中西方艺术家都喜欢表现的主题之一。但西方的艺术家在表现天马行空的时候，往往要借助马的双翼，也就是给马画上两只翅膀。而这匹青铜马在设计上却三足凌空、长尾飘举，右后蹄踏在一只飞翔的燕子上。燕子被古人看作天空中最善于飞行的鸟类，风驰电掣的速度是它的骄傲，然而，它却被这匹疾驰的骏马轻易超越了。这直接给人以天马行空的联想，表现了设计者丰富的想象力。同时，借助这只鸟的身躯，还扩大了青铜马的着地面积，保证了马的稳定性，体现了高超的设计思想和技术水平。

不知道是哪位无名的古代工匠，把中国人想象中的天马行空，凝固成巧夺天工的造型艺术，给后人留下了无尽的遐想和审美享受。

今天，武威只是一座偏远的西北小城，很不起眼。但铜奔马自从出土的那一天开始，便引起了全世界的轰动，成为世人关注和热议的焦点。郭沫若同志把它命名为"铜奔马"或"马踏飞燕"。1983年，国家旅游局又把"铜奔马"确定为中国旅游形象标志。

从此，"铜奔马"成为中外皆知的国宝，武威小城的知名度也越来越高了。

不过，自从铜奔马出土，在近50年的时间里，围绕"铜奔马"的争论也一直没有平息过：

"铜奔马"的主人到底是谁？

"铜奔马"的原型是否就是传说中的"天马"?

古时候的战争年代,高质量的战马往往是强大军事实力的象征,"铜奔马"在武威的出土,是否暗示着这里曾经是铁马金戈的战争之地?

和平时期,马又是古代最重要的交通工具,"铜奔马"在武威的发现,是不是又意味着这座偏远的西北小城曾经与繁华的丝绸之路文明发生过密切的关联?

这一系列的问题,使这匹"铜奔马"和它的出土地武威显得越来越神秘。如何揭开以上谜团呢?我们从一段三国故事说起。

一、《三国演义》里的武威

很多朋友都熟悉三国故事,在三国人物里,曹操算得上是有名的军事家。他足智多谋、善于用兵,先后打败了袁绍、吕布、袁术等,基本统一了北方。但曹操一生也有狼狈的时候。我认为,在《三国演义》里,曹操最狼狈的时候当属他遇到白袍大将马超的时候[①]。

马超的父亲马腾为征西将军,驻守西凉,是伏波将军马援的后代。

东汉末年,曹操"挟天子以令诸侯",以宰相身份把持中央朝政,引起了朝臣不满。马腾与刘备等人同受汉献帝的衣带诏,准备伺机除掉曹操。结果,计划败露,刘备用计逃出许都(今河南许昌,东汉末年的都城),而此时,马腾还蒙在鼓里,不知道衣带诏消息已经泄露。曹操以南征孙权为名,招马腾来许都。马腾中计,被曹操杀害于许都。

马腾的大儿子马超并没有随父前往,当他得到父亲被害的消息后,痛不欲生,尽起西凉数万兵马,一路向东杀来,给父亲报仇。

---

① 罗贯中:《三国演义》(上册),中华书局,2009年版,"第五十八回:马孟起兴兵雪恨,曹阿瞒割须弃袍"。

大家知道，在三国众多的武将里，马超算是数得着的英雄人物，按照《三国演义》的描述，其武功仅次于吕布。

果然，马超带领着西凉兵马，一路势如破竹，很快拿下了长安。然后，继续向东，准备直捣许都。

曹操得知消息，带领军队在潼关与马超展开了激战，结果被杀得大败。接着，最精彩的场面出现了：曹操兵败后，骑着马随着乱军一起逃跑，马超在后面紧追不舍。西凉军中有认得曹操的，在后面大喊："穿红袍的是曹操。"曹操听见了，赶忙脱下红袍，丢到地上。又听得有人大喊："有长须的是曹操。"曹操赶忙拿出佩刀，割断长须。有人马上将此事告诉了马超，马超大声命令："那个短胡须是曹操，给我拿住他！"曹操闻听，惊慌之中，扯下旗子的一角包住脖颈，继续逃跑。后来，幸亏曹操的大将曹洪和夏侯渊赶到，截住了马超的人马，曹操这才保住了性命。

这一段描写出现在《三国演义》第五十八回"马孟起兴兵雪恨，曹阿瞒割须弃袍"里，一环扣一环，十分精彩，把马超的勇猛和曹操的狼狈描写得淋漓尽致，看后大觉过瘾。

大家知道，文学作品大多会高于现实，但《三国演义》却是根据《三国志》这部史书写成的，"三分虚构，七分真实"，其中的人物、事件基本忠于史实。曹操与马超在潼关之战中的这段描述，除了在马超追杀曹操的细节描写上略有夸张，基本接近史实。

那么，曹操久经沙场，手下又战将如云，连数十万军队的袁绍都被他打败了，为什么抵挡不住马超带来的数万军队呢？

这跟小说中提到的一个地名"西凉"有关。

那么，"西凉"是个什么地方？来自"西凉"的马超怎么拥有如此大的力量呢？

西凉有广义和狭义两个概念，广义的西凉就是凉州，指河西走廊所属的几座城市以及黄河以东的广大地区。因为这个地方位置偏北，"土地寒凉"

而得名凉州，又由于凉州位于我国的西部，俗称西凉。凉州的治所设在今天的武威（也称姑臧），所以，狭义的西凉就是指武威（十六国时期河西走廊还曾经有一个西凉政权，但那是三国以后的事了，我们在后面的讲座里将会讲到）。《三国演义》里说到的西凉也是指武威。

武威位于河西走廊的东南部，是河西走廊的入口。它的南边是终年积雪的祁连山，北边是山地和戈壁、荒滩，在古代人走马行的条件下，在河西走廊以外南北行走极其困难，特别是驼载货物的商队，几乎是不可能通过的。反观走廊内部，武威的自然地势沿祁连山由南向北依次下降，祁连山冰雪融化形成了许多河流、湖泊和一个个的绿洲，使武威水草丰美，既适宜发展畜牧业，又适宜发展农业，是一个宜牧宜农、适宜人居的好地方，是东西交通往来的必经之地。

西汉初期，这里被我国北方的游牧民族匈奴所占据。匈奴经常依靠强大的骑兵部队侵扰汉朝的西北部边境，严重扰乱了边境百姓的正常生活，甚至直接构成对都城长安的威胁。为了解除匈奴对汉朝边境的威胁，汉武帝派出数万大军，越过黄河，打败了匈奴部队，占领了河西走廊。

为了显示西汉王朝的军威终于达到河西，并起到以武力震慑匈奴的作用，汉武帝在河西走廊东南部的入口处设立了一个郡，并取名"武威"。

匈奴丢掉河西走廊之后，感到十分痛心。有一支流传在匈奴中的歌谣这样说：

失我焉支山，令我妇女无颜色；失我祁连山，使我六畜不蕃息。

——匈奴歌谣

焉支山在武威郡西边，是祁连山的支脉。因山中生长一种红蓝花草，其汁液酷似胭脂，当地妇女经常用来抹脸涂唇，所以，又叫胭脂山。这支歌谣的意思是说，丢失了焉支山，匈奴妇女将无法用胭脂打扮自己；而丢失了祁连山下的武威，六畜（牛、马、羊、豕、鸡、犬）将不能得到繁衍生息。可见，武威在匈奴人心目中的地位有多重要。

这就是说，武威就是河西走廊最重要的支点和最肥沃的牧场。所以，这里盛产良马，百姓善于骑射，民风剽悍，作战勇猛。在武威的民间流传这样一句歌谣：

> 凉州大马，横行天下。
>
> ——武威民间歌谣

就是指武威的精骑兵常能横行天下，很少遇到对手。

而马超带领的正是这样一支骑兵部队，也难怪让曾经在战场上不可一世的曹操那么狼狈不堪。

武威精骑兵的勇猛再次使我们想到了雷台出土的"铜奔马"。

这匹奔马的原型是否就是西凉骑兵所乘骑的战马？

这些横行天下的战马与传说中的"天马"有没有关联呢？

二、武威的天马情结

自从"铜奔马"在武威出土之后，人们便开始了"铜奔马"原型的争论，其中比较有代表性的观点有两种：

第一种说法，"铜奔马"就是古代传说中神秘的"天马"。

第二种说法，"铜奔马"是一种马式，就是按照古代良马的特点所铸造的一尊样式马，即一匹良马模特，选择优质良种马的标尺。

我个人认为，"铜奔马"既是天马，又是铜马式，还曾经被武威人当作马祖神来崇拜。

大家知道，在古代，没有机枪、大炮、坦克，战马就是最锐利的作战武器。所以，是否拥有高质量的战马往往决定着战争的胜败。

与草原游牧民族的马匹相比，中国内地的马有很明显的弱点，比如身躯矮小，耐力不强，速度不快，耐旱性差等。而北方草原的马整天在辽阔的草原奔跑驰骋，膘肥体壮、身型高大，又快又灵活。同时，草原马从小就适应了寒冷的气候条件，马毛又长又厚，适宜于在恶劣气候条件下作战。而内地气温较为温和，内地的马到了北方，还没作战往往就会被冻伤、冻死。所以，一旦把内地的马在北方地区投入作战，双方的胜负可想而知。

于是，怎么想方设法引进良种马，改良中原马的品种，就成为中原帝王最关心的一件事。在这方面，汉武帝用心最为良苦。

张骞出使西域归来的时候，曾经告诉汉武帝，他在西域见到了十分高大雄健的草原马，似乎就是传说中的"天马"。此后，得到来自西域的天马就成了汉武帝的一个心结。

丝绸之路开通后不久（前113），汉朝曾从敦煌附近得到一匹野马，高大雄健，汉武帝异常兴奋，认为这就是他梦寐以求的"天马"。没想到，过了不久，西域的乌孙国（今伊犁河与伊塞克湖一带）又献来几匹宝马，比敦煌马更加高大、雄健。汉武帝一见大喜，认为这才是真正的"天马"。所以，把"天马"的名号又给了乌孙马。数年之后（前101），汉武帝派大将李广利远征大宛（在今乌兹别克斯坦费尔干纳盆地），获取大宛马数十匹。这数十匹大宛马，就是历史上有名的汗血宝马。这种马之所以叫"汗血宝马"，是因为它高速疾跑时，肩膀位置会慢慢鼓起，并流出像鲜血一样的红色汗水，因此得名。

汉武帝见到大宛汗血宝马的时候，血脉都为之贲张了，马上决定把乌孙马更名为西极马，把大宛汗血马命名为"天马"，并作《天马歌》一首：

天马来兮从西极，经万里兮归有德。
承灵威兮降外国，涉流沙兮四夷服。

——《天马歌》[①]

他把得到大宛汗血马看作降服四夷，带来和平与安宁的美好象征。

[①] 司马迁：《史记》，中华书局标点本，1975年版。

大量西域天马的引入，大大改变了中原马的品质，使战马的质量得到了很大提升，适应了深入北方、西北方草原和大漠等苦寒地区作战的需要，为汉朝最终战胜强大的匈奴打下了坚实的基础。

同时，汉武帝深厚的"天马"情结，对两汉社会也产生了深刻影响。

根据考古学家的研究，在武威出土铜奔马的那座墓葬的主人姓张，生前曾是东汉末年（186~220年之间）的一位武将。他曾经四次被册封为"将军"，任过武威郡的郡守。这位张将军对武威所面临的复杂军事形势、他身上所肩负的责任，以及他时刻面对的危险当然心知肚明。当时，马崇拜文化在民间盛行，"天马"被奉若神明。而在整天与铁马金戈相伴的武将那里，"天马"更是被敬奉为"马祖神"，希望"马祖神"能够帮助他们抵御外寇，成就功名。

所以，我们可以做一个大胆的推断：汉武帝以后，武威成为西域良马输入中原的主要口岸，同时也是一个军马养殖基地。为了更准确地确定什么是宝马，就需要铸造一个模型，即马式，让人们能够照着模型，挑选西域的良马。同时，武威的养马人也需要一个标准，来确定什么样的马是好马，什么是种马。无疑，"天马"就是最好的参考模型。于是，就有了青铜铸造的天马模型，"马踏飞燕"很可能就是其中的一个。

这匹青铜奔马生前一直陪伴在这位张姓将军身边，一方面作为马式，帮助他选择良马，补充进当地的驻军，保卫武威的和平与安定；另一方面，这位将军虔诚地供奉着它，把它当作了"马祖神"，希望保佑他的仕途一帆风顺。去世后，他的子孙把这尊"马祖神"作为这位将军的陪葬品埋入地下，希望这位将军的灵魂也能得到"马祖神"的护佑。

到了魏晋南北朝，武威仍然是国家最大的良马养殖基地。北魏时期，曾经在这里牧养了200万匹马。到了盛唐，武威仍然是国家最大的战马养殖基地。史书记载：

> 唐之盛时，河西、陇右三十三州，凉州最大，土沃物繁而人富乐。

其地宜马，唐置八监，牧马三十万匹。

——《旧五代史》[①]

盛唐时期河西、陇右的三十三个州郡中，凉州最大，土地肥沃、物产丰富而百姓富乐，简直成了西北地区的经济中心。朝廷专门在这里设置了八个监所，养马达到三十万匹，由此可见，这里还是盛唐大西北的军马重地、军事中心。

"铜奔马"的出土说明：在汉唐长达上千年的时间里，铁马金戈就是那个时代留给武威这座城市最明显的历史烙印。而武威源源不断的战马供应有力支持了汉唐时期强大的骑兵部队，保障了封建国家边防的稳定与安全，与汉唐盛世的形成具有直接的关联。

当然，无论现代还是古代，铁马金戈的战争状态并非常态，更多的时候，是和平的状态。而在相对和平的年代，武威很多时候发挥着大家想象不到的作用，它甚至能够影响皇帝的生活方式，影响首都人民的风尚。

一个西北边城，用什么方式能够影响到千里之外的都城长安的生活？有什么材料能够证明这些影响的存在呢？

三、长安文化里的武威元素

唐代大诗人白居易有一首长篇叙事诗《长恨歌》很有名，这首诗歌深情演绎了唐玄宗和杨贵妃之间缠绵悱恻的爱情故事，其中说道：

后宫佳丽三千人，三千宠爱在一身。
……

[①] 薛居正等：《旧五代史》，中华书局，1976年版。

渔阳鼙鼓动地来，惊破霓裳羽衣曲。

——白居易《长恨歌》[①]

在这首诗中，白居易一方面说唐玄宗宠爱杨贵妃的情景，"三千宠爱在一身"，但接着又说"渔阳鼙鼓动地来"，渔阳就是今天津市蓟州区，安禄山的驻军地；鼙鼓是古代军中骑兵用的小鼓。"渔阳鼙鼓动地来"是说当年驻守渔阳的范阳节度使安禄山发动叛乱，进攻长安，消息传到长安，正在和杨贵妃一起欣赏《霓裳羽衣曲》的唐玄宗一下子惊呆了。由于白居易的《长恨歌》流传很广，所以，后来《霓裳羽衣曲》就成了亡国之音。那么，这首《霓裳羽衣曲》是怎么来的，它真的有那么大的过错吗？

关于《霓裳羽衣曲》的来历，有不同的说法，我比较认同其中的一种说法：《霓裳羽衣曲》原为天竺《婆罗门曲》，后经丝绸之路传入武威，与武威当地音乐相结合，形成了一套完整的大型套曲。

开元初年，杨敬述出任河西节度使，驻守武威。此时，这首曲子已经在武威流行多年，他自己也非常喜欢。他知道唐玄宗酷爱音乐、精通音律，就把此曲作为礼物，连同武威当地精通此曲的一些艺人，组成了一个庞大的马队，献给了唐玄宗。由于旋律优美、场面宏大，这首曲子深受唐玄宗喜爱，很快成为宫廷主打的乐舞曲。天宝年间（天宝十三年，754年，也就是安史之乱爆发的前一年），唐玄宗又对此曲进行再创作，并将其改名为《霓裳羽衣曲》，由他和同样精通乐舞的杨贵妃组织武威艺人以及梨园子弟排演，最终成为宫廷最受欢迎的乐舞曲——《霓裳羽衣曲》。此曲在大唐宫廷中久演不衰，人们久看不厌。

所以，《霓裳羽衣曲》本身并没有错，错的是唐玄宗太沉迷于乐舞，沉迷于和杨贵妃的缠绵爱情，因而造成朝政腐败，导致了安禄山叛乱的爆发。

[①] 《全唐诗》，中华书局标点本，1960年版。

不过，不管怎么说，《霓裳羽衣曲》是武威贡献给长安的一份文化厚礼。在白居易的另一首诗中，我们还发现了武威贡献给长安的另一份文化厚礼。白居易的这首诗叫《西凉伎》，其中描述道：

> 西凉伎，西凉伎，假面胡人假狮子。
> 刻木为头丝作尾，金镀眼睛银帖齿。
> 奋迅毛衣摆双耳，如从流沙来万里。
> 紫髯深目两胡儿，鼓舞跳梁前致辞。

——白居易《西凉伎》[①]

白居易的这首诗给我们描述了他在长安亲眼所见的两位紫髯深目的艺人表演狮子舞的场景。这种表演被称为"西凉伎"，是来自武威的一种民间表演技巧。其表演形式是：先表演"百戏"，也就是我们通常所说的杂技，其中有吐火、吞刀、角抵、踩高跷等各种杂耍表演，也有歌舞表演或各种逗笑说唱的俳优、小丑表演；重头戏则是"狮子舞"，由两位戴着面具的胡人挑逗"金镀眼睛银帖齿"的狮子，蹦蹦跳跃，形象逼真，让人眼花缭乱，营造出欢快的氛围。

大家知道，狮子是外来物种，我国本土并不产狮子，它是经过丝绸之路从中亚传入我国的。西域人善于用假面人和狮子共舞来表演节目，后来，这种舞狮表演传入了武威，唐朝时，又从武威进入了长安，成为长安老百姓喜闻乐见的一种娱乐形式。白居易有幸亲眼见到了这种表演，并用诗歌形式记录下来。

直到今天，武威等河西地区在春节、元宵节等节日还要办社火，而社火的重头戏仍然是舞狮表演，这里的狮子仍然是"金镀眼睛银帖齿"，保留着白居易《西凉伎》诗歌中狮子的形态，跟南方流行的狮子舞表演有着明显的

[①] 《全唐诗》，中华书局标点本，1960年版。

不同，这充分说明了文化传承的力量。

武威对于都城长安的影响还不止这些。

在都城长安，曾经流行一种诗歌曲调"凉州词"，这些诗歌有一个共同的特点：一是具有浓郁的边塞风味；二是以歌颂凉州为主题，从不同角度反映了凉州这个边塞古城的风貌，形成了一种独特的格调。盛唐时期的很多诗人都曾以《凉州词》为题，创作过大量诗篇，其中王之涣的"黄河远上白云间，一片孤城万仞山。羌笛何须怨杨柳，春风不度玉门关"更是广为流传的《凉州词》代表作。

盛唐时期流传在长安的一个故事，可以形象地说明王之涣这首《凉州词》受欢迎的程度。

开元年间的一个初冬，天气略有些寒意，天空中还飘着微雪。唐朝的三位大诗人——王昌龄（698~757）、高适（702~765）和王之涣（688~742）在长安相遇了。三人都相互敬慕对方的才情，但之前还从来没有见过面。于是，他们结伴在长安城旅游观光。到了中午，肚子饿了，他们相约进了一家酒楼。正在他们饮酒吃饭的时候，又来了一批客人。这批客人是十多个宫廷的伶官。伶官是什么人呢？就是善于歌舞的宫廷艺人。她们趁宫中无事，结伴光顾酒楼，一起吃个工作餐，出来放松放松。诗人聚在一起，自然要谈诗；伶官聚在一起，自然要唱诗。什么叫唱诗呢？根据记载，唐诗是可以入乐演唱的，不然，为什么叫诗歌？流行的唐诗就像流行音乐一样被人们传唱。

当时，王昌龄、高适和王之涣在长安城已经很有名气了。于是，王昌龄就提议："我们何不打个赌？看看谁的诗被传唱得最多。"三个人都处于风华正茂的年龄，谁会服输呀！于是，三人停下酒杯，静待众伶官唱诗。

果然，过了不多久，在伶官们等着上菜之前，一场非正式的唱诗会开场了。只见一个伶官清了清嗓子，首先开口唱道：

寒雨连江夜入吴，平明送客楚山孤。

洛阳亲友如相问，一片冰心在玉壶。

——王昌龄《芙蓉楼送辛渐》①

歌声委婉动听，在场的人不禁喝起彩来。王昌龄则面带微笑，顺手在酒楼的粉墙壁上画了一道，嘴里说着"我的一首绝句"。原来那个伶官唱的是他的七绝名篇《芙蓉楼送辛渐》。

不大一会儿，又见一位伶官接着唱道：

千里黄云白日曛，北风吹雁雪纷纷。

莫愁前路无知己，天下谁人不识君。

——高适《别董大》②

这是高适的一首七言绝句，名叫《别董大》。高适听完，不禁面露喜色，也顺手在粉墙壁上画了一道，说"我的一首绝句"。

然后，又有一位伶官出场，唱了一首王昌龄的《长信秋词》。王昌龄转身在粉墙上又画了一道，说"我的第二首绝句"，并转脸笑眯眯地看看王之涣，把王之涣看得很不自在。

王昌龄为什么看王之涣呢？因为三个人中，王之涣年龄最长。本来，王之涣认为自己的诗名应该在王昌龄和高适之上，但三个伶官唱了三首诗，还没有唱到他的，他心里很着急。王昌龄这一看，更使他感觉不自在。

但王之涣嘴里不能服输，他就壮着胆子说："你们二位别得意太早了。你们看见没，坐在中间那个最漂亮的伶官还没开口呢。如果她开口，我敢打赌，一定会唱我的诗。否则，我就甘拜下风！"

王之涣刚说完，果然见对面坐在酒席正中那个身材高挑的伶官慢慢站起

---

① 《全唐诗》，中华书局标点本，1960年版。
② 《全唐诗》，中华书局标点本，1960年版。

身来，轻舒歌喉，唱道：

> 黄河远上白云间，一片孤城万仞山。
> 羌笛何须怨杨柳，春风不度玉门关。
>
> ——王之涣《凉州词》①

正是王之涣的《凉州词》。这个伶官不仅人长得漂亮，而且歌声圆润高亢，把塞上大漠的雄浑辽阔演唱得淋漓尽致，令人叫绝。伶官唱罢，不仅满座伶官一片喝彩，就连王昌龄、高适和王之涣也不禁拊掌大笑。这一笑，把伶官们吓了一跳，这时候她们才注意到还有三个人一直在听她们唱诗。这些伶官本来就是这些大诗人的粉丝，今天，见到她们的偶像了，那还不激动呀！她们主动邀请三人一同入席，大家尽欢而散。

这段佳话，记载在唐代文人薛用弱的《集异记》里，故事的名字叫《旗亭画壁》。旗亭，就是飘着酒旗的酒馆；画壁，是指当时的酒馆内部的每一个雅间里都专门留有一面粉墙，供人们题字、题诗。这是古代一种传统做法，可不像今天一些旅游景点"到此一游"式的胡写乱画。只不过我把故事中记载的高适的诗改成了《别董大》，因为我觉得这首诗知名度更高，更有代表性。

《旗亭画壁》的故事表明，唐代长安人的业余生活是丰富多彩的，而且，"凉州词"已经成为长安人文化娱乐生活的有机组成部分。

说到这里，也许会有朋友问了：能够给大唐长安带来如此巨大影响的武威，它本身的发展又是怎样？它在古代众多的丝路古城中，有着怎样的城市地位呢？

---

① 《全唐诗》，中华书局标点本，1960年版。

四、武威的辉煌岁月

唐朝建立后,在武威设立凉州都督府和河西节度使,武威成为唐朝在西北的行政中枢和军事机关所在地,是丝绸之路必经之地,所以,乘马往来于中原与西北的唐代许多杰出的诗人,如岑参、高适、王维等都曾在这里留下过他们的足迹,写出了许多脍炙人口的诗篇。

盛唐边塞诗人岑参曾经两次出塞,每次都要经过河西,照例驻留武威。天宝十三载(754),岑参第二次出塞途经武威,与在河西节度使幕府中做判官的几位老朋友重逢,朋友们在武威的一座酒楼中置办了一桌酒宴,为他接风洗尘兼壮行。喝到耳热酒酣之际,岑参走到酒楼的栏杆边,眺望武威夜景,思如泉涌,当即赋诗一首:

> 弯弯月出挂城头,城头月出照凉州。
> 凉州七里十万家,胡人半解弹琵琶。
>
> ——岑参《凉州馆中与诸判官夜集》[①]

岑参在这首诗里说,盛唐时期的凉州即武威城规模宏大,已经达到了"七里十万家"。这里的"七里"有两种解释,一是说武威城规模大,绵延七里;第二种解释是说唐朝时期的武威城由七座小城组成,老百姓都居住在城市中的里坊中,所以,称作"七里"或"七城"。如果按照一个家庭5口人计算,那么,唐朝时期的武威城内可能居住着50万左右的人口。而且,有大量来自西域的胡人生活在这里,有一半的胡人都善于弹奏琵琶。岑参在给我们展示这座西北重镇的繁华的同时,也说明了它是一个中西文化交融的重地,一个各民族融合共生的城市。

[①] 《全唐诗》,中华书局标点本,1960年版。

还有一个很有意思的传奇故事也从侧面反映了唐朝武威的繁华。

成书于北宋初年的《太平广记》里记载了这样一个故事：

唐玄宗开元年间，某年正月十五元宵节，唐玄宗与京城长安的一位高僧叶法善一起到大街上观灯，只见大街上人潮如涌，摩肩接踵，花灯闪烁，璀璨异常，长安城仿佛成了一座不夜城。唐玄宗感到十分得意，但叶法善却对唐玄宗说：

> 灯影之盛，固无比矣。然西凉府今夕之灯，亦亚于此。
>
> ——《太平广记·叶法善》[1]

长安的元宵灯节固然辉煌无比，然而，西凉府今夜的灯节，仅次于长安呀！唐玄宗一听，很有兴趣，就向叶法善打听这座西凉府到底是什么样子。叶法善说，这好办，我送皇上亲眼去看看好了。

于是，他让玄宗闭上眼睛，运用法术，将玄宗送到了千里之外的凉州府。唐玄宗睁眼一看，只见凉州府灯火通明，绵延数十里，大街上香车宝马、人流如织，其繁华情景真好似都城长安。玄宗感慨良久。

历史上，唐玄宗并没有到过凉州，叶法善也不可能有这么大的法术。但是，这虽然是一个神话故事，却也从一个侧面反映出凉州在唐玄宗时期的繁荣程度。

武威本地人是如何评价他们家乡的呢？李益（约750~830）是唐朝武威人，也是一位杰出的诗人，他有一首诗这样写道：

> 腰垂锦带佩吴钩，走马曾防玉塞秋。
>
> 莫笑关西将家子，只将诗思入凉州。
>
> ——李益《边思》[2]

---

[1] 李昉等：《太平广记》，中华书局，1961年版。

[2] 《全唐诗》，中华书局标点本，1960年版。

这是李益晚年的一首自题诗，表露了他的心迹。他说当年自己曾经腰垂锦带，潇洒风流，佩戴着吴地出产的弯刀，投笔从戎，彰显出少年壮志豪情。李益曾加入防秋部队（北方游牧民族每到秋高马肥的季节，常进扰边境，需要预加防卫，所以叫"防秋"），在玉门关防秋。汉唐还有"关东出相，关西出将"的说法，李益是武威人，所以，自称"关西将家子"。但是，当他立功边塞、成就英名的人生夙愿和美好理想破灭的时候，回到自己长大的、熟悉的家乡，他便把一生的不得志化作自嘲的诗思。也许只有家乡的味道，才能抚平他心灵的感伤。

这首诗说明了武威在当时的军事地位，也说明了城市的尚武风尚对李益的影响之深。

所以，汉唐之际的武威城市的发展表现出两个明显的特征：

其一，和平时期的武威是丝路贸易的枢纽。武威扼河西走廊东部的入口，当丝绸之路畅通时，这里就是中西交通的枢纽、贸易的中心，专门经营转手贸易。中国的丝绸、茶叶等货物往往从中原地区集中到这里，再由商人转运到西域；而西域的奇珍异宝也往往先集中到武威，再由商人转运到内地，不少西域客商在凉州从事转手贸易，很多胡人就在武威居住了下来，因而发了大财，成为巨富。

其二，战乱时期的武威是丝路贸易的终点。西晋以后，中原进入战乱时期，在河西地区曾经建立过五个割据政权，分别是前凉、后凉、南凉、北凉和西凉。这五个割据势力除了西凉之外，全部都曾以武威为都城，时间长达一百多年。在此期间，河西继续保持着与西域的贸易往来，不过，由于中原陷入割据战争，从西域来的商旅、使者、僧侣往往以武威为终点，难以进入中原。这样就更加促进了武威的发展，使武威逐渐成为中西文化交融的一个大舞台。《霓裳羽衣曲》《西凉伎》等就是在这个时期借鉴了从西域传入凉州的乐曲，与凉州本地乐曲相融合，而逐渐形成的一种中西合璧的表演艺术形式。

所以，在汉唐时期长达数百年的时间里，无论和平或是战乱，武威总能得到丝绸之路贸易的滋养，左右逢源。在丝绸之路的滋养下，武威城市的发展也异常迅速。

《太平广记》里讲到的唐玄宗元宵节观灯的故事虽属虚构，但它所讲的武威城市的繁华却是事实。在唐代，无论从城市规模、城市地位，还是城市的经济发展程度来说，武威都要超过兰州、银川和西宁等，用现代词语表述就是"具备了先发优势"，成为大西北地区仅次于长安的第二大都市，可谓繁华至极。

到了宋元以后，随着对外贸易由陆路转向海运，中国经济重心南移，武威的城市地位开始下降，不复汉唐时期的繁荣。

所以，"铜奔马"给人留下了威武的气质，见证了汉唐时期西北地区金戈铁马的战争岁月，威武不屈的同时也成就了武威这座城市的气质，并再次让世人关注武威，期待着武威像行空的天马再次高高地腾飞。

下一讲，我们将离开武威继续西上，去品味河西走廊上的另一座丝路名城。

请看下一讲：塞上江南话张掖！

【趣味知识自测题】参考答案
1.A 2.D 3.A 4.C 5.C 6.B 7.D 8.B 9.D 10.D

第七章

塞上江南话张掖

趣味知识自测题

1. 一位唐朝诗人出使西域，写下了"大漠孤烟直，长河落日圆"的著名诗句。这位诗人是_____。

   A. 王维　　　　　B. 王昌龄　　　　C. 高适　　　　　D. 岑参

2. 有一条流经张掖的内陆河为张掖提供了灌溉水源，这条河流是_____。

   A. 塔里木河　　　B. 伊犁河　　　　C. 黑河　　　　　D. 白河

3. 在西北发现的"居延汉简"书写在_____。

   A. 丝帛上　　　　B. 纸上　　　　　C. 竹木上　　　　D. 羊皮上

4. "金张掖""银武威"的流行说法说明_____。

   A. 张掖盛产金子　　　　　　　　　B. 武威生产银子

   C. 张掖的位置比武威重要　　　　　D. 张掖的土地比武威好

5. 以下关于张掖的古称中，不正确的是_____。

A. 觻得   B. 姑臧   C. 居延   D. 甘州

6. 古代有一位皇帝，曾经西巡至河西走廊，并在张掖接见了西域各地的使者，他是_____。

     A. 秦始皇   B. 汉武帝   C. 隋炀帝   D. 唐太宗

7. 按照《清史稿》的评价，清朝乾隆年间，政绩最突出的汉族官员是_____。

     A. 纪晓岚   B. 和珅   C. 尹继善   D. 陈宏谋

8. 近代有一位教育家、诗人到大西北考察，留下了"不望祁连山顶雪，错将张掖认江南"的诗句。这位诗人是_____。

     A. 叶圣陶   B. 罗家伦   C. 郭沫若   D. 胡适

9. 被称为陇上江南，或塞上江南、塞外江南的西北古城不包括_____。

     A. 天水   B. 张掖   C. 酒泉   D. 伊宁

10. 以下关于张掖的叙述中，不正确的是_____。

     A. 土地肥沃   B. 盛产乌江米   C. 有大片湿地   D. 降水量丰富

【评分标准】共10题，总分100分。每题选择正确得10分，选择错误0分。

【评估等级】

大牛（对城市很熟悉）：80~100分；

及格（对城市基本了解）：50~70分；

菜鸟（对城市很陌生）：0~40分。

注：参考答案附在本章末。

开篇的话

盛唐开元年间（开元二十五年，737），诗人王维以监察御史的身份出使塞外，到大西北察访军情。在经过甘肃河西走廊的时候，写下了一首诗，其中两句是"大漠孤烟直，长河落日圆"。很多人对这两句诗都不陌生。但是，这首诗写的是哪里的景色呢？

这首诗的全篇是这样的：

> 单车欲问边，属国过居延。
> 征蓬出汉塞，归雁入胡天。
> 大漠孤烟直，长河落日圆。
> 萧关逢候骑，都护在燕然。
>
> ——王维《使至塞上》①

诗歌告诉我们，诗人到了大西北胡人聚居之地，经过了一个叫"居延"的地方。"居延"给人什么感觉呢？偏僻遥远、黄沙漫漫，荒芜而又苍凉。

但就是这样一个地方，古时却有另一个令人匪夷所思的称誉——塞上江南。"江南"的标志是什么？诗人白居易曾描述道：

> 江南好，风景旧曾谙。
> 日出江花红胜火，春来江水绿如蓝。
>
> ——白居易《忆江南》②

---

① 《全唐诗》，中华书局标点本，1960年版。
② 《全唐诗》，中华书局标点本，1960年版。

这是一幅日出江花红、春来江水绿,小桥流水、河湖密布、鱼米飘香的情景。

那么,王维诗中提到的"居延"究竟是个什么地方?

这个"大漠孤烟直,长河落日圆"的地方怎样会出现"小桥流水、河湖密布、鱼米飘香"的场景?

是何人在什么时候赋予了这个地方"塞上江南"的美誉呢?

以上所有这些问题的答案,都和我们今天要与大家一起去品味的丝路名城——甘肃张掖有关。

一、一桩官告民的诉讼案

我们先说说王维诗中提到的"居延"这个地方。

很多人对这个地名比较陌生,但要提到"居延汉简",那可是现代考古史上的一个重大发现。20世纪30年代和70年代,考古工作者在张掖西北地区的额济纳河流域,先后发掘出汉代的简牍(也就是刻写有文字的竹简或木简)三万多支。当时,造纸术还不成熟,人们用竹简或木简作为书写的材料或对象。因为这个地方在古代泛称为居延,在汉代,这里属于张掖郡管辖的一个县,所以,这两批出土的汉简就被称为"居延汉简"或"居延新简"。这三万多支简牍的出土,为后人揭开汉代张掖地区的人们生产、生活的神秘面纱提供了帮助。

从大批被解读的汉简来看,张掖与"大漠孤烟直"显现的黄沙漫漫、荒芜苍凉的情景并不吻合。

"居延新简"里有一份《侯粟君所责寇恩事》[①]简册,这个简册透露了汉代张掖人生活的环境。这是一份官告民的民事诉讼案卷,说的是:

有一天,居延县的县令接到了一份状子,一个地方官状告自家的一个雇工:

---

① 《居延新简·侯粟君所责寇恩事》,文物出版社,1900年版。

第一，雇工欠他的钱没还清；

第二，雇工卖掉了他的牛。

大家知道，自古至今，民告官的现象很普遍，官告民的诉讼案却并不多见。那么，这个案子是怎么回事呢？

这个案子的原告叫粟君。他是东汉初年光武帝刘秀时期驻守居延的一个下级军官，职位是甲渠侯，级别相当于县令，一年有六百石的俸禄，可以说是当地有钱有势的富人。

案子的被告叫寇恩，是粟君的一个雇工。寇恩祖籍颍川昆阳（今河南中部的叶县），两汉之际，中原战乱不断，寇恩就带着一家人背井离乡，从中原移民到了居延。当时，寇恩已经60多岁了，为了生计，他和儿子寇钦一起受雇于甲渠侯粟君。

居延的县令接到状子后，觉得有些蹊跷，一个有钱有势的大户，怎么会状告一个穷苦的雇工呢？

但粟君毕竟是一个地方军官，有一定的权势。所以，接到这个案子后，县令不敢怠慢，马上下令让乡啬夫（汉代乡官，主管听讼事宜）调查落实此案。乡啬夫对寇恩反复审问，录下口供，弄清了案件的真相。

当时，居延有一个非常大的湖泊，叫居延海（或居延泽），方圆上百里。湖岸是广阔的牧场，而湖中鱼类丰富，百鸟翔集，生态环境非常优美。

唐代的时候，居延海仍在张掖郡的管辖范围之内。所以，王维在诗中就说到了"居延"这个地名。

而且，诗人王维还曾到了居延海，在湖畔驻足，并写下了一首专门赞美居延海的诗：

居延城外猎天骄，白草连天野火烧。

> 暮云空碛时驱马，秋日平原好射雕。
>
> ——王维《塞上作》①

诗中描写了居延海水草丰美、天宽地阔，任人驱马驰骋的情景。

粟君状告寇恩的是：前一年冬天，粟君出资雇佣寇恩之子寇钦为他到居延海捕鱼。寇钦虽然来自中原，不会捕鱼，但他是一个聪明的壮小伙，很快掌握了捕鱼的技巧。所以，当时虽然已经到了严冬，他还是在三个多月时间里，为主人捕了5000条鱼。

捕这么多鱼干什么？当然不纯粹为了自己吃。

粟君让寇恩把这些鱼运到附近的觻得去出售。觻得是张掖郡的治所，也就是今天甘肃的张掖市。

双方口头约定：按照当时的鱼价，寇恩出卖5000条鱼，要向粟君交40万钱（铜钱）。粟君用1头黑牛和27石谷作为雇工费。

粟君还特意派他的妻子业跟着寇恩一块去，进行监督。于是，寇恩用牛车拉着5000条鱼，粟君的老婆业坐在车上，寇恩赶着车去觻得。一路上，寇恩还得为这位女主人买饭、买肉，恭恭敬敬地伺候着。

到了觻得的大市场，鱼市很兴隆，寇恩把5000条鱼很顺利地卖掉了，但一数卖鱼所得，离40万还差了不少。寇恩就又卖掉了粟君给他的那头黑牛，但也只凑够了32万钱，他将32万钱交给业带回，给了粟君。

还欠8万怎么办？

寇恩是个老实巴交的雇工，回来后，他用粟君雇他的儿子寇钦捕鱼的工钱20石谷和其他财产相抵，可以说几乎倾家荡产来赔付粟君。

按理说，粟君既没有出什么本钱，又没有花什么力气，几乎是空手套白狼，轻而易举就得到了32万钱，应该心满意足了吧？

---

① 《全唐诗》，中华书局标点本，1960年版。

但粟君却是个为富不仁的人,他随后把寇恩告到了居延县,一是要寇恩交上那剩余的几万钱,二是要寇恩交还那头卖掉的牛。这不是明显的敲诈勒索吗?天底下哪有这样的道理?

遗憾的是,这桩诉讼案到底是如何审理的,判决的结果是什么,我们无从得知。为什么?因为居延出土的汉简大多是零散、不完整的,《侯粟君所责寇恩事》就是一份有头无尾的简册。我们希望县令能主持公道,惩治为富不仁的粟君,还寇家父子一个清白。

透过这件诉讼案子,我们可以发现:

第一,张掖所属的居延有一处浩瀚的居延海,当地居民可以以捕鱼为生,而且在冬天,寇钦竟然可以捕到5000条鱼,这跟南方鱼米之乡不是十分相似吗?

第二,粟君用谷子作为雇工的报酬,说明了当地是农耕区域,出产粮食,有良好的农耕条件。

第三,觻得是一个繁荣的商业城市。汉武帝时期,设置张掖郡,开辟了丝绸之路大通道。张掖当时管辖10个县,包括居延和觻得,觻得是张掖郡的治所。居延人卖鱼要到觻得,而且,5000条鱼很快就出售完了,说明张掖是一个人口众多,具有很强消费能力的丝绸之路贸易中心。

大家知道,张掖处于我国西北地区,干旱缺水。发展农业要引水浇灌,张掖从哪里得到水源?如果没有水源,如何能够发展农耕经济,生产谷物?

东汉距离今天将近两千年,那时候的张掖附近怎么会有一处盛产鱼类的瀚海?居延海的水又是从哪里得到补给的呢?

二、《西游记》里的流沙河

大家都熟悉我国古典名著《西游记》,《西游记》第二十二回记载,唐僧到西天取经时,曾经遇到过一条大河,叫流沙河。流沙河里住着一个吃人的妖怪,能兴风作浪,使唐僧师徒无法过河。

这个妖怪，就是唐僧后来收服的三徒弟沙和尚。

沙和尚原本是玉皇大帝的卷帘大将，后来犯了天条，被贬到人间，在流沙河里做了妖怪。在《西游记》里，这条流沙河是什么样子呢？

> 八百流沙界，三千弱水深。
> 鹅毛飘不起，芦花定底沉。
>
> ——吴承恩《西游记》[①]

河面有八百里宽，三千尺深。水流湍急，波浪翻滚，鹅毛漂不起来，芦花也会沉底，似乎连万里长江、黄河都无法与这条凶险的大河相比。

孙悟空、猪八戒与沙和尚打斗了好多回合，也没有制服沙和尚。好在后来沙和尚受到了观音菩萨的点化，主动归服了唐僧，并且和孙悟空、猪八戒一起保护唐僧去西天取经了。

小说毕竟是小说，有很多虚构的成分，人间也没有宽八百里，鹅毛漂不起来、芦花也会沉底的大河。但根据唐僧取经回国后撰写的《大唐西域记》和相关史料可以推测，唐僧经过河西走廊的张掖时，的确经过了一条大河，只不过这条大河的名字不叫流沙河，而叫黑河。

黑河就是小说中的流沙河的原型。

而流经张掖的这条黑河到底有多宽？它与居延海有没有关系？它给张掖人的生存发展带来了怎样的影响呢？

张掖位于河西走廊的腹地，是一片开阔的谷地。它西临酒泉，东临武威；南边是终年白雪皑皑的祁连山，北边则是巴丹吉林大沙漠。这里属于典型的大陆性气候区，干燥少雨，年均降水量只有100多毫米，而蒸发量却高达2000多毫米，蒸发量是降水量的20多倍。从理论上来讲，根本不适合发展农业，也不适宜人居。

[①] 吴承恩：《西游记》，中华书局，2009年版。

所幸的是，这里有一条大河——黑河穿过。

黑河发源于祁连山深处，是我国的第二大内陆河（第一大是位于塔克拉玛干大沙漠的塔里木河），所谓内陆河就是河水不流入大海，只流入内陆的湖泊。黑河流经青海、甘肃、内蒙古三省区，全长800多公里，最后汇入巴丹吉林沙漠西北边缘居延海（今属内蒙古额济纳旗）。

到了春夏季节，当祁连山的冰雪大量融化的时候，黑河水暴涨，水势很大，中途携带大量泥沙，所以，古代人也曾一度把它称为流沙河（张掖也有叫作沙河的黑河支流，这些因素都成为小说的素材）。明末清初的小说家吴承恩在创作《西游记》时，把唐僧收服沙和尚的故事巧妙地安排在了张掖。

由于得到了黑河水源源不断的补给，居延海在汉唐时期成为面积巨大的湖泊，湖畔是美丽的草原，有着丰美的水草，这不仅满足了游牧民族放牧的需要，也满足了渔民捕鱼谋生的需求。

而张掖恰巧位于黑河的中游。这里地势平坦，土壤肥沃，利用黑河水灌溉，形成了特有的荒漠绿洲景象。在汉武帝之后，开垦土地，修渠引水，这里逐渐成为一个土地肥沃、林茂粮丰的农耕地区，盛产小麦、稻谷、油菜、胡麻等农作物。

随着农业经济的发展，张掖逐渐在全国叫响了两个品牌。

一个是乌江米。由于黑河两岸水网密布、土地肥沃、光照充足，有着得天独厚的水稻生长条件，所以，唐朝时期，这里就开始种植水稻。元朝的时候，有一个叫董文用的地方官（郎中）把一种优质的稻种引种到张掖的乌江堡，这种稻子个大体长、晶莹剔透、品质优良、米香浓郁，逐渐享誉全国，清朝的时候曾被列为贡品供应皇家御膳房，成为一个知名品牌。

另一个是金张掖。这个名号是如何得来的呢？有多种不同的解释，我比较认同下面这种说法：明清时期，官府把全国的土地按照肥力分为金、银、铜、铁四种类型。位于平川地区、土质肥沃的土地属于上等的金、银地，最好的是金，次一点的属银；那些不太肥沃的山中陡坡地，属于下等的铜、铁地。

政府根据土地等级不同，征收不同数量的税赋。一般而言，上等地、次等地、下等地征收的赋税依次递减。

在河西走廊，张掖和武威比较适合发展农耕经济。但比较起来，张掖的上等地比武威多，其中，张掖属"金"等的土地比武威多，武威属"银"等的土地数量更大一些。由此，在当地逐渐衍生出"金张掖""银武威"的流行说法。

雪山、沙漠、草原、碧水、阡陌、良田，这些看起来似乎不可能同时在一个地区共存的美景却同时在张掖出现，相映成趣，既具有"鱼米之乡"的南国韵味，又具有"大漠孤烟"的塞上风情，真是人间的一大奇迹。

张掖的发展不仅吸引了王维、唐僧这些诗人、僧人来到这里，也吸引东来西往的丝路商人、使者经过这里，而且连古代的一位皇帝也被张掖的美景和繁荣所吸引，曾经亲自来到了这里。

他来干什么？

今天，张掖市每年都会举办一次规模很大的商品交易会，简称"张交会"。但很多人不会想到，在一千四百多年前，有一位封建皇帝就曾经在张掖举办过一场别开生面、载入史册的国际商品交易会，说起来，这应该是历史上最早的"张交会"。

是哪位皇帝，又是为什么会在这里举办这场"张交会"呢？

三、一千多年前的"张交会"

提到这场"张交会"，得说到隋朝的第二位皇帝隋炀帝。这位皇帝的名声很不好，被称为暴君，好大喜功、贪图享乐、穷兵黩武，修建东都洛阳、修筑长城、开凿大运河、征伐高丽等，不知害死了多少老百姓的命。从这些事情看，隋炀帝的确不是什么好皇帝，留下千古骂名也是罪有应得。

但他也并非一无是处，比如他开凿的运河，连通了黄河与长江，就相当于今天的高速公路和铁路，大大便利了古代的交通，奠定了后来唐、宋、元、明、清大运河的基础。他还首创了科举制度，不拘一格选拔人才，给很多出身寒门的学子以读书成才做官的机会。这个制度一直沿用到清朝末年，是我国教育史上的一次重大革命。

他还有一大功劳就是重新开通了丝绸之路。

汉武帝开辟丝绸之路后，到了魏晋南北朝时期，天下大乱，在三四百年的时间里，中原地区与西域之间的丝绸之路贸易基本上阻塞不通了。到了隋炀帝时期，朝廷派出重兵，打败了盘踞在青海和河西走廊的吐谷浑势力，重新打通了丝绸之路，在今天的甘肃、青海、新疆等地重新设立郡县，进行有效的行政管理，在西域各地为隋朝树立了崇高的威望，这一功劳是可以和汉武帝相媲美的。这场"张交会"就是在这种背景下举办的。

隋炀帝在位的第五年，即大业五年（609）六月，隋炀帝亲率大军，并带着文武百官，从京都长安（今西安）出发，打着"西巡"的旗号，浩浩荡荡向西北进发。隋炀帝一行渡过黄河后，先到了青海的西宁，然后，稍作停留，横穿祁连山，经大斗拔谷北上，到达河西走廊的张掖。在翻越祁连山的时候，还遇到了突降大雪，山洪暴发，士卒冻死、淹死者很多，跟随的王公贵族、后妃们狼狈不堪。

隋炀帝为什么跋涉千山万水，不惜牺牲那么多人性命来到张掖呢？

隋炀帝这次"西巡"张掖不是为了游山玩水，而是为了安定西北，巩固丝绸之路的成果。

隋朝的时候，张掖是西北地区的政治和军事中心。从地理区位上，张掖距离西域较近，可以就近控制西域各地；从经济发展上，在河西四郡中，张掖的农业经济最发达，城市最繁荣。隋炀帝在西巡之前，就派了他最信任的黄门侍郎裴矩到张掖镇守，主管外贸和有关西域的一切事务，经略整个西域地区。所以，隋炀帝驻跸张掖这是事前确定好的西巡路线。

裴矩为隋炀帝在张掖的驻跸提前做了精心的准备：

第一，整治张掖的市容市貌，修建道路，在张掖为隋炀帝修建临时的行宫；

第二，通知西域各附属国，前来拜见隋炀帝；

第三，谋划在张掖举办一次盛大的商品交易会。

隋炀帝来到张掖后，发现黑河自南而北穿过张掖城内，青山绿水，环境优美，良田沃野，五谷茂盛，一派和谐的田园风光景象，他特别高兴。

不久，得知隋炀帝西巡张掖消息的西域各附属国，不敢怠慢，纷纷派出使臣，带上各地珍贵的礼物，前来张掖拜谒隋炀帝。根据史书记载，总计有大大小小27个西域国家的国君或使节应诏来到张掖，拜见隋炀帝，其中，有高昌王麹伯雅（在我国新疆吐鲁番的一个附属国）、伊吾（在我国新疆哈密的一个附属国）吐屯设（吐屯，官名）等。从高昌到张掖，长达数百里的范围内，使节不绝，交通繁忙。

为了显示隋朝的国威和隋炀帝的君威，裴矩按照隋炀帝的诏令，让各国使节拜见皇帝时，必须佩金戴玉，衣装华美；同时，命令张掖当地群众穿着华美的服装，焚香奏乐，载歌载舞，欢迎各地使节的到来，欢迎的人群在张掖城内外排了长长的数十里。

来往于丝路的内地和西域商人们更是抢抓机遇，纷纷来到张掖从事贸易活动。中原的丝绸、茶叶、漆器、铜器、陶瓷、手工艺品，西域各地的玉石、珠宝、名马、皮毛药材等充斥市场，张掖城内车马填塞，人流如织，一时成了国际商品交易的大都会。

这就是我国史书上记载的古代丝绸之路上由皇帝主持的最大、最早的一次国际商品交易会。由于在张掖举办，我们把它叫作"张交会"。

这次"张交会"，前后持续了两个多月的时间。到了九月份，隋炀帝在裴矩的建议下，又带着这27国的君主、使臣去了洛阳，继续在那里举办"洛交会"。

大业六年（610）元宵节前后，27国君主、使臣以及部分有影响力的富商大贾到了东都洛阳。那时候的东都已经代替长安，成了隋炀帝时期实际的都城，隋炀帝已经提前下令在东都做了充分的迎接准备。为了夸耀国家的富庶，隋炀帝首先下令在洛阳端门外大街上盛陈百戏散乐，戏场绵亘近十里，动用歌伎近三万人，乐声传数十里外。

其次，下令对东都洛阳的市容市貌进行重新整修，沿街店铺雕梁画栋，采用统一的装饰风格，奇珍异宝充斥于店铺中，连卖菜的都要垫以龙须席。西域的那些使者、商人们从酒店饭馆前经过时，要请他们就座用餐，并且告诉他们："隋朝富庶繁盛，吃饭都是免费的。"

最过分的是，隋炀帝还下令把东都洛阳大街两旁的行道树都用丝绸缠绕起来，用以装饰。西域的胡商看到他们视为珍宝的丝绸这样使用，不解地问隋朝的陪同官员：

中国亦有贫者，衣不盖形。何如以此物与之！缠树何为？

——《隋书》[①]

这里的"中国"指以中原为核心的隋朝统治地区。胡商说，你们隋朝也有贫困得衣不蔽体的穷人，为什么不把这些丝绸给他们做衣服，而用来缠在树上呢？问得随行官员无言以对。

所以，如果说"张交会"属于相对正常的一次外交和贸易活动，那么，相对而言，"洛交会"就有些离谱了。可以说，"洛交会"把隋炀帝好大喜功的一面表现得淋漓尽致。

在这里，我们暂且放下"洛交会"不去评价。那么，如何评价一千四百多年前的这场"张交会"呢？

我们说，隋炀帝是一位好大喜功的皇帝，裴矩也是一位善于逢迎拍马的臣子。所以，隋炀帝在张掖会见西域各附属国国王和使臣，举办盛大的"张交会"可以说极尽铺张浪费、大讲排场之能事，不免有"作秀"的成分。但

---

① 魏征等：《隋书》，中华书局，1973年版。

隋炀帝和裴矩毕竟是封建时代的君臣，客观而论，他们的出发点是没有问题的，其效果也很明显。根据记载，"张交会"树立了中原王朝富庶、友善的大国形象，大大促进了丝绸之路贸易的发展，积极推动了中原文化的传播。而举办这场盛会的城市张掖，在西域也更加声名远播了。

隋炀帝选择在张掖接见西域27国国王或使臣，以及在张掖举办国际商品交易会，充分显示了张掖在丝绸之路上的重要地位。当时，海上丝绸之路贸易还不兴盛，处于陆上丝绸之路要道的张掖就具有了先发的优势，成为中国对外贸易的重要场所，城市经济繁荣、文化昌盛。

今天，我们都说北、上、广、深、津是我国经济发达、人口众多的一线城市，而在一千多年前，河西走廊的张掖是完全可以和当时的长安、洛阳，以及长江流域的扬州、成都等一起列入隋唐时期一线城市行列的。

不过，大家知道，张掖城市发展的最大支撑就是黑河。没有黑河，就没有张掖发达的农业经济，没有发达的农业经济的支撑，张掖也不可能得到迅速的发展和繁荣。所以，从某种意义上讲，黑河就是张掖的生命之河。

而这条生命之河，到了明清时期却出了大问题。

问题出在哪里？

四、陈宏谋的治水经

从汉武帝时期，河西走廊就不断有大批内地的移民迁入，前面我们讲到的寇恩父子就是中原迁来的移民。根据史书记载，张掖郡最初设立的时候，整个郡的人口只有数千，到东汉末年达到数万，隋唐时期达到十多万，明清时期达到数十万。随着人口的快速增加，灌溉面积不断扩大，水资源短缺及用水矛盾日益突出。尤其是春天播种的季节（农民俗称"卡脖子"旱期间），黑河属于枯水季节，水量小，争水事件频频发生，以至于发生械斗、伤人等恶性事件，因用水打官司的诉讼案件不时发生，用水矛盾几乎到了不可调和的地步。

因为张掖的发展牵涉大西北的安危，所以，朝廷也非常重视张掖的水问题。明清时期，朝廷派出了很多懂水利的地方官到张掖，试图调解张掖的用水矛盾，也取得了一定的效果，但问题并未得到彻底的解决。到了清朝乾隆皇帝时期，他派出了自己最得力的大臣，也是一位有名的水利专家做甘肃巡抚。这位大臣到来之后，凭借自己的干练和才智，解决了这个大难题。

那么，乾隆派的这位巡抚大人是谁？他又是如何解决张掖用水难题的呢？

这位巡抚叫陈宏谋（1696~1771），广西桂林人，雍正年间进士。大家知道，"桂林山水甲天下"，陈宏谋深知水是生命之源、万物之本，对于生产、生活极为重要。陈宏谋一生先后任职12个省，历任知府、巡抚、总督、吏部尚书、礼部尚书、兵部尚书、工部尚书、协办大学士、东阁大学士等21个职位，是一位务实、干练又有丰富治水经验的能吏。

这个人与一般的封建官员不同，有着朴素的民本思想，他一生秉持的为官原则是：一方面，效忠于封建统治者；另一方面，尽可能利用自己的身份和权力为广大黎民百姓谋福利。他曾说过一句话：

> 凡有益于民生之事，不以小而忽，不以难而阻。
>
> ——陈宏谋《寄陆广霖书》

作为两三百年前的封建官员，陈宏谋有如此胸怀，能够关注到基本的民生问题，真正是难能可贵。我想，即使今天，也仍然值得为官者学习。

这一思想在他任甘肃巡抚期间就很好地体现了出来。

根据《清史稿》记载，得知张掖用水问题频发后，乾隆皇帝十分重视，于乾隆六年（1741），下诏派遣陈宏谋出任甘肃巡抚（后来又两次任职甘肃）。陈宏谋有一个工作习惯，每到一处，首先了解民情，倾听百姓呼声，对于利在何处、害在何处，做到心中有数。很快，他在调查中发现：

河西之凉、甘、肃等处，历来夏间少雨，全仗南山积雪，入夏融化，流至山下，分渠导引，自南而北，由高而下。灌田之外，节节水磨，处处获利。凡渠水所到，树木荫翳，烟村栉列；否则，一望沙碛，四无人烟。此乃天造地设，年年积雪，永供灌汲。资万民之生计，普美利于不言。

——乾隆《敕修渠道以广水利檄》

他来到张掖后发现，河西走廊的武威、酒泉、张掖等地的农业全仰仗祁连山的冰雪融水众多支流。在清代以前的汉、唐、宋、明时期，已经修建了不少分水渠道，自南而北，由高而下，灌溉着数百万顷良田。渠水除了灌溉田地，还用来作为水磨的动力，给百姓带来巨大利益。凡是渠水所到的地方，往往树木成林，鸟语花香，阡陌纵横，人烟稠密，大有他的家乡小桥流水的景致；而没有渠水的地方，则是一望无际的沙丘和戈壁，四顾无人烟。"上善若水，水善利万物而不争"以及"水利是农业的命脉"这两句话用在河西走廊的张掖等地的农业和社会发展方面再合适不过了。

然而，随着人口和耕地的增加，张掖用水矛盾已经到了十分突出的地步。而问题的根本则是人多、地多，水少、水的分配不均。所以，亟待建立一套合理的、行之有效的用水制度。

经过详细的调查之后，陈宏谋根据以往的治水经验，结合张掖当地的实际，果断地采取了一些措施。主要包括：

第一，摸清家底。责成各州县地方官查明境内所有大小水渠名目、里数，编造成册，通报到巡抚衙门。

第二，渠道维护。向后责成各州县，农闲时督率近渠得利之民，分段计里，合力公修；或筑渠堤，或浚渠身，或开支渠，或增木石木槽，或筑坝蓄泄，务使水归渠中，顺流分灌。不可再听其散漫荒郊，冲陷道路。

第三，用水分配。设立水老、渠长，专门负责地方水利事务，平时分力合作，及至需水，如何按日分灌，水少之年，涓滴俱归农田，水旺之年，下游均得其利。配合地方官专门负责地方乡里的用水分水事宜，协调民间用水矛盾，保证上、下游均得水利。

第四，启动问责制。把修渠、用水作为地方官考核的核心内容。以修渠之勤惰定州县之功过，有功则升，有过则降，明确了地方官的职责所在，赏罚分明。

另外，陈宏谋还下令，在水深之渠，架设桥梁，以便于行人、车马通行；还对祁连山采取了适当时候封山育林，保护水源地的措施。

这些措施十分具体，也十分有针对性，不仅平息了用水纷争，而且建立了用水、治水的长效机制，使清朝时期的张掖在汉唐的基础上继续保持了持续的发展与繁荣，这不能不说与陈宏谋用水制度的建立和科学合理的治水措施有着直接的关联。

《清史稿》撰者升允对陈宏谋一生的所作所为给出了高度的评价：

> 乾隆间论疆吏之贤者，尹继善与陈宏谋其最也。……所至拳拳民生风俗，古所谓大儒之效也。
>
> ——《清史稿》①

在升允看来，要论乾隆年间的封疆大吏们的政绩，满族官员里要数尹继善最为突出，汉族官员里要数陈宏谋最为突出。他们为政期间，真正把民生和风俗放在首位，孜孜不倦，勤于政事，真可谓古代大儒们学习的典范。所以，陈宏谋可以说是乾隆统治时期数一数二的大臣，被誉为太平宰相、理学名臣。这样的能臣能够到张掖任职，并亲自处理张掖的水利问题，确为张掖的经济发展奠定了良好的基础。

到了近代，曾任清华大学校长的教育家、诗人罗家伦到大西北考察、旅行，

---

① 赵尔巽等：《清史稿》，中华书局，2015年版。

经过张掖的时候，留下了一首诗赞颂道：

> 绿荫丛外麦毵毵，竟见芦花水一湾。
>
> 不望祁连山顶雪，错将张掖认江南。
>
> ——罗家伦《五云楼远眺》[1]

罗家伦站在五云楼远眺，只见张掖城外绿树成荫、池塘遍地，田野里麦子长势很好。如果不是看到终年白雪皑皑的祁连山，他还以为自己是到了江南的某个地方了呢。

因为罗家伦先生的名望很高，所以，从此以后，张掖"塞上江南"的名声便传播开了。

2011年，张掖黑河湿地被列入国家级自然保护区。这个保护区南依祁连山国家级自然保护区，北靠巴丹吉林沙漠，处在河西走廊的蜂腰地带，总面积60多万亩，保护区内湖泊、沼泽、滩涂星罗棋布，各类野生动植物种类繁多。每年春秋两季，数十万只候鸟在湿地保护区停歇，成为我国候鸟在西部迁徙的三大路线之一，也是全球八条候鸟迁徙通道之一的东亚—印度通道的重要中转站。更重要的是，这些湿地发挥着涵养水源、调节气候、净化水质、防风固沙等多种生态功能，是减轻沙尘暴危害、阻挡巴丹吉林沙漠南侵的天然屏障，也是流域内一百多万张掖百姓繁衍生息和经济社会持续发展的重要依托。

根据资料统计，现代的张掖人均拥有的水资源量和每亩耕地可利用的水资源不足全国人均水平的50%，仍然属于典型的缺水地区。但是，张掖人却凭借他们的治水、用水经验，使张掖成为甘肃省主要产粮区和全国十大商品粮基地之一、全国五大蔬菜基地之一。能跻身"十大""五大"之列，和黄河、长江流域的平原地区相抗衡，那容易吗！

---

[1]《罗家伦先生文存》第12册，国史馆、中国国民党中央委员会党史委员会，1989年版。

所以，我们说，历史上，张掖从一座默默无闻的小城到"金张掖"的蜕变，从一座干旱缺水的城市到"塞上江南"的华丽转身，不是真正体现了"青山绿水就是金山银山"的理论真谛吗！

讲完了张掖，下一集，我们将沿着河西走廊继续向西。

请看下一讲：葡萄美酒话酒泉！

【趣味知识自测题】参考答案

1.A 2.C 3.C 4.D 5.B 6.C 7.D 8.B 9.C 10.D

第八章
葡萄美酒话酒泉

趣味知识自测题

1. 20世纪中叶,我国第一颗人造卫星在酒泉卫星发射基地发射成功,这颗卫星的名称是_____。

    A. 东方红一号　　　B. 神舟一号　　　C. 张衡号　　　D. 祖冲之号

2. 唐朝有一位大诗人,他同时还被誉为"酒仙",这位诗人是_____。

    A. 李白　　　B. 杜甫　　　C. 白居易　　　D. 李商隐

3. "葡萄美酒夜光杯,欲饮琵琶马上催"的作者是_____。

    A. 高适　　　B. 岑参　　　C. 王维　　　D. 王翰

4. "葡萄美酒夜光杯"中的"夜光杯"是用_____制作的。

    A. 和田玉　　　B. 祁连玉　　　C. 独山玉　　　D. 蓝田玉

5. 酒泉这个城市名称的由来与传说中汉武帝时期的一位将军有关,这位将军是_____。

A. 卫青　　　　　B. 霍去病　　　　C. 马援　　　　　D. 赵充国

6. 据史书记载，第一位李姓帝王叫李暠，他是_____（割据政权）的国王。

　　A. 西凉　　　　　B. 西魏　　　　　C. 北凉　　　　　D. 北魏

7. "知足不辱，知止不殆，可以长久"这句古话出自_____。

　　A.《道德经》　　 B.《论语》　　　 C.《庄子》　　　 D.《左传》

8. 明朝初期，明太祖朱元璋曾派遣大军西征河西走廊，指挥这次西征战役的将军是_____。

　　A. 徐达　　　　　B. 李文忠　　　　C. 冯胜　　　　　D. 汤和

9. "关照"是古代通过关隘的凭证，它的来历与万里长城的一座关隘有关。这座关隘是_____。

　　A. 山海关　　　　B. 嘉峪关　　　　C. 居庸关　　　　D. 雁门关

10. 清朝晚期，一位官员被贬新疆，途经酒泉，曾登上关城阁楼，发出了"严关百尺界天西，万里征人驻马蹄"的感慨。这位官员是_____。

　　A. 纪晓岚　　　　B. 左宗棠　　　　C. 刘锦棠　　　　D. 林则徐

【评分标准】共10题，总分100分。每题选择正确得10分，选择错误0分。

【评估等级】

大牛（对城市很熟悉）：80~100分；

及格（对城市基本了解）：50~70分；

菜鸟（对城市很陌生）：0~40分。

注：参考答案附在本章末。

开篇的话

　　在这一章里，我将和大家一同走进的丝路古城是甘肃省的酒泉。

　　我接触过很多朋友，问他们，了解酒泉吗？他们大多回答：当然了解，那里是我国著名的导弹和卫星发射基地，当年我国第一颗人造地球卫星（东方红一号）就是从那里发射成功飞向天宫的。那是中国人航天梦升起的地方，谁不知道呀？

　　但接下去再问，还了解酒泉的什么呀？多数人就说不上来了，反正印象里一般都是遥远、荒凉、沙漠戈壁、荒无人烟，要不然怎么会把导弹和卫星发射场地设在那里呢。

　　其实，酒泉自古以来就是一座丝路名城。

　　比如，它的城市名字"酒泉"就是当年汉朝开辟丝绸之路时留下的印记；还有，大诗人李白和王翰也曾经在他们的诗歌中对酒泉进行过很形象的歌咏；酒泉还曾引起过唐朝两位皇帝的特别兴趣；等等。

　　另外，我们在现代生活中，经常会用到"关照"这个词，它的意思是"关心、关怀、照顾"，比如说"请多多关照"。但在古代，它的意思和现代却大相径庭，甚至风马牛不相及，而它最原始的意思也来自于酒泉。

　　那么，"酒泉"这座城市是如何得名的？它是否真的和"酒"与"泉"有关？

　　鼎鼎大名的诗仙李白和王翰是如何歌咏酒泉的？

　　唐朝的两位皇帝为什么会对酒泉有那么大的兴趣？

　　我们今天运用得十分频繁的"关照"这个词最原始的意思到底是什么？它怎么会和酒泉有关呢？

一、酒泉的"酒"与"泉"

我们先说说酒泉这座城市名称的来历。

我国的酒文化源远流长，不过，在不同的场合下，酒的作用是不同的。曹操的"何以解忧，唯有杜康"，酒可以解忧；李白"斗酒诗百篇"，酒有助于文学创作；宋太祖"杯酒释兵权"，酒起到了巩固皇权的作用。另外，还有庆功的酒，借酒浇愁的酒，人逢喜事千杯少的酒。但把"酒"这个字运用到城市名称上面，恐怕只有酒泉这一座城市。

大诗人李白既是"诗仙"，也是"酒仙"，而且写了很多与酒有关的诗歌。其中有一首诗中专门写到了酒泉：

天若不爱酒，酒星不在天。
地若不爱酒，地应无酒泉。

——李白《月下独酌四首》其二[①]

李白在这首诗里说，天上的星宿里有一颗酒星，终日喜欢饮酒；而人间有一座城市叫酒泉。所以，李白说：上天爱酒，要不然为什么天上有酒星？大地也爱酒，不然，地上为什么会有酒泉？很明显，这是李白为自己喜欢饮酒找的根据，因为现实生活中的李白的确是酒中神仙，一生嗜酒如命，每当仕途不顺利的时候往往会借酒浇愁。

李白在这首诗中，特意提到了酒泉，有人认为李白指的很可能就是今天的酒泉，并认为酒泉的得名是因为这个地方到处都能涌出来像酒那样甜美的泉水。这就成了酒泉这座城市来历的一种说法。

其实，李白一生并没有到过酒泉，他这样解释酒泉的由来，一方面说明

[①] 《全唐诗》，中华书局标点本，1960年版。

酒泉在唐朝知名度很高；另一方面，说明在李白的脑海里，酒泉就是一个和"酒"以及"泉"相关的地方。

其实，关于酒泉名称的由来，在酒泉民间，还广泛流传着这样一种说法。

汉朝初年，河西走廊被匈奴人占领，严重威胁到汉朝西北地区的安定。公元前121年，汉武帝派出英勇善战的年轻将领霍去病率领数万骑兵渡过黄河，向河西走廊的匈奴发起进攻。经过著名的"河西之战"，汉朝打败了匈奴驻扎在这里的军队，并顺利控制了整个河西走廊。

霍去病把胜利的战报传到都城长安，汉武帝高兴异常，立即派出使臣，带着一车御制美酒远赴河西走廊，犒赏霍去病。

霍去病深知胜利来之不易，是将士们用鲜血和牺牲换来的，他不能一个人独享御赐的美酒。但是，御酒有限，即使一个人喝一口，也不够全军数万将士喝。

怎么能让将士们都能尝到御酒，分享胜利的欢乐呢？

思来想去，霍去病想了个好主意。当时，霍去病驻军的地方在祁连山脚下，那里有大量的泉水，一些泉多的地方还形成了大小不一的泉湖。于是，他下令把汉武帝所赐御酒倒入军营附近的一个清澈泉湖里，泉水源源不断涌出，与御酒混合在一起，这样，将士们都喝到了皇帝所赐的御酒。而这汪注入了御酒的泉湖，也被将士们形象地称为"酒泉"。

汉武帝十分赞赏霍去病体恤士卒之举，并深知河西走廊对于汉朝大西北安危的重要性。于是，他就在霍去病与将士们痛饮御酒的地方正式设置了一个郡，作为行政管理机构，管理河西走廊西部的事务。这个郡的名称就叫"酒泉"，这个名字一直沿用到现在。

在这个故事里，虽然不乏传说的因素，但可以肯定的是，早在两千多年以前的汉武帝时期，酒泉这座城市就诞生了，而且是汉武帝御赐的一个地名。在今天酒泉的肃州区，还开辟了一个"西汉酒泉胜迹公园"。公园里有一处汉代留下的古泉眼，泉水清澈甘甜，流淌至今，成为汉王朝凿空西域、开辟丝绸之路的历史见证，也成了酒泉这座城市的地标性文化符号。

不过，唐朝对酒泉感兴趣的诗人不只李白一个，一位叫王翰的边塞诗人也曾经作过一首诗：

葡萄美酒夜光杯，欲饮琵琶马上催。
醉卧沙场君莫笑，古来征战几人回？

——王翰《凉州词二首》其一 [1]

在诗中，王翰描述了将士们畅饮美酒的场景：将士们围坐在一起，举起了盛满葡萄美酒的夜光杯；乐队奏起了琵琶，那急促欢快的旋律，像是在催促着将士们举杯痛饮，气氛顿时沸腾起来。你斟我酌，一阵痛饮之后，将士们便有些醉意了。有人想放下夜光杯，这时候，只听得座中有人高叫：怕什么，醉就醉吧，就是醉卧沙场，也请诸位莫笑。从军驻守边塞的那一天起，我们不是早已将生死置之度外了吗？诗人用葡萄美酒、夜光杯、琵琶、战马、醉卧沙场等词语，营造了美妙而又神秘的宴饮氛围，给人一种激越向上的艺术感染力，使这首诗成为盛唐边塞诗中的代表作之一，千百年来，一直为人们所传诵。

王翰这首诗的题目叫《凉州词》，这是歌咏河西走廊的一种诗歌曲调——因为在唐朝，河西走廊泛称为凉州。这首诗中营造的意境曾经引起后人不少争议，其中，争议较大的地方有两处：

一处是"欲饮琵琶马上催"一句，一般认为是弹起了琵琶，来催促将士们出征。其实不然，琵琶本是游牧民族在马上弹奏的乐器，后来，沿着丝绸之路从西域向内地传播。河西走廊是琵琶向内地传播的必经之地，这里首先接受了琵琶这种乐器。所以"欲饮琵琶马上催"的真实含义是乐队奏起了急促欢快的琵琶曲，催促着将士们举杯痛饮。

---

[1] 《全唐诗》，中华书局标点本，1960年版。

另一处则是"葡萄美酒夜光杯"中的"夜光杯"。

夜光杯在我国民间传说很广，因为真正使用过夜光杯的人并不多，所以，它显得很神秘。

那么，它到底是一种什么样的神秘酒杯？

王翰曾经亲自使用过这种夜光杯吗？

有研究发现，王翰诗中提到的夜光杯是来自酒泉的一种神秘酒杯。如果真的是这样，那么，夜光杯为什么会出产在酒泉呢？

二、神秘的夜光杯

关于夜光杯的记载，最早出现在大约三千年前的西周时期。周穆王西巡到了遥远的西域，在西王母之邦，周穆王应西王母之邀到瑶池赴晚宴。席间，西王母用盛满美酒的"夜光常满杯"招待周穆王。这只杯倒入美酒，酒色晶莹澄碧，在当空皓月的映射下，清澈的玉液熠熠发光，久喝而不觉酒减少，显得十分神秘。周穆王对夜光杯爱不释手，在分别的时候，西王母就把夜光杯作为礼物送给了周穆王。从此，夜光杯的神秘名扬中原。

以上这段记载，出现在西汉文学家东方朔的《海内十洲记》里，这说明夜光杯历史久远，而且叫"夜光常满杯"。不过，周穆王和西王母在瑶池相会的故事时代久远，是一个无法考证的传说，这使得夜光杯显得更加神秘。

在周穆王和西王母相会一千多年以后，唐朝时期又一次提到了神秘的夜光杯。

唐玄宗开元年间的一个春天，长安的兴庆宫里牡丹盛开，唐玄宗带着杨贵妃在沉香亭赏花，心情大好，于是，命人把供奉翰林李白、音乐家李龟年以及一帮梨园子弟都叫来。大诗人李白当场作《清平乐词》，著名音乐家李龟年现场谱曲演唱，梨园弟子们伴舞，当即把兴庆宫御花园变成了一个乐舞的新天地。

唐玄宗亲自吹起玉笛来助兴，杨贵妃手里拿着玻璃七宝杯，杯中盛着西凉州的葡萄美酒，一边品酒一边欣赏歌舞表演。

这个故事记载在宋人乐史编的《杨太真外传》中，后编入鲁迅《唐宋传奇集》。它告诉我们，杨贵妃喝的是西凉州的葡萄酒。西凉州在哪里？就是今天河西走廊一带武威、张掖、酒泉和敦煌等几座城市，我们不排除这酒就是从酒泉千里迢迢运到长安的。

那么，杨贵妃手中拿的玻璃七宝杯又是一种什么神秘的酒杯？是不是王翰诗中提到的夜光杯呢？

这个历史之谜一直困惑了人们一千多年的时间。

2006年，酒泉夜光杯雕成功入选国务院首批国家级非物质文化遗产名录，随之，夜光杯之谜也被后人破解了。

原来，古代传说中的夜光杯有两种：

一种是用玉石制作的。在两三千年以前，我国的新疆地区已经用和田玉制作夜光杯了。西王母在瑶池设宴，用夜光杯招待周穆王应该是有可能的。

另一种是用玻璃制作的，比如杨贵妃在兴庆宫沉香亭使用的玻璃七宝杯。不过，唐代的玻璃并非现代意义上的钠玻璃、钾玻璃，而是石英一类透明或半透明晶体，由天然矿物加工而成。真正的玻璃进入中国，是明清时期的事。

但无论用玉石或者用玻璃加工成酒杯，其中一个非常重要的工序便是打磨，要把杯壁打磨得特别薄，几乎像一层薄薄的纸。这样，当杯中斟满美酒，特别是带有颜色的葡萄酒，对着月光、灯光等发光源时，杯中的酒便会变得特别鲜亮，显得十分神秘而又高贵。

据记载，在丝绸之路开通后，用和田玉和西域玻璃制作的夜光杯开始进入中原地区。但因为夜光杯在运输中很容易破损，便改为把和田玉和西域玻璃运到酒泉，在当地加工成夜光杯再运输到内地。把酒泉作为夜光杯中转站的原因，一方面与汉武帝御赐的城市名称有关，美酒配好杯嘛；另一方面，则与酒泉的祁连玉有关。

大家都熟悉昆仑山的和田玉，其实祁连山也产玉，而酒泉附近的祁连玉尤其珍贵。所以，到了唐代，由于和田玉和西域玻璃供不应求，进入中原地区的夜光杯就全部改用在酒泉开采的祁连玉来制作了。

酒泉的祁连玉产自海拔3500米以上的祁连山高寒地区，由于交通不便、玉料难得，加工要求又十分精细，所以，夜光杯产量十分有限，越发显得珍贵。

在西域地区，到底哪里曾经出产过夜光杯，史书中没有明确的记载。不过，根据我们现有的资料推断，酒泉是夜光杯的发源地和贸易集散地之一，唐代以后，这里的夜光杯贸易就很繁荣。在当时，酒泉夜光杯的流向主要有两个渠道：

一是作为贡品直接供应朝廷。所以，我推测，杨贵妃当年喝葡萄酒时用的玻璃七宝杯可能就是专门在酒泉加工的。而在其他场合，杨贵妃和唐玄宗可能还会用到酒泉进献的祁连玉夜光杯。

二是供应在长安、洛阳生活的达官贵人和文人士子们。

诗人王翰进士及第，曾经在长安长期生活和做官。而且，他有一个和李白一样的嗜好，放荡不羁、嗜酒如命。根据史料记载，王翰一生虽然没有亲自到过酒泉，不过，他应该有幸在长安亲自使用夜光杯，品尝到了来自西凉州的葡萄美酒，这给他留下了难以磨灭的印象，所以，才在诗歌中表现了出来。

王翰自己也许不会想到，他借助"葡萄美酒夜光杯"奠定了自己在诗坛上的地位，而夜光杯则借助这首优美的诗歌成了酒泉的另一张文化名片。

酒泉夜光杯的生产从汉唐一直持续到明清时期。明清的时候，酒泉作为夜光杯的发源地，玉器生产仍然十分兴旺发达，有十多家玉器作坊生产夜光杯。当时，晋陕一带的商人来此购买，转手销往京、津、沪等大城市；或有一些商贩把夜光杯贩卖到青藏高原一带，换取鹿茸、麝香；甚至，还有一些传教士把夜光杯带到了国外。

今天，夜光杯在酒泉还有少量生产，只不过随着玻璃杯的广泛使用，玉制夜光杯已经没有当年那么神秘了。

李白和王翰对酒泉的歌咏，并不带有什么功利色彩。这只能说明一个现象，在唐代，酒泉的名气很大，上流社会的人都知道。

不过，很多人不会想到，酒泉在唐朝之所以名气那么大，还与唐朝两位皇帝的大力推介有关。

皇帝怎么会对一座西北小城市大力推介呢？

又是哪两位皇帝对酒泉如此钟情呢？

三、第一位李姓帝王

唐太宗在位的晚年（贞观二十年，646）决定重修《晋书》，并特别授意修史馆的人要把西凉国的历史写入新修的《晋书》。几十年后，唐玄宗在位期间（天宝二年，743），亲自下了一道诏书，追尊西凉国的开国君主为"兴圣皇帝"。

那么，西凉国在哪里？西凉国的国王又是何人？他为什么会受到唐代两位帝王如此特别的关照呢？

西凉是一千五百多年以前存在于河西走廊西部和我国新疆东部的一个割据政权，建立者叫李暠，字玄盛，陇西成纪人，是汉武帝时期赫赫有名的"飞将军"李广的直系后裔（十六世孙），曾任敦煌太守。他从小好学，长大后精通经史、文义，性情沉敏宽和，颇有儒家风度。

公元400年，李暠自称大将军、凉公，建都敦煌，国号"凉"，历史上称为"西凉"。五年之后，李暠把都城迁到了酒泉。

他之所以这样做，有两个考虑：

第一，酒泉靠近河西走廊的腹地，自然环境和人居环境要好于敦煌；

第二，李暠还抱有统一河西走廊，进而统一大西北的雄心壮志。酒泉更接近东部的北凉，有利于实现自己的统一大业。

李暠在位期间，首先做的一件工作是安抚流民，发展生产。当时中原动荡不安，为躲避战乱，大量中原人口流向河西走廊。李暠采取相对宽厚和开明的政策，主动接纳和安抚中原来的移民，使西凉成为那一时期相对安定的乐土。据统计，李暠建都酒泉期间，来自中原、江汉地区的移民和流民达到近3万户，10万人左右；加上酒泉本地已有的各族居民，酒泉的城市人口达到20万左右，成为西北地区人口众多、规模庞大的城市。中原和江汉移民的到来，给酒泉带来了先进的农业生产技术和劳动力。李暠带领百姓，利用祁连山冰雪融水形成的河流和大量泉水，发展酒泉的农业和桑蚕养殖业，使酒泉成为西北地区城市经济发展的一个典型。

同时，他还大力提倡文治，与民休养生息。当时，西凉统治的范围包括河西走廊西部的酒泉、敦煌，以及我国新疆东部的吐鲁番和哈密等地区，正好处于丝绸之路的枢纽地带。李暠在酒泉为政时期，推行民族平等政策，主张与民休养生息，尽量避免不必要的战争，基本做到了各民族和睦共处。那时候，吐鲁番的葡萄酒酿造技术也传到了酒泉，李暠经常邀请文士们在酒泉宫中举行宴会，一边饮着葡萄美酒，一边赋诗作词，他本人就留下了《槐树赋》《酒泉赋》《述志赋》等不少优美的文学作品。

不过，李暠与当时众多的割据王朝帝王最大的不同，则是他有着强烈的家国情怀。西凉虽远处西北，但李暠却始终心怀中原，把自己看作是大一统王朝的一部分。为此，他在位时，曾经执着地联系东晋王朝。

史书记载，当时，中原地区动荡不安，先后被匈奴、鲜卑、羯、氐、羌等游牧民族占据。建都建康（南京）的东晋王朝被看作中原王朝的延续，在当时具有正统地位，李暠也是这样认为的。为此，他曾两次派人带上自己的亲笔书信，克服重重阻力，远赴东晋。

一次是在刚从敦煌迁都到酒泉时（405），李暠派自己身边的亲信大臣，舍人黄始、梁兴，翻山越岭，走青海路去东晋。为什么不能走河西走廊的正道呢？因为张掖、武威都是北凉的地盘，而西凉与北凉冰炭不同炉，经常处于剑拔弩张的战争状态。最终，黄始和梁兴到达了东晋的都城建康（南京），把李暠的亲笔信交给了东晋的皇帝。遗憾的是，他们没有收到东晋王朝的回复和任命。

事隔三年之后，李暠再次派人前往建康（南京）。为了隐瞒身份，便于通过关卡，这一次，李暠专门派了一个叫法泉的和尚前往，可谓煞费苦心。

这两次奉表东晋都表达了同一个意思：我李暠及祖上都是中原王朝的臣民，在酒泉自建年号、国号，是因为与内地隔绝，只是为了便于纪年和发号施令。其实质，则是代替中原王朝守边。

实际上是否如此呢？我们查阅文献记载，李暠一生的称号有大将军、大都督、护羌校尉、凉公等，的确没有称什么君、什么王，没有称王称霸的野心。李暠在位18年，他去世后，他的继任者给他上谥号时，才称他为武昭王，庙号太祖。而李暠真正被称为皇帝，还是唐玄宗亲自下诏，追尊李暠为"兴圣皇帝"。他是五胡十六国时期，唯一一位得到后世皇帝追赠"皇帝"称号的国王。

我们知道，十六国时期是我国历史上最动荡不安的一个时期，诸侯割据成风，前后称王称帝的不下数百个。一旦割据成功，便老子天下第一，与中央王朝离心离德，而李暠的所作所为则是凤毛麟角、难能可贵。

不仅如此，史书记载，李暠还有一位类似于唐太宗的长孙皇后那样的贤内助。这个人就是李暠的皇后尹氏。尹氏，天水人，出身世家大族，幼年好学，思虑精通而有辩才，志节高超。但她是一个再嫁的女人。她初嫁扶风一个马姓男人，叫马元正，生了一个儿子。马元正去世后，她才嫁给了李暠为继室。因为再嫁的缘故，尹氏三年内不多言语，只是精心抚育李暠的儿子李士业，甚至在好多方面好过对待自己亲生的儿子，因此深得李暠的尊重。

李暠割据西凉后，尹氏成为西凉皇后。因为事业初创，对于谋划经略政务方面，尹氏多有所襄助。所以，西凉有句俗话："李尹氏是敦煌的王。"李暠以一个西凉小国，能够成功立足，不能不说与尹氏的襄助有一定的关联。

李暠去世后，李士业继位。尹氏虽然并非李士业的亲生母亲，但因为李士业是尹氏一手抚养大的，所以，李士业尊封尹氏为皇太后。

李士业年轻气盛，但政治经验不足。当时，在河西走廊的东部，还有一个割据政权——北凉。李暠在世的时候，一直谨慎处理与北凉的关系，苦练内功，寻找机会再与北凉争锋。而李士业继位后，一改他父亲在位时与北凉的谨慎外交关系，转而与北凉针锋相对，试图统一河西地区。但他并非老道的北凉国王沮渠蒙逊的对手。

尹氏得知后，试图劝阻李士业，她讲了三点理由：

第一，我们是新创建的国家，地狭人稀，国力有限。防守力量尚且不足，怎可轻易发兵，心存非分之想呢？

第二，北凉沮渠蒙逊这个人骁勇善战，擅长用兵，恐怕你不是他的对手。先王在位时都不曾把他怎么样，临终前又一再叮嘱你，不要轻易和北凉打仗，此言犹在耳边，你怎么就忘了呢？

第三，我看最好的办法是修治德政，积蓄国力，以观察他国的变化。如果沮渠蒙逊淫乱暴虐，人心自然归向西凉。你如果不修治德政，臣服于北凉的日子就不远了。

在试图劝阻李士业的过程中，尹氏还引用了道家学说的创始人老子曾经说过的一句话，讲了一个很深刻的道理：

> 知足不辱，知止不殆，可以长久。
>
> ——《道德经》[①]

人要懂得满足，不要人心不足蛇吞象。知足了才不会受辱，知道适可而止了，才能够长久。也就是说，我们西凉国虽小，但也足以独立自主、自力更生。最后，她告诫李士业，如果你一意孤行，出兵攻打沮渠蒙逊，我看不仅军队要失败，而且国家都要保不住了。

[①] 楼宇烈：《老子道德经注校释》，中华书局，2012年版。

李士业听不进尹氏的话，与北凉开兵见仗，结果被打败。西凉亡国，被沮渠蒙逊所灭。李士业不明白老子"知足不辱"的道理，结果弄得国破家亡，葬送了西凉的事业，留下了惨痛的历史教训。

中国历史上杰出的女性很多，在丝绸之路名城酒泉，有尹氏这样一个女性，其学识美德、远见卓识，完全可以和长孙皇后相提并论。

唐太宗和唐玄宗之所以对李暠如此敬重，一方面与李暠这个人（还有李暠的皇后尹氏）在酒泉推行的仁政举措和人格魅力有密切关系；另一方面，还有一个重要背景：李暠是李唐的开国皇帝唐高祖李渊的六世祖。换句话说，唐高祖李渊、唐太宗李世民以及唐玄宗李隆基都是李暠的直系子孙。为了给李姓当皇帝找到历史依据，唐太宗和唐玄宗挖空心思，把李暠在酒泉的政治经历深度挖掘出来，从而说明他李家是有皇族血统的，建立大唐、做皇帝理所应当。

不管怎么说，唐朝两位皇帝对李暠的推崇，实际上也在为酒泉做推介宣传。而在唐朝皇帝的特殊关照下，酒泉的城市形象和城市地位也自然而然得到了美化和提升。

说到这里，我们一直频繁使用的"关照"一词的原始意思，也该给大家有所交代了。

现代交往过程中，我们经常会说"请大家多多关照""请多关照"等类似的话。在这些话里，"关照"就是关心照顾、体谅提携的意思，但它最初的意思并非如此。

在古代，"关"的本意为门闩，引申为关隘、关塞，"照"则是公文、证件。合起来，"关照"的意思就是通过关隘、关塞的证件，类似于现代的护照。

不过，很多朋友也许不知道，最早使用"关照"的地方在酒泉，是在被誉为"天下雄关"的嘉峪关。

嘉峪关怎么会成为"关照"最早使用的地方呢？

四、"关照"的由来

元朝末年，朱元璋领导的农民起义推翻了元朝的统治，建立了明朝。但是，元朝的残余势力并没有被消灭，它们逃到了北方草原地区，对明政权的稳定构成了很大威胁。于是，明太祖朱元璋在位的第五年（洪武五年），派遣大军，分东、中、西三路北伐。中路军出山西雁门关，由大将徐达指挥；东路军北出居庸关，由大将李文忠指挥；西路军由大将冯胜指挥，目标是河西走廊。三路大军最终的目标是在北元统治中心漠北的和林（今内蒙古哈尔和林）。三路大军总兵力共15万，每路5万。

冯胜，安徽定远人，雄勇多智略，喜读书，通兵法，是一位富有韬略的开国名将。他一直主持北边军务，镇守陕西、山西等地，数次出征大同征讨元朝残余势力，战功卓著，被明太祖封为宋国公，是明朝有名的开国功臣。其女儿嫁给了明太祖的第五个儿子，即周王朱橚为妃，与天子联姻，可谓荣宠至极。

冯胜率领明军从兰州渡过黄河，一路激战，像秋风扫落叶一样迅速击溃了河西走廊的元军。在这一年的六月，相继攻占了武威、张掖、酒泉和敦煌，控制了整个河西走廊。

冯胜的这次胜利意义重大。因为自从唐朝发生安史之乱以后，中原王朝无力西顾，所以，在长达六百多年的时间里，河西走廊先后受到吐蕃、回鹘、党项、蒙古诸政权统治，丝绸之路的交通时断时续。而冯胜在河西走廊的胜利，使中原王朝重新控制了河西走廊，在中西交通史、政治史上具有重大意义。

当冯胜信心满满，准备继续向北进攻，与另外两路大军在蒙古草原会合的时候，传来了坏消息。中路军和东路军相继受挫，没有取得应有的战果。于是，冯胜不得不取消北上计划，准备班师回朝。

根据史书记载，冯胜率领的大军是九月份班师回朝的。那么，从六月到九月这三个月的时间里,冯胜和他的大军做了什么事呢?

冯胜是一位杰出的军事战略家。他分析,明朝的都城在南京,元朝的残余势力仍然存在,北方防务成为国防重点。而河西走廊孤悬于大西北,是明朝统治的边缘地带,鞭长莫及,采取守势,势所必然。

什么样的守势才是最安全的呢?

当然是长城和关隘。

他发现,在酒泉以西30公里左右的地方,有一处南北长六七公里的天然峡谷。峡谷南边是白雪皑皑的祁连山,北依横亘千里的马鬃山脉,是来往于丝绸之路的必经之地。如果在这里设置一座关隘,扼居于两山之间的咽喉要地,则如龙盘虎踞,险峻天成。

于是,冯胜指挥他的5万大军,并动员酒泉当地的百姓,开始了一项伟大的工程。冯胜对关隘的修建非常重视,也很有经验。当时筑长城用的黄土经过筛选后,要放在青石板上,在烈日下暴晒或用火烤干,使土中的草籽不再发芽,方可用来夯筑长城。修筑工程结束后,要经过严格的验收。比如有一种验收的方法是:在距离城墙一定的距离,用箭射墙,箭头射到墙体落地,就说明坚固合格;如果箭头射入了夯土墙体,就是不合格,要返工重筑。正是由于当时修筑长城时重视质量,分工明确,责任到人,明长城才能如此坚固,保存至今,令人敬仰。

三个月左右的时间过后,一座雄伟的关隘筑成了。因为关隘位于嘉峪塬西麓,故名嘉峪关。不过,由于时间仓促,当时冯胜主持修建的嘉峪关只是一座夯土关隘。后来,又历经了160多年,在夯土之外用砖包加固,到了明代中叶(1540),形成了包括外城、瓮城、内城的三重城郭,就是今天我们看到的雄伟关隘。这里成为明代万里长城西端的起点,被誉为"河西第一隘口""西部第一雄关",也是丝绸之路交通要冲,与东北的山海关遥相呼应。可以说,嘉峪关开创了明长城大规模修建的先河,显示了冯胜卓越的战略眼光;而长城划定了明朝统治的大概范围,在一定程度上保护了长城以内百姓的安定生活，奠定了明朝两个半世纪之久的统治基础。而今，它像一条东方巨龙，成为世界遗产和中国文化、智慧的标志，屹立在世界的东方。而嘉峪关则是这条巨龙的龙头。

嘉峪关和明长城相继建成后，本来可以从宁夏、陕西自由通向北方地区的道路被长城截断了，所以，嘉峪关成了我国内地联系大西北地区的唯一通道。这无疑提高了嘉峪关在中西交通上的地位，使之成为更为繁忙的交通关卡。

所以，关隘建成后，一方面为了增加朝廷的税收，另一方面为了提升边防的安全，从明末清初开始，朝廷规定：从嘉峪关进出的使节、商人、军人，甚至流放到嘉峪关外的人，除了缴纳必要的过关费用外，都必须持有盖有官方大印的所谓"关照"。关照的种类有很多，有使节专用的，有客商专用的，有屯民专用的，也有针对遣犯颁发的关照。不同的关照有不同的要求和规范，没有关照，就无法顺利进出嘉峪关。

其实，古代进出关隘的使者、商人、僧侣、旅行者等都需要相关凭证，但不一定都叫"关照"。比如，春秋战国时期叫"符"或"节"，《信陵君窃符救赵》里就提到了虎符。当年玄奘到印度取经的时候，也必须首先向唐朝相关部门申领出关凭证，当时叫"过所"，也叫"通关文牒"。由于唐朝刚刚建立不久，西域一带还没有安定，唐政府不允许任何人进入西域，因此，玄奘就没有从官府那里领到"过所"，只能偷偷地在河西走廊出了关。虽然当年他西天取经的急切心情是可以理解的，但他这种做法却是非法的。回国的时候，玄奘还亲自向唐太宗认了错。

清朝晚期（1842），爱国官员林则徐被贬新疆，途经嘉峪关，也要随身带上清廷发给的"关照"。林则徐路过嘉峪关的时候，登上关城阁楼，向四周遥望，发出了这样的感慨：

严关百尺界天西，万里征人驻马蹄。
飞阁遥连秦树直，缭垣斜压陇云低。

……

谁道崤函千古险？回看只见一丸泥。

——林则徐《出嘉峪关感赋三首》其一

意思是说，一座严关雄峙在西北，千里万里的征人都要在此停留。人们都说关中的崤关、函谷关是千古险关，但与嘉峪关比起来，它们简直就是一丸泥土。虽不免夸张，但充分显示了嘉峪关的雄奇和壮美。

所以，酒泉这座城市自古就是一座具有鲜明两面性特征的城市。

一方面，由于这里位于西北军事重地，战争不断，于是，才有了霍去病和冯胜的西征，以及嘉峪雄关的修建，给后人留下了"醉卧沙场君莫笑，古来征战几人回"那样悲壮的情感冲击。

另一方面，这里处于丝绸之路要道，每天都在演绎着欢聚和送别的场景，宴会上飘香的葡萄美酒、闪耀的夜光杯以及富有传奇色彩的"关照"，给人以无限的人生留恋和感怀，是充满诗情画意的一座城市。

而今，中国的航天梦和强国梦在酒泉卫星发射基地冉冉升起，我们再次举起葡萄美酒夜光杯，为酒泉厚重的历史文化点赞，为来之不易的和平生活而祝福。

下一讲，我们将走进鸣沙山和月牙泉，去探寻另一座被沙漠包围的丝路古城。

请看下一讲：丝路咽喉话敦煌！

【趣味知识自测题】参考答案

1.A 2.A 3.D 4.B 5.B 6.A 7.A 8.C 9.B 10.D

第九章

丝路咽喉话敦煌

趣味知识自测题

1. 敦煌是历史上多种文化体系交会的地方，这些文化体系不包括_____。

   A. 印度文化体系　　　　　　　　B. 埃及文化体系

   C. 希腊文化体系　　　　　　　　D. 伊斯兰文化体系

2. 中国古代的四大石窟都是选择在一种特殊的岩石上开凿的，这种岩石是_____。

   A. 花岗岩　　　B. 砂岩　　　C. 页岩　　　D. 泥岩

3. 晚清时期，一位生活在敦煌莫高窟的道士偶然发现了藏经洞的秘密，这位道士的名字叫_____。

   A. 乐僔　　　B. 王圆箓　　　C. 葛洪　　　D. 长春真人

4. 曾经光顾敦煌藏经洞的国外探险家不包括_____。

   A. 斯坦因　　　B. 伯希和　　　C. 谷登堡　　　D. 吉川小一郎

5. 20世纪初期,我国一位学者根据一幅敦煌壁画的描述,发现了唐代古建筑,这位学者是_____。

  A. 梁启超   B. 梁思成   C. 张大千   D. 徐悲鸿

6. "将军百战穿金甲,不破楼兰终不还"一诗的作者是_____。

  A. 高适   B. 岑参   C. 王维   D. 王昌龄

7. 发出"匈奴未灭,无以家为也"豪迈誓言的军事家是_____。

  A. 卫青   B. 霍去病   C. 马援   D. 赵充国

8. 宋朝一位词人,曾吟咏道"一曲阳关情几许,知君欲向秦川去",这位词人是_____。

  A. 苏轼   B. 陆游   C. 柳永   D. 李清照

9. 玄奘取经回国的时候,没有经过的地方是_____。

  A. 和田   B. 玉门关   C. 阳关   D. 敦煌

10. 隋朝时期,丝绸之路分为三条道路,交会在敦煌,这三条道路不包括_____。

  A. 南道   B. 北道   C. 中道   D. 青海道

【评分标准】共10题,总分100分。每题选择正确得10分,选择错误0分。

【评估等级】

大牛(对城市很熟悉):80~100分;

及格(对城市基本了解):50~70分;

菜鸟(对城市很陌生):0~40分。

注:参考答案附在本章末。

开篇的话

今天,我们将走进的这座丝路古城,其实是一片被黄沙包围的地方。

这个地方位于甘肃、青海和新疆三省区交界的位置。它的东边,是中国第四大沙漠——巴丹吉林沙漠;西边是中国第一大沙漠——塔克拉玛干沙漠;南边,是常年冰雪覆盖、难以翻越的祁连山;而北面呢,是与天山相连的茫茫戈壁。

这片地方,总面积是3万多平方公里,但即便到了今天,也只有1400多平方公里的地方能够被称为绿洲,绿洲的面积不足总面积的5%。换句话说,有95%以上的地方,是不适宜人类居住的沙漠、戈壁和山地。有一首唐诗这样说道:

黄河远上白云间,一片孤城万仞山。
羌笛何须怨杨柳,春风不度玉门关。

——王之涣《凉州词》①

这是唐代边塞诗人王之涣的作品,描述的就是这个地方的情景。诗人用黄河、孤城、羌笛、玉门关等意境,烘托出了这块苍凉的土地不同于中原的特色,给人留下了巨大的想象空间,至今还被广为传颂。

然而,就是这么一个地方,却从一百多年前开始,引起了无论是中国人还是外国人的极大关注。因为什么?因为这个地方灿烂的文化,因为这个地方的名字叫作敦煌!

那么,敦煌这个名字到底是什么意思?敦煌莫高窟又是在什么背景下

---

① 《全唐诗》,中华书局标点本,1960年版。

开凿的？神秘的藏经洞又是怎么回事？敦煌在丝绸之路上扮演了怎样的角色呢？

一、小和尚的大事业

著名学者、曾任北大副校长的季羡林先生，在30多年前曾经指出：

> 世界上历史悠久、地域广阔、自成体系、影响深远的文化体系只有四个：中国、印度、希腊、伊斯兰，再没有第五个；而这四个文化体系汇流的地方只有一个，这就是中国的敦煌和新疆地区，再没有第二个。
>
> ——季羡林

中国、印度、希腊、伊斯兰世界四大文化体系曾经汇集在一起，而且全世界只有这一个地方。简直太不可思议了！

为了弄明白这个问题，甚至还形成了一门专门的学问，叫作"敦煌学"。很多学者，终其一生都致力于敦煌学的研究，乐此不疲、无怨无悔。

那么，究竟为什么这么一个今天看来十分偏僻的地方，会有这么多不同的文化汇流？会让那么多学者付出一生去关注、研究呢？

提到这个问题，很多朋友马上会联想到敦煌的莫高窟，因为莫高窟里有大量精美的壁画和雕塑。据统计，莫高窟现在仍然保存着洞窟735个，彩雕塑像2415身，洞窟内壁画面积达到45000多平方米。就我们现在能看到的这些"遗物"，就已经震撼全世界了。

1987年，敦煌莫高窟向联合国教科文组织申报世界文化遗产。世界文化遗产遴选的标准共有6条。比如：

第一条：代表一种独特的艺术成就，一种创造性的天才杰作；

......

第三条：能为一种已消逝的文明或文化传统提供一种独特的至少是特殊的见证。

......

只要符合其中的一条，便可以入选遗产名录。但是，莫高窟居然满足了全部6条标准，因而顺利入选世界文化遗产名录。到目前为止，世界上符合全部6条标准的文化遗产只有3处，一处是意大利的威尼斯，一处是泰山，还有一处便是莫高窟。

不过，今天，每一个去过莫高窟的人都会发现，它周围几乎完全被沙漠包围，环境可以说是敦煌一带最恶劣的地方之一。那个地方在一千多年前，就连找口水喝都十分困难。很多人都不明白，为什么会有那么多人，在那么艰苦的条件下，用十分原始简陋的工具，执着地开凿石窟、描绘壁画呢？而且，这份执着，竟然延续了上千年。

事情还得从一个小和尚说起。

公元366年，一个叫乐僔的云游和尚，从中原出发，一路向西，云游到了敦煌城东南25公里处。这个地方是鸣沙山的东麓，浩瀚的沙漠就在不远处。

这时候，已是傍晚，但太阳仍火辣辣地炙烤着大地，乐僔又累又渴，几乎无力前行了。就在这个时候，乐僔和尚眼前突然一亮，远远地，好像出现了一大片灿灿的金光，成千上万的神佛在金光中闪现。乐僔很激动，他觉得，自己是不是看到传说中的西方极乐世界了？

乐僔和尚这时也不渴不饿了，腿上也有劲了。他赶紧冲着金光闪闪的地方一路狂奔。可是，走了不一会儿，那闪着神佛身影的金光突然间消失不见了。

乐僔的这段奇遇，今天，如果用科学的方法来分析，有两种解释：

第一种，他很可能是遇到了所谓的海市蜃楼现象。这种现象是由于鸣沙山属于沙漠地区，地表温度高，空气密度小，因而产生的一种特殊的光学折射。

第二种，他看到了三危山上奇观。乐僔来到的区域一面是鸣沙山，一面是三危山，三危山没有植被，光秃秃的，但岩体含有大量的云母、石英等矿物质，在阳光的照耀下，同样会反射出万道金光，呈现万尊佛神的景观。

但是一千多年前的乐僔，哪懂这个啊？他被这奇异的景象给弄懵了。乐僔想，前边那地方，一定是一块圣地。于是，他发出宏愿：要在那个地方建寺修窟，给佛再塑金身。

世上的事情，有时候就是无巧不成书。乐僔和尚走到前边一看，咦——这鸣沙山的东麓，竟然露出了一片很难得的砂岩。它软硬适中，十分适合开凿石窟。其实，中国古代的很多石窟，包括今天人们熟知的四大石窟——云冈石窟、龙门石窟、麦积山石窟以及敦煌石窟，都是在砂岩上开凿的。这是因为，所有的岩石之中，砂岩是最利于石像的开凿和保存的。比如，常见的花岗岩，它太硬，而且颗粒往往较为粗大，虽然比砂岩耐风化，但是不利于石像的眉毛、眼睛等这些细节的塑形；还有些岩石，比如泥岩，它又太软，开凿石像之后，过不了多久，容易被风雨侵蚀，不利于保存。所以，只有砂岩最适合石像的开凿，可偏偏乐僔在沙漠里发现的崖壁，就是这样的砂岩岩层。这样的巧合，真是令人匪夷所思！

这之后，乐僔和尚就在这儿住了下来，通过化缘筹集资金，在鸣沙山东面的崖壁上开凿了莫高窟的第一座佛窟。此后，震惊世界的莫高窟历经一千多年的持续开凿，终于从一个小小的愿景变成了伟大的现实。

一个小和尚，开创了一项惊天动地的大事业。

据文献记载，莫高窟从公元366年乐僔开始开凿，历经北魏、西魏、北周、隋、唐、五代、宋、西夏，直到元朝，一千多年的时间里，敦煌莫高窟的开凿就一直没有停止过。

但是，到了明代，政治和军事形势发生了变化。当时，元朝的残余势力仍然很大，他们占据着北方与西北的草原游牧地区，经常利用骑兵部队侵扰明朝的边境。为了边防的需要，明朝开始在我国的北方和西北方花费大量的人力、物力，在秦汉、隋唐修筑的长城的基础上，修筑所谓的"边墙"，这就是今天大家知道的万里长城。它东起鸭绿江，西到嘉峪关。长城以外，就放弃了守卫。而嘉峪关位于甘肃的酒泉附近，敦煌在嘉峪关之外。所以，到了明朝嘉靖年间（1522~1566），距今四五百年的时候，敦煌又重新成为塞外游牧之地。城市逐渐衰落，而莫高窟也逐渐被淹没在黄沙之中了。

那么，在被风沙掩埋了数百年之后，莫高窟又是如何被世人重新发现的呢？

二、发现敦煌

在一百多年以前，敦煌的莫高窟虽然是一派破败的景象，但这里毕竟远离当时清朝末年的战乱。有些人为了生存，就逃荒到这一带居住。清朝末年，有个道士姓王，叫王圆箓，他以窟穴为家，往来于莫高窟与敦煌城之间，维持简单的生计。1900年的一天，他的命运被彻底改变了。

这一年的6月22日（清光绪二十六年庚子五月二十六日）夜里，王道士在清理第16窟内的积沙时，无意间在北壁发现了一个耳室，这就是所谓的藏经洞，今天标号为莫高窟第17窟。藏经洞面积不大，但堆满了一人多高的各种文物资料，包括从公元4世纪到11世纪的佛教经卷、世俗文书、丝绸绘画、金银法器等5万余件，王道士完全被震惊了。

遗憾的是，这位王道士并没有很高的文化素养，没有认识到他所发现的东西有多么大的价值，更没有保护意识。

为了谋生，王圆箓从藏经洞里拿出一些金银法器到敦煌城里出卖，以换取生活补贴；又拿出来一些经卷、字画，请敦煌地方官员辨认。就这样，他无意中把藏经洞藏有大量珍贵文物资料的信息泄露了出去。紧接着，世界各地的文物贩子、投机商人便打着考古学家、探险家的幌子，不约而同地不远万里来到敦煌的莫高窟。

第一个接触到王圆箓的是英国人斯坦因。1907年，斯坦因以探险家的名义来到莫高窟，找到了王道士。他谎称自己是虔诚求法的信徒，就像当年唐朝的玄奘，专门来到莫高窟礼佛的。王道士轻信了斯坦因的花言巧语，领着斯坦因进入了藏经洞。在王道士点燃的昏暗油灯的照耀下，斯坦因在藏经洞整整待了七个昼夜，翻检了大量的经卷、文书、字画，最后，挑选出了他认为的上乘精品，其中包括雕版印刷的《金刚经》卷子残卷。

大家知道，印刷术是我国的四大发明之一，唐朝的时候发明了雕版印刷术，但遗留下来的证据极其罕见。而王道士无偿送给斯坦因的那部《金刚经》卷子残卷，是目前发现的全世界最早的雕版印刷品，印刷时间是唐懿宗咸通九年（868），印刷精美，图像和文字清晰可辨，价值连城。

斯坦因把挑选出来的经卷、文书、字画以及雕版印刷的《金刚经》卷子残卷装满了29只大木箱，然后，心满意足地回国了。回国之后的当年，斯坦因参加了在英国举办的皇家地理学会，并在大会上做了主题报告，向大会展示了他从藏经洞带回的文物资料和雕版印刷的《金刚经》卷子残卷，震惊了整个大会。《金刚经》卷子残卷现藏于英国伦敦博物馆。

如果说第一次出手藏经洞里的文物王道士是被欺骗了，那么第二次则是王道士贪心了。1908年，法国人伯希和以探险考古的名义来到莫高窟，伯希和与斯坦因不同，他精通汉语，又懂梵文，所以，经过精心挑选，他用重金从王道士手里掠走了6000余种经卷文书和大量绢画、法器，其中还包括900多枚回鹘文木活字。但伯希和做贼心虚，在去世之前，他并没有把偷运回法国的木活字公之于众，使得研究中外印刷史的学者不知道还有这么多的木活字存留世上。直到一百年后，这些文物才被世人所知。后来，我国学者在莫高窟又发现了少量回鹘文和西夏文木活字。大家知道，活字印刷术是北宋时期的毕昇于庆历年间（1041~1048）发明的，但毕昇当时发明的是泥活字，后来出现了木活字、金属活字。伯希和在莫高窟掠走的木活字和后来我国学者在莫高窟发现的木活字都是11~13世纪的遗物，即我国的宋朝末期和元朝初期。

藏经洞里木活字和《金刚经》的发现说明了什么问题？我国的印刷术在唐宋时期发明以后，就开始沿着丝绸之路向西传播，西夏人和蒙古人逐渐掌握了活字印刷技术，后来经过敦煌，印刷术又传向中亚，最终传到了欧洲。1450年，德国人谷登堡在中国印刷术的基础上研制出了铅合金活字，但已经比我国的毕昇发明泥活字印刷术晚了近400年。

斯坦因和伯希和的行为，不仅使他们个人迅速成为西方社会的名流，而且使敦煌这座城市和莫高窟藏经洞迅速成为全中国和整个西方世界关注的焦点。

时至今日，学术界对于莫高窟这个神秘的藏经洞文物资料的来源还没有完全搞清楚。大多数学者认为，藏经洞文物是西夏人留下来的。1036年，西夏王元昊占领了河西走廊，从此，敦煌为西夏控制长达190多年。蒙古兴起之后，开始进攻西夏。1227年，西夏都城银川被攻破，西夏灭亡，河西走廊也为蒙古所控制。就在蒙古占领敦煌前夕，敦煌的西夏贵族在仓促之间把大量经卷、文书、字画和金银宝物藏在了莫高窟的藏经洞里，他们希望有一天西夏能够重新崛起，再来利用这些宝物。但遗憾的是，历史没有给西夏机会，当年埋藏宝物的人再也没有返回他梦中的莫高窟。

自从藏经洞被发现之后，大量考古学家、探险家、佛学家以及一些投机商蜂拥而至敦煌，掀起了研究藏经洞经卷、文书资料，莫高窟壁画以及敦煌城市历史文化的热潮，"敦煌学"作为一门新的学科由此诞生。随着敦煌学一项项成果的出现，"敦煌"这两个字，逐渐成为中国人最值得骄傲的文化符号之一。

尽管很多人知道敦煌，也看过敦煌的壁画，但是，有很多人不理解，敦煌的壁画究竟为什么会吸引这么多人的关注？它到底有哪些无可替代的价值呢？

很多朋友都慕名到过敦煌的莫高窟参观，当进入洞窟的时候，人们往往会被五彩斑斓的壁画所震撼。但震撼之余又一头雾水——如果不是有导游或专家讲解，人们往往看不出其中的奥妙和价值。那么，敦煌壁画的历史文化价值究竟体现在哪些方面呢？

二十多年前的1991年，我曾慕名来到敦煌，拜谒莫高窟。我首先来到了第61窟。为什么？因为在此之前，我做了一些功课，知道有这样一个故事。

梁思成是我国著名的建筑学家，他一生致力于中国古代建筑的研究，我国明清时期遗留下来的建筑很多，唐宋以前的却很少。他一直期望发现唐宋木结构建筑。

梁思成偶然看到了由法国汉学家伯希和在敦煌石窟实地拍摄的一本画册《敦煌石窟图录》，其中61号洞中有一幅唐五代时期的壁画《五台山图》，图中有一座叫"大佛光之寺"的庙宇引起了梁思成的注意。

于是，按图索骥，梁思成曾经多次带着夫人林徽因前往五台山，试图寻找《五台山图》中的唐代建筑实体。功夫不负有心人，1937年6月26日，他们终于在山西五台山豆村发现了当时中国仅存的唐代木结构建筑——大佛光寺。

一般说来，绘画是艺术作品，带有很多虚幻的要素。而梁思成发现大佛光寺的故事却告诉我们，敦煌壁画有着巨大的历史价值，是那个时代世俗社会生活的一种写照。

除了第61窟，我印象最深的还有第112窟。这里有一组画于中唐时代的乐舞群像壁画。乐工手中丝弦、管笙、箜篌一应俱全，但更精彩的是处于核心地位的一位边反弹琵琶边专注地踩着舞步的胡女舞蹈家，那韵律，那节奏，那舞步，简直美不胜收。舞蹈艺术往往很难以文字的形式保留下来，然而，敦煌莫高窟却以壁画的形式把高难度的舞蹈技巧和完美的舞蹈要素，包括节奏、动作、神情等，通过一幅画卷完整地保留了下来，不能不说是一种奇迹。

根据这样的一组壁画，20世纪80年代，我国的舞蹈家编排了一出舞剧——《丝路花雨》。当《丝路花雨》在我国及世界很多国家上演之时，舞蹈家们看到再现的反弹琵琶舞蹈，不由得都起身而立，击节慨叹之余，无不惊诧于千年以前敦煌艺术的魅力。

当然，敦煌莫高窟的文化价值还远远不止这些。莫高窟是一个佛教石窟，它首先会受到印度文化的影响；但敦煌更是中国的敦煌，以儒家思想为核心的汉文化在这里早就深深地扎了根。所以，无论印度文化、希腊文化还是伊斯兰文化，都要在汉文化的土壤里发芽开花。

以大家熟悉的飞天形象为例。在莫高窟的492个艺术洞窟中，几乎窟窟都画有飞天，据不完全统计有4500余身。飞天是世界上不同文化共同的梦想和艺术表现主题之一，不过，不同文化影响下的飞天形象也差异很大。希腊的飞天形象最有代表性的是长了翅膀的安琪儿，印度的飞天形象是生有双翼的天使，都要借助翅膀才能飞行。中国古代神话中很早就有羽人的描述，臂长羽毛，在空中飞腾。

在莫高窟飞天形象中，隋朝以前的飞天大都带有翅翼，明显带有印度文化乃至希腊文化的痕迹。但到了唐朝以后，莫高窟的飞天形象达到了完美的艺术境界，摆脱了外来飞天形象的影响，其突出特点是不长翅膀，也没有羽毛，而具备三个特点：

第一，突出线条。古人用毛笔写字，绘画也用毛笔或粗一点的排笔，所以，对线条的把握很好。敦煌壁画的飞天形象中也大量使用了流畅、连贯的线条，显示出独特的艺术效果。

第二，借助丝带。中国是丝绸的故乡，丝绸飘逸、轻柔、色彩斑斓的特点，使我们对它倍加喜爱。艺术家们巧妙地把飘逸的丝带运用到绘画中，借助飘逸的丝织衣裙、飞舞的彩色丝带，便可凌空翱翔，自由飞行，我国民间传说"嫦娥奔月"就是这样的。

第三，利用云雾。云和雾都在高处生成，有云有雾的地方就给人一种在空中的感觉，《西游记》里的孙悟空、猪八戒都是借助云雾在天空自由飞行的。这也是中国绘画的一大特点。

莫高窟飞天形象中那连贯流畅的线条，那色彩艳丽的丝织飘带，那变化无穷的云雾，那自由舒展的轻盈之态，都充分显示了中国文化的元素，是完全中国化了的飞天。

正是因为莫高窟具有以上这些因素，所以，在今天很多中国百姓看来，敦煌因为莫高窟而闻名天下，莫高窟也的确是中华文明的奇迹和骄傲。

三、敦煌南北二雄关

除了莫高窟，敦煌南北还有两座雄关——玉门关和阳关。一座小城，为什么需要两座雄关把守？是不是有点小题大做了？

下面，我们就来说说这两座雄关。古人曾经对这两座关隘进行过深情的歌咏，描述玉门关的，除了一开始提到王之涣的那首诗，很多人都会想到另一首诗：

青海长云暗雪山，孤城遥望玉门关。
将军百战穿金甲，不破楼兰终不还。

——王昌龄《从军行》[1]

的确，玉门关常与边塞战争有关。

提起阳关，就会想到这样一首诗：

渭城朝雨浥轻尘，客舍青青柳色新，
劝君更尽一杯酒，西出阳关无故人。

——王维《送元二使安西》[2]

这是唐代诗人王维的一首诗。阳关，常常和送别有关。

描述阳关的还有：

一曲阳关情几许，知君欲向秦川去。

---

[1] 《全唐诗》，中华书局标点本，1960 年版。
[2] 《全唐诗》，中华书局标点本，1960 年版。

白马皂貂留不住。回首处，孤城不见天霖雾。

——苏轼《渔家傲·送张元唐省亲秦州》[①]

这是宋代大文豪苏轼的一首词，也与送别有关。

据统计，在唐诗和宋词中，提到"阳关"和"玉门关"的次数有将近上千次。仅仅苏轼一个人的诗词，提到"阳关"和"玉门关"就有近30次。

在这里，我们先说一下两关的位置。玉门关，位于敦煌西北大约90公里，古时候，来自西域的玉石从此地输入内地，所以，给此关取名玉门关。阳关，位于今敦煌市西南70公里，因位置在玉门关南部，故名"阳"关。据史料记载，玉门关和阳关都始建于汉代。那么，敦煌这个地方，为什么要两座雄关来守卫？这座城在汉代之所以被命名为敦煌，又是否与这两座雄关的修建有关呢？

我们从"春风不度玉门关"说起。春风为什么不度玉门关？我们看一下玉门关外的地理和气候条件就明白了。玉门关位于河西走廊的西部边缘，出了玉门关就进入了我国的新疆境内，由于那里干燥少雨，所以，形成了广阔的戈壁沙漠，生态环境根本不同于内地。

大家知道，汉民族是一个以农业为主的民族，春耕夏耘，秋收冬藏，四季划分明确。春天对于汉民族来说尤其重要，一年之计在于春，一年的收成好坏就看是否能春风化雨、滋润大地，能否"好雨知时节，当春乃发生"。所以，春风、春雨成了汉民族希望的标志，春风一来，杨柳也就绿了，"不知细叶谁裁出，二月春风似剪刀"。没有春风、春雨就意味着看不到希望，不能预见未来。而对于将要通过玉门关踏上漫长西域之路的人来讲，恰恰那里就是没有春风的地方。所以，诗人王之涣才说"春风不度玉门关"，才有了一首首苍凉悲壮的关于玉门关的诗歌。

这是从地理和气候条件上来说的玉门关。从军事地位上，汉唐时期，玉

[①] 《全宋词》，中华书局标点本，1965年版。

门关外生活着众多的民族，曾经形成了一个个小的城邦——楼兰、伊吾、高昌等，多的时候有三四十个。这些小的城邦对中原政权时叛时附，所以，汉唐时期这里战争不断。同时，汉唐时期，这里又是北方的匈奴、突厥和中原王朝争夺的焦点地区；而玉门关形势险要，易守难攻，便于屯兵驻扎，于是，理所当然地成为汉唐向西域出兵和防御西域军队进攻的前沿关隘。

许多古人对玉门关有着难以割舍的情结。比如，东汉的时候，有一个传奇人物班超，他投笔从戎，出使西域近30年，多谋善断，"不入虎穴，焉得虎子"就是班超出使鄯善时流传下来的典故。

鄯善是班超出使西域的第一站。当时，鄯善国王的态度有些摇摆，一方面，他想归附强大的汉朝；另一方面，他又想把北方草原地区的匈奴作为依靠。所以，他对班超一行的到来"礼敬甚备"，表示出了热情的欢迎。但不久，鄯善王的态度忽然冷淡下来，班超立刻就意识到可能出了意外。私底下一打听，原来是匈奴的使者也到了鄯善。班超便与随行的使团成员商量，大家一时拿不定主意。班超最后说"不入虎穴，焉得虎子"，于是，当夜晚间，他带领随行的30多个吏士，用火攻杀匈奴使者，彻底断绝了鄯善王依靠匈奴的念想。班超的智慧和勇敢，迫使动摇不定的鄯善王归附东汉，纳贡称臣。

在班超的努力下，西域各国纷纷重新归附汉朝。58岁时，班超被朝廷任命为西域都护，成为西域地区的最高行政长官，威名远播，众邦皆服，是一员镇守西域的猛将。

然而，就是这样一位名将、硬汉，在68岁的时候，眼看自己年岁已高，精力与体力不支，他向朝廷呈递了一份上疏，请求回归中原故土。在上疏中，班超深情地说：

臣不敢望到酒泉郡，但愿生入玉门关。

——《后汉书·班梁传》①

但愿生入玉门关，多么感人肺腑，铁骨也有柔情啊！这玉门关，在班超看来，就是迈入故乡的大门。汉和帝刘肇（89~105年在位）同意了班超的请求。两年后，永元十四年（102），70岁的班超终于从玉门关走过，回到了京城洛阳。回到洛阳后，没几个月，班超就病逝了，最终葬在了洛阳的邙山上。

敦煌的玉门关，是这么一个充满了传奇和悲壮色彩的古代关隘。那么阳关呢？

相对而言，敦煌的另一座名关——阳关就显得要轻松许多。有一个很有名的成语叫"阳关大道"，形容道路的通畅和生活的顺利。人们把它和"独木桥"相对，所以，民间还有"你走你的阳关道，我过我的独木桥"的说法。

阳关在敦煌西南，只要一出了阳关，便进入南疆盆地。这里并非北方的匈奴、突厥和中原王朝争夺的焦点地区，战事相对少些，道路比较通畅。所以，后人就有了"阳关道""阳关大道"的说法。

唐朝的时候，玄奘，也就是大家熟悉的唐僧，到印度（当时叫天竺）取经的时候，就是从玉门关走出去的。在那条路上，他历尽艰难，九死一生，前后花费了数年的时间，行程5万余里，游历118个国家。他身边根本没有《西游记》里孙悟空、猪八戒、沙和尚这三位徒弟的陪伴，没有故人、没有朋友，大多数时候都是孤身一人。

后来，玄奘带着600多部佛经回国的时候，走的是南疆盆地，经新疆的和田，再经过阳关大道，到达了敦煌，最后回到了长安。

我们可以想象，在看到阳关，即将进入敦煌的时候，玄奘的心情是多么激动。作为皇帝的唐太宗理解这种心情，所以，从长安派出特使远赴敦煌，

---

① 范晔：《后汉书》，中华书局标点本，1965年版。

隆重欢迎这位高僧大德回归祖国。

由此可见，阳关是一条平坦的大道，而且是相对远离战乱纷争，供普通百姓、诗人僧侣出入敦煌的官道、正道。因此，才会常有"劝君更尽一杯酒"的送行场景，也才会流传下那么多阳关送别的千古名篇。

但是，越是了解玉门关和阳关，越是知道它们在古人心中举足轻重的地位，敦煌的身世之谜反而更加扑朔迷离。因为说到底，敦煌毕竟只是一个边陲小城。那么，为什么在中国古代，国家要兴师动众，花费大量人力、物力设立两道雄关把守敦煌呢？

四、"敦煌"的非凡含义

如果我们将视野扩大，不再局限于敦煌和它南面的阳关、北侧的玉门关，在更大的地图上观察，就会发现：在我国的甘肃省，有一个重要的交通廊道——河西走廊。

所谓河西走廊，特指我国西北部地区，黄河以西，夹在祁连山与北山（龙首山、合黎山、马鬃山）之间的呈西北—东南走向的狭长地带。它的长度大约有1000公里，宽度从数公里到近200公里，是一个长条形的狭长平原地带。因为形似走廊，又地处黄河以西，所以被称为河西走廊。

而敦煌这个地方，恰恰处于河西走廊的末端。

对于汉朝时的中国而言，这个走廊十分重要。因为无论从内地到西域，还是从西域的任何地方进入中原，两侧的高山、沙漠普通人根本无法逾越，而河西走廊，能够很便捷、安全地进出内地和西域，所以它就成了进出内地和西域的必经之地。但是，这个十分重要的地方，曾经是一个让汉朝初期的皇帝们十分难堪的地方。

秦汉之际，这个地区先后被大月氏和匈奴所占据。匈奴实力最强大的时候，"控弦三十余万"，并且专门派浑邪王驻守在这一带。对于日渐强大的匈奴，汉朝初年因朝廷致力于国内政治的稳定和经济的恢复发展，所以采取了和亲的政策。但是，和亲和赠送财物并没有也不可能减少匈奴贵族对汉朝北方边境的侵扰和掠夺，相反，边境的形势越来越紧张。所以，汉武帝即位以后，经过几十年的积蓄和准备，开始了大规模的军事反击。

汉武帝主要对匈奴发动了三次大规模的进攻，而攻占敦煌所在的河西的战争是由骠骑将军霍去病主导的。在汉武帝元狩二年（前121）的春天，霍去病率万骑出陇右，大破匈奴，越过了焉耆山（在今甘肃山丹县东南），猛追千余里，俘虏了浑邪王的王子，大获全胜，立下了汗马功劳。

得到胜利的消息后，汉武帝异常高兴，专门在长安为霍去病盖了一处豪宅，要赏赐给他，没想到霍去病却推辞说：

匈奴未灭，无以家为也。

——《史记·卫将军骠骑列传》[①]

匈奴浑邪王还没有消灭，我哪里有心思经营家室！多么令人感动的豪言壮语！这不仅令身为天子的汉武帝十分感动，而且成了激励后来人公而忘私、国而忘家的励志名言。

到了这年夏天，霍去病又引兵出陇右、北地，过居延泽，进至祁连山，再次大破匈奴。最终，浑邪王在走投无路的情况下，率领四万部众，投降了汉朝。至此，河西走廊，连同敦煌所在的地区，都成了汉王朝直接统辖的范围。

对于用鲜血和生命换来的河西走廊，汉武帝如何对待呢？

其实，早在霍去病攻打河西走廊前后，汉武帝已经派遣张骞两次出使西域（第一次是在公元前138年，第二次是在公元前119年），摸清了西域的大概情况，产生了与西域进行经济、文化交往的强烈欲望，为丝绸之路的开辟奠定了基础。

---

① 司马迁：《史记》，中华书局标点本，1975年版。

而河西走廊恰恰就位于古丝绸之路中段，是历史上东西方交往的必经之地，是内地联系西北的交通要道，在军事和交通上都具有十分重要的地位。因此，汉武帝在元鼎六年（前111），正式设立"河西四郡"（敦煌、酒泉、张掖、武威），敦煌郡这个名称就是由此得来的，给它命名的人就是汉武帝。

《汉书·地理志》"敦煌郡"条下曰：

敦，大也；煌，盛也。

——《汉书·地理志》 应劭注①

敦，就是"大"的意思；煌，就是"盛"的意思。"敦煌"合起来，就是广阔盛大的意思。

但是，为什么汉武帝偏偏将"敦煌"两个字赐予了这里呢？这里究竟有什么广阔而盛大的地方呢？

仔细观察，我们就会发现，这个地方是整个"河西四郡"的咽喉所在，而且是传统上所说的丝绸之路三条路线的交会之处。这三条路线分别是：

玉门关经哈密、乌鲁木齐，再经中亚到地中海。这就是所谓的丝路北道。

玉门关经吐鲁番、焉耆、喀什，再经乌兹别克斯坦到伊朗，最终通到地中海。这就是所谓的丝路中道。

阳关经若羌、且末、和田、塔什库尔干，再经阿富汗、巴基斯坦至印度。这就是所谓的丝路南道。

反过来，这三条道路都通过玉门关和阳关汇集到敦煌。正如隋朝人裴矩所说：

---

① 班固：《汉书》，中华书局标点本，1962年版。

总凑敦煌，是其咽喉之地。

——《隋书·裴矩传》[1]

因此，敦煌是名副其实的丝路咽喉。

正因为这样，汉武帝才给这个地方赐予了这么一个大气的名字，并且特设了两座雄关拱卫，一个偏重于军事，一个偏重于通商交往。

汉武帝给敦煌命名的时候，只是对他的帝国给予了美好的期许；他没有想到的是，在他身后数百年，这里竟逐渐发展成为世界多种文化交融的中心，中国文化在这里吸收了足够的营养，焕发出了灿烂的文明之光。

至今，中华文化也像敦煌的名字一样，广阔而盛大。

下一讲，我们要西出玉门关，走向广阔又神秘的西域。

请看下一讲：瓜果飘香话哈密！

【趣味知识自测题】参考答案

1.B 2.B 3.B 4.C 5.A 6.D 7.B 8.A 9.B 10.D

---

[1] 魏征：《隋书》，中华书局标点本，1997年版。

第十章

瓜果飘香话哈密

趣味知识自测题

1. 哈密的气候条件特别适合哈密瓜的栽培,早晚最大温差可达_____。

　　A.10度　　　　　　B.20度　　　　　　C.30度　　　　　　D.40度

2. 长沙马王堆1号汉墓出土了一具保存完好的西汉女尸,她是长沙国丞相的妻子,名叫_____。

　　A.利苍　　　　　　B.辛追　　　　　　C.齐姜　　　　　　D.宣姜

3. 有一种哈密瓜个头很大,一种动物吃瓜的时候,首尾都容得下,这种动物是_____。

　　A.松鼠　　　　　　B.野兔　　　　　　C.狐狸　　　　　　D.野狗

4. 唐朝的时候,有一支自来哈密的曲子在全国非常流行,这支曲子是_____。

　　A.《秦王破阵乐》　　B.《伊州曲》　　　C.《龟兹曲》　　　D.《霓裳羽衣曲》

5. 唐朝的《捣练图》描绘了唐朝妇女捣练制作丝绸的情景,这幅画的创作者是_____。

   A. 阎立本   B. 吴道子   C. 周昉   D. 张萱

6. 哈密瓜有很多品种,其中有一种哈密瓜个头很大,耐运输、耐储存,这种瓜的名称叫_____。

   A. 加格达   B. 黄蛋子   C. 黄密宝   D. 阿克奇

7. "哈密瓜"是清朝的一位皇帝御赐的名字,这位皇帝是_____。

   A. 康熙   B. 雍正   C. 乾隆   D. 道光

8. 清朝初期,在平定噶尔丹叛乱中,哈密的一位回王立下了很大功劳,他的名字叫_____。

   A. 布尔赛   B. 额贝都拉   C. 额敏   D. 伯锡尔

9. 清朝的时候,一位文人称"西域之果,葡萄莫胜于吐鲁番,瓜莫胜于哈密"。这位文人是_____。

   A. 宋伯鲁   B. 纪晓岚   C. 洪亮吉   D. 萧雄

10. 中华人民共和国成立后,一位领导人到新疆视察,把哈密瓜誉为"天下第一瓜",这位领导人是_____。

    A. 彭德怀   B. 王震   C. 胡耀邦   D. 邓小平

【评分标准】共10题,总分100分。每题选择正确得10分,选择错误0分。

【评估等级】

大牛(对城市很熟悉):80~100分;

及格(对城市基本了解):50~70分;

菜鸟(对城市很陌生):0~40分。

注:参考答案附在本章末。

开篇的话

从今天开始,我们进入丝绸之路西域段。

西域有广义和狭义之分,广义的西域包括葱岭以西,亚洲中部、西部以及欧洲东部的广大地区;狭义的西域指玉门关、阳关以西,葱岭以东,主要是现在我国的新疆地区。在这里,我们从西域的第一站哈密讲起。在新疆的民间,有一句很流行的谚语:

早穿皮袄午穿纱,围着火炉吃西瓜。

——新疆民间谚语

说的是新疆大部分地区都是沙漠和戈壁,沙石遍地,昼夜温差大。沙石吸热快,所以,夏天的时候,太阳一出,地面温度迅速上升,中午的气温达到三四十度,人们早晨还穿着皮袄,中午就得换上轻薄的纱衣。而到了太阳落山后,沙石又迅速降温,地面温度也随之很快下降。昼夜温差最大时可达20度左右,到了晚上,就出现了围着火炉吃西瓜的情景。哈密就是这个谚语描述的典型地区。

不过,这种"早穿皮袄午穿纱"的气候特点,也成就了哈密的一大特产——哈密瓜。也许很多人没去过哈密,但几乎没有人不知道哈密瓜的大名。所以,哈密是一个以瓜知名的丝路古城。

那么,哈密在古代丝绸之路上扮演了什么角色?

哈密瓜又是如何享誉全国的?

归根结底,哈密瓜是一种农产品,而在很多人的印象里,农业并非哈密人的特长。那么,哈密瓜的知名又代表了怎样一种丝路文明呢?

我们先从一段与瓜有关的故事讲起。

一、两千年前的吃瓜贵人

1972 年，长沙马王堆 1 号汉墓出土了一具保存完好的西汉女尸。结合文献和考古资料推断，这具女尸是长沙国丞相利苍的妻子，名叫辛追，死于距今 2200 年左右的西汉初期。

这具女尸保存完好，出土时皮肤还有弹性。为了弄清楚辛追生前的生理状况，医学家对女尸进行了解剖。解剖的时候，他们惊奇地发现，在她的消化道里，竟然还有许多未曾消化的甜瓜籽。细细数下来，总共有 138 颗半。

顿时，各种猜想由此而生。因为哈密瓜太有名了，有人就猜想，这些甜瓜籽是不是来自新疆的哈密瓜的瓜籽？对于这个猜想，哈密人最愿意接受。

无独有偶，成书于宋朝的《太平广记》里还记载了这样一个事例[①]：

东汉明帝在位时期的一个夏天，他宠爱的一位阴贵人晚上做了一个梦，梦见自己吃瓜，美味无比。第二天，她把这个梦告诉了汉明帝。汉明帝很喜欢这位阴贵人，恰好，这个时候敦煌郡献来了一种很美味的甜瓜，名字叫"穹隆"，汉明帝就让人拿给阴贵人吃了。有学者研究，这个阴贵人所吃的瓜也可能是哈密瓜。这让哈密人更感到自豪。

不过，我觉得，古代这两位爱吃瓜的女人，到底吃的是不是哈密瓜，还有待仔细考证。

起码要搞清楚两个问题：

第一，什么时候有了哈密瓜？

第二，历史上，哈密瓜什么时候可能进入了内地？

甜瓜，一年生蔓性草本植物，英语为 Melo，原意是甜如蜂蜜的意思。哈

[①] 李昉等：《太平广记》，中华书局，1961 年版。

密瓜属于甜瓜中最受人喜欢的一种。不仅因为它甘甜多汁，可以消暑解渴，而且，它含有丰富的营养物质。我国医学很早就有用甜瓜医治肾脏病、贫血、咳嗽、便秘、结石病等的记载。对于甜瓜的起源，目前尚无定论，有些学者认为，甜瓜起源于非洲，或起源于西亚，后来传至中亚，包括我国的新疆地区。

从地图上看，哈密位于新疆的最东端，是天山南部的一块盆地。它东接甘肃的敦煌，西接吐鲁番，被誉为"西域门户"，是进出西域的必经之地，交通和战略地位异常重要。同时，这里地广人稀，干旱少雨，大部分地区都是荒漠、沙石。夏季平均气温高达30度以上，昼夜温差高达20度。这种气候和环境特别适合甜瓜的生长要求。现在，在哈密天山南北的陶家宫、小南湖、淖毛湖等地，都发现了野生的甜瓜品种，当地百姓称之为狗瓜，证明哈密是甜瓜的起源地之一。

根据这些野生的瓜种推断，哈密栽培甜瓜的历史至少已经有2500多年了。

这个时间比马王堆汉墓发现的甜瓜籽早了300年。这就是说，辛追夫人有可能吃到哈密的甜瓜。

不过，大家知道，汉朝初期，河西走廊和西域被匈奴人控制着，与汉朝处于剑拔弩张的战争状态。汉武帝时期打败匈奴，打通丝绸之路之后，内地与西域之间的交流才正式开始。而按照时间推算，汉武帝打通丝绸之路的时间比辛追吃瓜的时间晚了50年左右。那个时候，哈密的瓜是否能通过一些特殊的渠道，或者由一些唯利是图、不顾生命危险的商人贩运到长沙呢？我们不得而知。

但我认为，阴贵人的情况和辛追不同。她有可能吃到来自哈密的甜瓜。

阴贵人生活在东汉明帝时期，时间在汉武帝开通丝绸之路150多年以后。那个时候，丝绸之路畅通无阻，西域的葡萄、石榴、黄瓜、胡萝卜等频繁地进入中原，大部分还在中原扎了根，内地人可以很容易吃到这些东西。但哈密的甜瓜却没能在内地种植，因为内地没有这种甜瓜生长的气候环境。

随着丝绸之路的瓜果交流，哈密甜瓜的美名可能已经传到了东汉的都城洛阳。但因为路途遥远，不容易吃到，所以阴贵人才梦到吃了这种甜瓜。这是其一。

其二，阴贵人吃到的瓜来自敦煌郡，而在汉代，敦煌郡管辖的范围包括新疆东部的哈密。哈密的甜瓜种植技术有可能传到了敦煌，因为敦煌的气候条件与哈密类似，所以，这里也开始广种甜瓜，甚至后来干脆改名为瓜州。这就是说，敦煌郡献给汉明帝的甜瓜有可能直接来自哈密，或者说是来自哈密的品种。

其三，阴贵人吃到的美味的甜瓜，名字叫"穹隆"。现在听来很奇怪。但在哈密，维吾尔人直到现在仍把哈密瓜叫"库洪"（或卡洪、可洪，Kogun），显然，"穹隆"是"库洪"的转音。

"穹隆"还给人一种很大的感觉，可能是一种很大的甜瓜。《汉书》中有一段很有意思的记载，说到了这种个头很大的甜瓜：

其地今犹出大瓜，长者狐入瓜中食之，首尾不出。

——《汉书·地理志》[1]

这是《汉书·地理志》里的一段话。"其地"指哪里呢？汉代敦煌郡，包括敦煌和哈密在内。这里生产美味的甜瓜，最大的甜瓜大到什么地步呢？狐狸爱吃甜瓜，一整只狐狸整个儿钻进甜瓜里，头尾都露不出来，那该是多大的一个瓜呀！

巧合的是，哈密瓜中就有这么硕大的瓜。

哈密瓜的品种有几十种，比如，冬天成熟的加格达是哈密长期种植的主栽品种，是一种晚熟厚皮甜瓜。加格达十月份成熟，外皮厚实，呈网纹状，外形丰满，个头大，果实重1.5~5公斤，大的可达10~15公斤，亩产可达5000公斤；汁液多，含糖量高，果肉的折光糖含量11%~15%，最高可达20%

---

[1] 班固：《汉书》，中华书局，1962年版。

左右，品尝起来，沁人肺腑，美不可言，真不愧"瓜中之冠"的美称。一只狐狸钻进去吃瓜，完全没有问题。而且，此瓜耐储存、耐运输，储存方法得当的话，即使放到第二年吃也没有问题，所以格外受到人们的喜爱。

由此可见，这位阴贵人不仅受到当时汉明帝的宠幸，而且，真的很有口福，可能吃到了这种叫"穹隆"的来自哈密的甜瓜，圆了自己的美梦。

看来，汉朝的时候，哈密的甜瓜可能就已经传入内地，而且，在都城洛阳大大地风光了一把。

这两位两千年前的吃瓜贵妇人，究竟对于哈密这座丝路古城意味着什么呢？

其实，她们给我们提出了一个新问题：哈密瓜归根结底是一种农产品，要大规模地生产这种农产品并使它好吃，需要精耕细作的农业生产技术。

那么，古代的哈密有这种农业栽培技术吗？

二、艰难的伊吾路

哈密古称昆吾，两汉时期，称伊吾（或伊吾卢）；隋唐时期，这里设置了伊州郡；元代称哈密力，简称哈密。

唐朝的时候，有两个人从不同的方向向哈密行进，都经历了一路的艰辛。

一个是到印度取经的唐玄奘。他在唐太宗时期从长安出发，出了玉门关，然后向哈密进发。这一段路叫伊吾路（也称莫贺延碛路），长八九百里，一路上尽是戈壁、荒滩，阳光暴晒着地面，几乎看不到行人。有时候，玄奘不得不沿着骆驼粪、马粪或者死人骨来认路，一路艰难困苦，可谓九死一生。好在玄奘有坚韧不拔的意志，终于到达了哈密。

玄奘为什么冒着那么大的艰难险阻跨越伊吾路到哈密呢？

因为隋唐以后，丝绸之路分为北、中、南三道，哈密北通北道，南达南道，东西两端沟通中道，正好处在中西交通的核心地段，交通和战略地位异常重要。

这也意味着，哈密是走向西域的第一站，是"西域门户"，进出西域一般都要走这一条道路。无论汉朝和唐朝，要想保障丝绸之路的畅通，必须保障哈密的稳定和安全。

因此，为了经略西域，保持丝绸之路的畅通，汉唐时期都把哈密作为一个军事基地，在这里大量驻军。常驻军队有数千，多的时候达到数万。

驻军多了，来往的客商多了，就要消耗大量的粮食。

大批量的粮食从哪里来呢？

一方面来自当地驻军的屯田。古代哈密管辖的范围既有天山以北的巴里坤草原，又有天山以南的哈密盆地；既适宜游牧，又适宜农耕。

史书记载：

> 伊吾地宜五谷、桑麻、蒲萄。……皆膏腴之地。
> ——《后汉书·西域传》[1]

这是《后汉书》的一段记载。伊吾就是汉代的哈密。这段记载告诉我们，汉代的时候，哈密地区就已经有大量肥沃的土地，开始发展农业，种植五谷桑麻，葡萄也随着丝绸之路传到了哈密，在哈密广泛种植。所以，从汉至唐，哈密盆地一直是屯田之所，是新疆境内的一个粮食主产区。

但哈密本地所产的粮食毕竟有限，所以，哈密平时还大量买进附近地区的粮食，建立国家粮仓。

这就出现了与玄奘的行进路线相反的一个普通农民，从吐鲁番向哈密行走的历史记载。

在吐鲁番发掘出土的一份唐代文书中，说到了这样一个事例。

唐玄宗开元年间，一个叫将化明的人，迫于生计，赶着一头驴车，从吐鲁番一路向东，到哈密纳和籴粮。经过一路奔波，他终于到了哈密，把和籴

---

[1] 范晔：《后汉书》，中华书局，2000年版。

的粮食交到了当地的粮仓。那将化明得到了什么呢？一定数量的练。返回吐鲁番的时候，他一路上省吃俭用，自己舍不得吃，驴子当然也没有什么吃的。没有想到，这头驴本来就瘦，又来回奔波，结果硬是给饿死了。没有办法，将化明只得在路上卖掉了用粮食换来的练，空手而回。

那么，练是什么？哈密粮仓的官员怎么不给将化明钱，而给了他一定数量的练作为报酬呢？

原来，练是白色的丝绢，是丝织物的一种。唐代著名画家张萱留下了一幅名画，叫《捣练图》，画面中几个唐代的妇女正在有序地工作着，形象地描绘了唐朝妇女捣练的情景。唐朝的时候，练的数量非常有限，是一种珍贵的丝织物。

物以稀为贵，所以，在西北丝路沿线城市，既可以用铜钱、银币等作为货币购买商品，也可以用练等各种丝织物作为交换物，将化明得到的就是练。拿到练之后，他既可以用它购买别的东西，也可以直接卖掉换成钱。

因为文书记载的非常简略，我们不清楚当年的将化明究竟运了多少粮食、换了多少练。但从将化明缴纳粮食换来练这件事可以发现：

一则，哈密粮仓吸纳和籴粮的政策应该是十分优厚的，不然，将化明不会不远数百里赶车去哈密纳粮。而且，由此我们可以推测，应该还有大量像将化明这样的人为了获取利益从哈密周边各地源源不断地纳粮到哈密。

二则，哈密囤积的练和其他丝织物应该相当可观，不然，哈密地方政府不会用练作为和籴纳粮的报酬。大量的丝织品不仅仅是满足和籴粮食的需求，应该还有相当数量的丝绸是可以由伊州的官方控制，来进行丝绸之路上的商品贸易的。

军屯、粮仓在汉唐哈密的出现又说明了什么？

随着大量军屯士兵的到来，哈密已经接受了来自中原地区先进的农耕技术。所以，由于区位上比较靠近内地，哈密的农业生产水平应该比新疆的其他地区具有了先发优势，这样必定会促进哈密瓜等瓜果的栽植技术水平不断提高。

不过，从现有文献和考古资料中我们发现，唐朝的时候，哈密瓜这种美食还没有引起内地人的热捧。相反，源于哈密的一支音乐舞蹈曲子，沿着丝绸之路传入内地，迅速在内地流行起来。

那么，这是一支什么曲子？它又对唐朝的音乐艺术产生了怎样的影响呢？

三、滕王阁上《伊州曲》

唐朝有很多诗人，在他们的诗中都同时提到了一支在唐朝流行的曲子——《伊州曲》。

其中，诗人白居易曾经有这样一首诗：

老去将何散老愁，新教小玉唱伊州。
亦应不得多年听，未教成时已白头。

——白居易《伊州》[①]

白居易在诗中说，一位老人，他可能是一位民间的艺人，在教一个叫小玉的姑娘学唱《伊州曲》。还没等教会，头发已经白了。

无独有偶，和白居易生活在同时代的诗人李涉，到南昌的滕王阁游览，作了一首诗：

滕王阁上唱伊州，二十年前向此游。
半是半非君莫问，好山长在水长流。

——李涉《重登滕王阁》[②]

[①] 《全唐诗》，中华书局标点本，1960年版。
[②] 《全唐诗》，中华书局标点本，1960年版。

诗人说，他在二十年前就到过滕王阁，这次是故地重游。虽然可能因为仕途不顺利心情不是太好，但是，在诗中，诗人面对好山好水好风光，还是情不自禁地吟唱起了《伊州曲》，《伊州曲》带给他人生中很多美好回忆。

在以上这两首诗中，两位诗人都提到了一个名词——《伊州曲》，而且，这是一支可以用来唱的曲子。那么，这支曲子怎么会有这么大的魅力，既让老人不辞辛劳教小玉姑娘唱，也使诗人李涉登上高高的滕王阁忘情地歌咏呢？

这支叫《伊州曲》的曲子，就是唐朝时候从哈密传入内地的一组乐舞曲。因为唐朝时候，哈密称伊州。

唐玄宗开元年间，管辖哈密的西凉节度使（盖嘉运）为了讨好喜欢音乐舞蹈的唐玄宗，把《伊州曲》献给了朝廷。《伊州曲》进入唐朝宫廷后，又经过唐玄宗和其他内地音乐家的改造，很快成为很受欢迎的宫廷乐舞曲。

不过，《伊州曲》的影响并不仅限于宫中，此曲后来从宫中流传到了民间，在长安的很多酒楼、茶馆、教坊等地都有演唱，很受民间欢迎。白居易诗中说到的那位老人可能就是民间的一位老艺人，而诗人李涉把这支曲子演唱到了滕王阁上，说明这支曲子在文人雅士中也广为流传。后来，此曲还流传到了全国各地，甚至可能在唐朝还曾经掀起过一股《伊州曲》热潮呢。

果然，后来的研究表明，《伊州曲》又叫《伊州大曲》，包括序曲、叙诵歌曲、叙事组歌、舞蹈组歌、终曲等多个甚至十多个部分，有歌、有舞、有吟唱，相当复杂。不过，演唱的时候，人们可以依据固定的曲调，根据自家的需要，变换词句，或长或短，都可以用《伊州曲》来抒发感情。短的像李涉在滕王阁上唱的，可能只是其中的某些曲段；而老艺人和小玉可能要以演唱《伊州曲》谋生，所以，需要尽量掌握所有的曲子。就像今天一个专业的京剧演员，要学会某出戏的全部，而业余京剧票友只需要挑自己喜欢的京剧段落吼上几嗓子即可。

一支曲子，而且是来自一个西北小城的曲子，从都城的宫廷流传到酒楼、教坊，甚至流传到了广大的江南地区；皇帝喜欢，诗人喜欢，老百姓也喜欢，成了全社会的流行歌曲，这意味着什么？

首先说明这支曲子的艺术水平是超前的，不然也不会成为流行时尚。而当时的哈密恰好位于内地与西域文化艺术交流的中转站上，丝路贸易繁荣，文化交流频繁，西域的音乐舞蹈艺术形式由此传入，逐渐形成了具有浓郁西域风情的《伊州曲》。当年的《伊州曲》到底是怎么个唱法呢？今天，在哈密流传的木卡姆就是在当年《伊州曲》的基础上，逐渐演变而来的。哈密的木卡姆包括十二部套曲，运用了手鼓、琵琶、艾捷克、弹拨尔、热瓦普等二十多种西域乐器，演唱起来，载歌载舞，节奏感强，欢快舒畅。其中，琵琶、艾捷克都是哈密古老的乐器之一，在《伊州曲》中起主导作用。随着《伊州曲》内传，这些乐器也传入了内地，对内地的音乐产生了深刻影响。

其次，表明当时的哈密在交通上的便利程度和在经济文化发展上的繁荣程度。现代社会，在我们国家，哪些地方的流行音乐会成为社会的时尚？往往是来自北京、上海的。因为这些城市经济发展水平高，对休闲娱乐艺术生活的品质要求也高，所以就容易产生大量高水平的音乐素材，涌现出高水平的音乐人才，创作出大量高水平的音乐作品。同样，《伊州曲》在唐朝的流行也绝非偶然，它说明那时候的哈密丝路贸易相当发达，城市经济相当繁荣。所以，时尚的流行乐曲出自那里也就顺理成章了。

哈密从一个军事屯田重地，到一个商业贸易名城的转变，恰好体现了它在汉唐时期独特的经济文化特征，也为其后来的发展奠定了坚实的基础。

不过，到了明清时期，随着海上贸易的繁荣，陆上丝绸之路的地位开始下降，哈密人也不得不面对城市发展的转型问题。而这时候，栽培历史悠久的哈密瓜又重新进入了人们的视野，成为哈密对外贸易的主打产品。

可惜，阴贵人在那个时代，只是自己品尝了美味的哈密瓜，并没能使哈密瓜成为全国知名的品牌，成为普通老百姓可以享受的口福。

巧合的是，在阴贵人之后，清朝又出了两位贵人，他们联手，最终把哈密瓜推向了全国。

那么，这又会是哪两位贵人呢？

四、哈密瓜香飘万里

清朝初期，哈密的主要居民是信仰伊斯兰教的维吾尔族人。

康熙十九年（1680），蒙古准噶尔贵族首领噶尔丹控制了整个天山南北，并控制了哈密。在哈密，噶尔丹任命维吾尔族首领额贝都拉为他的代理人，赐"达尔汗"号，也就是我们所说的"回王"。额贝都拉迫于噶尔丹的威势，一时被迫充当了代理人。但此人富有政治远见，深明大义，很有作为，对蒙古贵族竭泽而渔、掠夺式的统治和叛乱深为不满，并且对康熙皇帝十分仰慕。他一直寻找机会，帮助清政府平定噶尔丹叛乱。

康熙三十年（1691），清政府派理藩院员外郎马迪前往新疆，招抚策旺阿勒布坦，行至哈密，马迪被噶尔丹军队袭杀，其属下逃入哈密城。额贝都拉得知消息，立即下令把这些人保护了起来，并给予他们粮食、马匹，派人安全护送他们进入嘉峪关内。

额贝都拉这是一次大冒险，同时又是一次试探。他想用这种方式试探康熙皇帝的态度。消息传到京城，康熙十分欣慰，对额贝都拉给予重赏，并对深明大义的额贝都拉留下了深刻印象。康熙立即下令将拘禁于酒泉的数名维吾尔族人释放，并给他们粮食、马匹，让他们回到哈密。这也释放了一个强烈的信号，坚定了额贝都拉内附的决心。

康熙三十五年（1696），康熙皇帝亲征噶尔丹，在昭莫多大败噶尔丹。额贝都拉看清局势，毅然脱离噶尔丹，坚定了归附清朝廷的决心。他上表康熙皇帝：如果噶尔丹来到哈密，我会亲自擒获他；如果得到他的任何消息，我都会及时上报朝廷。康熙三十六年（1697）正月，噶尔丹派儿子色布腾巴勒珠儿到哈密巴里坤（牧场、粮仓）征粮。额贝都拉得到消息，派自己的大儿子郭帕伯克率领三百骑兵擒获了他们，并把他们送入嘉峪关，献给了清朝廷。

噶尔丹对额贝都拉怀恨在心，随时准备进攻哈密。但到了三月，在清军打击下，噶尔丹已是众叛亲离、四面楚歌，在走投无路的情况下，只好服毒自杀。

噶尔丹叛乱被平定，整个新疆重新归入清朝统治之下。额贝都拉在清朝统一大西北的过程中立下了汗马功劳，康熙皇帝对他格外赏识，下诏赐额贝都拉一等札萨克，沿袭达尔汗号，世袭罔替。

康熙三十六年（1697）十月，康熙派理藩院郎中布尔赛到哈密为额贝都拉授予一等札萨克大印和回王大印；同时，编旗设队。额贝都拉派长子郭帕伯克率领百人到嘉峪关迎接。当布尔赛来到哈密时，额贝都拉按照维吾尔民族礼仪隆重接待了他。在酒席宴前，奉上哈密的美味羊肉；饭后，额贝都拉又让人送上美味的加格达甜瓜作为餐后甜点，招待布尔赛。布尔赛第一次吃到这种风味的甜瓜，而且是在冬天。内地西瓜、甜瓜等都是夏天才有，很少能够保留到冬天。于是，布尔赛对这种美味的甜瓜产生了巨大的兴趣，问长问短。

问者无意，听者有心。

康熙在位的第三十七年（1698）秋天，额贝都拉接到朝廷圣旨，要他到京城北京去觐见康熙皇帝。额贝都拉一方面很兴奋，因为他对康熙皇帝仰慕已久，早想见到这位在他眼里雄才大略的一代帝王；但另一方面，他又有点小头痛：第一次觐见康熙皇帝，带点什么礼物好呢？

布尔赛对甜瓜的喜爱，以及内地冬天里没有新鲜甜瓜的情况，使额贝都拉突发奇想，能不能把加格达甜瓜作为特殊的礼物，献给康熙皇帝呢？他又征询布尔赛的看法，布尔赛一听，当然可以，康熙皇帝也一定喜欢。就这样，额贝都拉决定把哈密瓜作为礼物。

不过，哈密瓜有几十个品种，带哪一种好呢？当时已到了十月，正是加格达甜瓜成熟的季节。这种瓜个头大，汁液多，味道好，外皮比较厚实，适合长途运输。

于是，额贝都拉当即决定，在王府瓜窖中挑选了一百个上好的加格达甜瓜，经过精心包装，驮运在骆驼背上，组成一支特殊的队伍，随着自己一块进京朝觐。

经过近两个月的长途跋涉，在元旦（古时候的元旦就是今天的春节）朝会之时，额贝都拉正式受到了康熙皇帝的接见。

见到康熙皇帝，额贝都拉呈上特意从遥远的哈密带到京城的加格达甜瓜。康熙皇帝也是平生第一次品尝到这甜似蜜、脆似梨、香醇可口的美味，赞不绝口，并赏赐给在场的群臣都尝尝。

康熙皇帝问额贝都拉，这瓜叫什么名字？额贝都拉介绍，这是哈密的甜瓜品种之一，叫加格达。不过，哈密有几十种不同的甜瓜品种，但没有统一的名称，请皇上赐个名称吧。

康熙皇帝略一思索，就说：既然这种甜瓜产自哈密，又是你额贝都拉不远万里辛辛苦苦从哈密带来的，就叫"哈密瓜"吧。

从此之后，哈密瓜的名字就确定了下来，一直沿用到现在。

第二年，额贝都拉返回哈密时，康熙皇帝特别下诏从京城派去了汉族工匠，随额都贝拉一同返回哈密，在原蒙古王府的基础上，设计重建回城和王府。历时七年，康熙四十五年（1706），回城和王府正式落成。建成后的回城和王府规模宏大，仿照中原特色，周长四里（或称每面2公里），外有护城河，上墙高台，琉璃瓦顶，飞檐斗拱，雕梁画栋，园林交错，花果飘香，是当时新疆境内规模最大、最具有中原特色的一座庞大宫殿建筑。它融合了维汉两族人民的智慧，建筑构造既体现了伊斯兰古典建筑的艺术风格，又融合了汉族建筑艺术的特点，规模之大，建筑之美，在当时的新疆是独一无二的。在设计建造时，额都贝拉还特意交代设计师在王府花园的东北角建了一座具有中国古典庙宇风格的万寿宫，里边供奉康熙皇帝的牌位，每年春秋两季，回王和哈密官员都要到此举行祭祀活动。

在这座回王府里，从第一代回王额贝都拉起，到最后一代回王（沙木胡索特）去世止，哈密回王共传九世，长达233年（1697~1930），是清朝西域维吾尔贵族中维持统治时间最长的，这充分显示出康熙皇帝以及后来的清朝廷给予回王的恩宠和信任。

历代回王也深念康熙皇帝的充分信任和巨大恩宠，所以，他们在协助清朝派驻哈密的地方官有效管理哈密的同时，额都贝拉还给历代回王规定，年年都要向朝廷贡上哈密瓜，这个习惯一直持续了二百多年。

为了保障贡瓜的质量，额都贝拉回到哈密后，选择小南湖、大南湖等膏腴之地，开辟贡瓜园；挑选富有经验的瓜农，免除他们的各种杂税，让他们专门从事贡瓜种植。到了七月，挑选上乘的瓜，挂上标牌。等到十月初，加格达瓜成熟时，采摘下来，经晾晒后，装入特殊的木箱固封；然后，派出贡使，用骆驼、骡马装载驮运，日夜兼程，于腊月祭灶前送达京城，保证每年元旦朝会上，皇上和大臣们都能享用到哈密贡瓜。

清光绪年间，进士、翰林院编修宋伯鲁被派驻新疆，在途中正好遇到哈密的贡瓜驼队，触景生情，赋诗一首：

> 龙碛漠漠风抟沙，胡驼万里朝京华。
> 金箱丝绳慎包匦，使臣入献伊州瓜。
>
> ——宋伯鲁《食哈密瓜》[1]

伊州指的就是哈密。宋伯鲁在这首诗中，形象地描写了回王每年向京城贡瓜的情景。贡瓜一直持续到宣统元年（1909），因为路途遥远，花费太大，从而停止贡瓜。自此，贡瓜历史画上了句号。

不过，一提到进贡，很多人会认为这是皇帝的一种奢侈享乐行为，劳民伤财，是古代的一种弊政。可我觉得，也不能这么简单地下结论。

在封建时代，地方政府或者各附属政权向朝廷进贡，是一种必要的礼仪，

[1] 哈密地区地方志编纂委员会：《哈密瓜志》，新疆人民出版社，2011年版。

是"普天之下，莫非王土；率土之滨，莫非王臣"的一种表现方式。所以，地方政府或附属政权把具有地方特色的一些产品拿来贡献朝廷，是一个再正常不过的行为，很多并非出于被迫，额贝都拉的行为就是个典型。贡瓜行为，对哈密的经济和文化发展产生了深刻影响。

首先，给哈密瓜带来了巨大的声望。康熙赏赐的瓜名，年年岁岁不远万里进贡朝廷，使越来越多的人品尝到了哈密瓜，越来越多的人知道了哈密瓜的大名。所以，哈密瓜成为贡品实际上等于年年都在做广告宣传，而贡瓜本身只不过是哈密人交出的广告费用罢了。逐渐地，哈密瓜成为内地无人不知、无人不晓的甜瓜品种，而这个品牌就是额贝都拉和康熙皇帝联手打造的。

其次，影响了哈密的经济结构。如果仅仅是皇帝、后妃和少部分大臣才能吃到哈密瓜，哈密瓜的名声还不会那么大，关键是普通老百姓能不能吃上哈密瓜。因为贡瓜受到内地人的喜爱，哈密当地的维吾尔族和汉族的很多农民也逐渐改变了他们的种植习惯，开始从粮食作物改种哈密瓜。而来往于丝绸之路上的商人当然也早就嗅出了哈密瓜中蕴含的巨大商机，开始把大量的哈密瓜通过长途运输销往内地市场。所以，晚清以后，在我国内地的大城市里就可以买到哈密瓜。

乾隆年间，纪晓岚因事遣戍乌鲁木齐，在那里待了两年后被放回北京。其著作《阅微草堂笔记》中写道：

> 西域之果，蒲桃（葡萄）莫盛于吐鲁番，瓜莫盛于哈密。
>
> ——纪晓岚《阅微草堂笔记》[①]

1985年，中共中央总书记胡耀邦到哈密视察工作，在地区干部大会上说："吐鲁番的葡萄，哈密的瓜，库尔勒的香梨顶呱呱。"还把哈密瓜称为"天下第一瓜"。

---

① 纪昀著，韩希明译注：《阅微草堂笔记》，中华书局，2014年版。

所以，直到今天，要说新疆的瓜果，一般人都知道吐鲁番的葡萄、哈密的瓜，以及库尔勒的香梨。

数千年种植哈密瓜的传统，甚至影响了哈密人的生活方式。比如，今天，哈密民间还流传着不知从什么时候传下来的"猜瓜"和"打瓜"的娱乐形式。

什么是猜瓜呢？在哈密瓜大量上市的季节，哈密大街小巷都是卖哈密瓜的车子或者摊位。猜瓜就是邀上几个要好的哥们儿，来到瓜摊前，随便拿起一个哈密瓜，伙伴们来猜：瓜有几分熟，瓜瓤是什么颜色，瓜肉的甜度如何，瓜籽是多是少……一个个轮流猜；都猜完了，当场把瓜打开。猜得准、猜得好的不用掏腰包，猜得最差的乖乖地把钱掏出来付账。就这样，吃完一个，再猜下一个，直到尽兴为止。

那么，"打瓜"又是一种什么游戏呢？也是一帮朋友，来到瓜车或瓜摊前，挑选出皮薄、肉多、熟透的哈密瓜，把哈密瓜的两头用砖头或土块垫起来；然后，手拿石子（古时候拿铜钱或银圆），对准瓜使劲掷下去。如果"噗"的一声，把石子掷进了瓜里，算是打得好；如果打不进去，或者打偏了，就得认输，掏钱请大伙儿吃瓜。如果几个人都打进去了，再挑出一个瓜，进行第二轮比赛，直到决出胜负为止。最后输了的人掏钱，其他人和围观者共享口福。

据记载，在古代，有些掷得好、手劲又大的人，甚至能把铜钱从瓜的上面打进去，从瓜心穿过，再从下面穿出来。这样的人就是民间"打瓜"的高手，碰到这种情况，同伴们和围观的群众都会鼓掌叫好；打瓜高手也会感到莫大的荣耀，会主动掏腰包，亲自杀瓜，与大家吃个痛快。

在南方，做客的时候，主人会请客人喝茶；在北方，做客的时候，主人会请客人吃饭；而在哈密，客人来了，要请客人品瓜。现在，哈密每年还会举办哈密瓜赛瓜会以及全国性的哈密瓜节，哈密瓜真正成了哈密首屈一指的文化符号。

当然，哈密瓜也是新疆众多农产品的代表，而且，这种农产品，本身并不是从中原往西亚或者从西亚往中原运输,而是在丝绸之路中间产生,向中原或者西亚贩运的物资。这说明了丝绸之路一个长时间不为人注意的特点:丝绸之路的许多地方,本身并非只是中转贩运的通道,而是将自己的特殊物产加入了贸易之中去。以前很多人认为,丝绸之路就是一个大通道,水过地皮干,人走茶就凉。这样的理解是不够全面的。通过对哈密、哈密瓜的研究,我们发现了丝绸之路上的古城本身也从事生产,他们的特产,也伴随着大通道影响着中原,融入了中原文化体系。

下一讲,我们将翻越哈密西部的火焰山,走进葡萄的圣地吐鲁番。

请看下一讲:甜蜜火洲吐鲁番!

【趣味知识自测题】参考答案

1.B 2.B 3.C 4.B 5.D 6.A 7.A 8.B 9.B 10.C

第十一章

甜蜜火洲吐鲁番

趣味知识自测题

1. 以下关于吐鲁番的描述中，不正确的是_____。

   A. 葡萄故乡　　　　B. 火洲　　　　C. 中国最低地　　　　D. 处在丝绸之路北道

2. 以下关于火焰山的描述中，不正确的是_____。

   A. 葡萄沟位于火焰山中　　　　　　B. 夏季最高气温可达90多度

   C. 能烤熟鸡蛋　　　　　　　　　　D. 能烙熟大饼

3. 吐鲁番是现存坎儿井最多的城市，挖掘坎儿井的次序依次是_____。

   A. 涝坝→暗渠→竖井→明渠　　　　B. 竖井→涝坝→暗渠→明渠

   C. 竖井→暗渠→涝坝→明渠　　　　D. 涝坝→暗渠→明渠→竖井

4. 玄奘取经路过吐鲁番，曾经得到高昌国王的热情款待，这位高昌国王是_____。

   A. 麴文泰　　　　B. 麴伯雅　　　　C. 氾惟表　　　　D. 卜天寿

5. 苏轼有一首诗说"将军百战竟不侯,伯郎一斗得凉州",讲的是伯郎用一斗葡萄美酒换得凉州刺史的事,这位"伯郎"指的古代富商是_____。

  A. 张让   B. 孟佗   C. 石染典   D. 曹延炎

6. 《簪花仕女图》是唐朝的一幅名画,这幅画的创作者是_____。

  A. 阎立本   B. 吴道子   C. 周昉   D. 张萱

7. 唐朝时期,有一种宠物经过吐鲁番传入我国内地,这种宠物是_____。

  A. 波斯猫   B. 哈巴狗   C. 鹞鹰   D. 猎犬

8. 吐鲁番文书发现于_____。

  A. 克孜尔千佛洞   B. 阿斯塔纳古墓

  C. 交河故城   D. 高昌古城

9. 唐朝的时候,城市交易都在固定的市场内进行,以下关于市场开闭时间的描述正确的是_____。

  A. 日出开市,正午闭市   B. 日出开市,日落闭市

  C. 正午开市,日落闭市   D. 正午开市,夜半闭市

10. 以下不属于《论语》的篇章是_____。

  A.《学而》   B.《为政》   C.《君道》   D.《公冶长》

【评分标准】共10题,总分100分。每题选择正确得10分,选择错误0分。

【评估等级】

大牛(对城市很熟悉):80~100分;

及格(对城市基本了解):50~70分;

菜鸟(对城市很陌生):0~40分。

注:参考答案附在本章末。

开篇的话

提起吐鲁番,可能很多朋友都会想到多年前流行的那首歌曲:

克里木参军去到边哨

临行时种下了一棵葡萄

果园的姑娘哦阿娜尔罕哟

精心培育这绿色的小苗

……

吐鲁番的葡萄熟了

阿娜尔罕的心儿醉了

——《吐鲁番的葡萄熟了》

2017年夏秋之际,我去了吐鲁番一趟,到了美丽的葡萄沟,品尝到了甜美的葡萄。

在那里,我发现,吐鲁番还有一个响亮的名字"火洲"。这个名称是怎么得来的呢?

吐鲁番位于新疆的东中部,在维吾尔语里,吐鲁番意为"低地"。这里,周围高山环绕,中间是一块盆地,盆地的最低处艾丁湖湖面低于海平面150多米,是中国最低、世界上第二低的地方。整个盆地年降雨量不足20毫米,十分干燥。夏季平均气温高达30度以上,最高气温高达四五十度,是我国夏季最热的地方。所以,才叫"火洲"。

说到这里,问题就来了:

既然吐鲁番是一片火洲,降雨量那么稀少,怎么能盛产甜蜜的葡萄?

难道葡萄生长不需要水来灌溉吗?

为了寻找以上两个问题的答案，我们先回忆一段《西游记》里的故事。

一、玄奘的吐鲁番经历

在《西游记》里，唐僧师徒取经中，曾经路过一座"火焰山"，这座火焰山什么样子呢？

火焰山遥八百程，火光大地有声名。
火煎五漏丹难熟，火燎三关道不清。

——《西游记》第六十一回[①]

这首诗里用了四个"火"字。火焰山有八百里火焰，火光冲天，周围寸草不生。拿《西游记》里的话说："若过得山，就是铜脑盖、铁身躯，也要化成汁哩。"后来，齐天大圣孙悟空从铁扇公主那里借来了"芭蕉扇"，才扇灭了火焰，唐僧师徒才翻过了火焰山。

孙悟空"三借芭蕉扇"的故事虽然是小说家虚构的，但火焰山却是真的。这座山位于吐鲁番盆地中央，山上的石头是红褐色的，在阳光照耀下，升温极快。夏季太阳直射在山上，气温可高达70多度。从远处看去，仿佛有熊熊烈焰从山上升腾，当地人说"能烤熟鸡蛋，能烙熟大饼"。所以，得名"火焰山"。

其实，在历史上，还真的就有唐僧取经这回事。唐僧俗姓陈（名祎），法号玄奘，河南洛阳人。根据文献记载，当年玄奘从长安出发到当时的天竺（也就是今天的印度）去取经，的确曾经翻越过吐鲁番附近的这座火焰山。不过，火焰山不仅没有把玄奘熔化，反而让他大开了一次眼界。

就在火焰山的山谷中，玄奘发现，有一条长长的水沟，溪流淙淙，林木茂密，

[①] 吴承恩：《西游记》，中华书局，2009年版。

空气湿润,与火焰山的炽热形成鲜明对比。玄奘举目望去,沟内种满了葡萄,一眼望不到边。玄奘看到的这条沟是什么地方呢?就是吐鲁番著名的葡萄沟。

任何植物的生长都需要水,但用水的方式不同。葡萄根需要水来浇灌,但葡萄却不需要雨水。特别是在葡萄将要成熟的季节,一下雨,葡萄就会烂掉。

那么,吐鲁番盆地既然那么缺水,火焰山怎么会有一个水源丰富的葡萄沟呢?

原来,火焰山自东向西横亘于吐鲁番盆地的中央。而吐鲁番盆地的地形很奇特,北高南低,北面是天山山脉的博格达山,海拔5000多米,常年覆盖着皑皑的白雪,这里的冰雪资源很丰富。但由于吐鲁番盆地太干热,博格达山的冰雪融水无法形成河流,流入博格达山南麓的吐鲁番市。所以,博格达山冰雪融水有一部分蒸发掉了,还有一部分渗入地下,成了地下潜流。有一部分地下水渗透到了火焰山底部,形成了葡萄沟的溪流。

不过,一个小小的葡萄沟,根本无法满足吐鲁番那么多人居住、生活的需要,其他地方生活的人们如何解决水的问题呢?

吐鲁番人很有智慧,既然博格达山和火焰山脚下都有潜流,于是,他们就在博格达山和火焰山的山脚下,根据地面植物的踪迹,寻找到潜流的位置。一般来说,地面上植物比较茂密的地方,往往地面以下就有潜流。找到地下潜水后,每隔20~30米打一眼竖井,将地下水汇聚,以增大水势;接着,依地势高低,在竖井底部凿通暗渠,引水下流;最后,在盆地低洼处,把地下暗渠的水由明渠引出地面,进入涝坝(调节水量的蓄水池);再由涝坝把水引到城乡居民区,或引入田地,灌溉葡萄园和其他庄稼地。

这种聪明地利用地下水源的方式叫什么呢?

坎儿井。

坎儿井是"井穴"的意思,早在《史记》中就有记载,当时称"井渠"。它是荒漠地区一种特殊的灌溉系统,在干旱缺水的吐鲁番地区曾经普遍存在。

坎儿井的设计和构造相当巧妙,无须用任何提水工具就能让地下水顺着地势，由高到低，自动流入城市或农田。因为水在地下流动，不会因为炎热、狂风而导致大量蒸发，所以，一年四季，流量稳定。

不过，开凿坎儿井，不仅需要丰富的生活经验，能够发现地下潜水；还要有高超的施工技术，能够保证施工的精准度；另外，还要求有强健的身体，特别是在百米左右的竖井地下施工，往往面临着缺氧的危险。所以，在吐鲁番当地语中，坎儿井读作"坎儿孜"，意思是勇敢者、能干的人。

是的，在古代那么原始的施工条件下，也只有勇敢者、能干的人才能把这项伟大的地下水利工程变成现实。

今天，吐鲁番还保留有近千条坎儿井。把这些坎儿井的长度加起来，达5000公里左右。所以，有人把坎儿井、万里长城、京杭大运河并称为我国古代的"三大工程"。一条条坎儿井不仅保障了城乡居民的生活用水，还灌溉着成千上万顷葡萄园，把火洲变成了一片片绿洲，构成了吐鲁番的生命之源。

坎儿井在吐鲁番的历史已经有两千年左右了。玄奘取经经过这里的时候是一千四百年前，他也一定亲眼看到了这项伟大的水利工程，品尝到了甜蜜的葡萄。

大家知道，佛教是从印度先传到西域，再传入我国内地的。所以，处在西域的吐鲁番比内地早接触佛教。根据史书记载，玄奘取经经过这里的时候，吐鲁番的佛教风气很浓厚。

按照原计划，唐僧本不准备去高昌。但到了哈密后，高昌国的国王麴文泰得到了消息，他仰慕唐僧的大名，就向唐僧发出了邀请，希望他能在高昌稍作停留，传经布道，唐僧就答应了。

没想到，见到唐僧后，高昌王麴文泰完全被他的虔诚、博学和风度折服了。而后，他想强行挽留唐僧，希望唐僧打消去西天（今印度）取经的念头，留在高昌国做大国师。唐僧当然不答应，为此，还绝食三天，在三天时间里滴水未进。麴文泰面对唐僧坚如磐石的西行决心，便放弃了强留唐僧的打算。

但是，他提出了两个条件：

第一，与唐僧结为生死弟兄；

第二，唐僧学成归来后，要在高昌停留三年，传经说法。

唐僧一一答应了。

当时，正值六月，是吐鲁番盆地最热的时候，麴文泰就请唐僧在那里"坐夏"。什么叫"坐夏"呢？这本来是一句佛教用语，就是在夏天天气炎热的时候尽量不外出，坐禅静修。而玄奘当年来到这里的时候是六月份，吐鲁番气温最高，人走在路上很容易中暑，所以，不是万不得已，最好待在家里。吐鲁番人掌握了这种气候规律，不仅僧人要"坐夏"，甚至来往于丝绸之路上的使者、商人们也往往停留在城内，减少外出活动，都在"坐夏"。唐僧在高昌停留了一个多月，每天为麴文泰，还有高昌的大臣、高僧们讲《仁王般若经》。

到了八月初一，天气渐渐转凉，唐僧该出发了。麴文泰都为他准备了什么呢？

物资方面。考虑到路途遥远，气候异常，麴文泰为唐僧提前制作了三十套法服；考虑到西土寒冷，又为他造面衣、手衣、帽、靴、袜等五十多件；同时，准备了黄金一百两，银钱三万枚，五百匹绫绢。在当时，这些金、银、丝绸，足够唐僧路途往返20年所需的全部开销。

人员方面。让唐僧剃度了四名小沙弥，以作为取经途中身边的侍者，照顾唐僧；同时，给唐僧配备了护卫25人，马30匹，组成了一支护送玄奘西行求法的团队。

为了让唐僧顺利通过众多西域小国，到达印度，麴文泰对玄奘沿途的行程做了周密估算和安排。对于唐僧沿途可能经过的24个西域小国，他提前给这些小国的国王书写了24封亲笔信，每一封信附大绫一匹作为见面礼。信中大致说，唐僧既是大唐的高僧，也是我的兄弟，你们见到他就像见到了我，请多多关照。

面对如此周密的安排和赠送，玄奘感激不尽。出发的那一天，高昌王与各寺僧侣、大臣以及高昌百姓倾城出动，送至城西门，高昌王与玄奘相拥泣别，在场的人无不感动。

按照《西游记》里的说法，唐僧是在三个徒弟的一路护送下，经过了重重艰难才最终到达印度的。其实，历史上真实的唐僧取经分为两个阶段：

第一个阶段，从长安到哈密。唐僧在没有得到朝廷允许的情况下私自秘密出境，一路上备尝艰辛，有时候连一口水都喝不上。特别是从玉门关到哈密的路上，要经过数百里的莫贺延碛，风沙漫漫，人迹罕至，只能沿着骆驼粪以及倒毙在路旁的白骨摸索着前进，可谓九死一生。

第二个阶段，从吐鲁番到印度。由于在吐鲁番得到了高昌王麴文泰的慷慨资助和周密安排，唐僧此后一路上几乎畅通无阻，根本没有经历什么九九八十一难。一路上也有条件可以周游中亚诸国，遍寻佛教圣迹，顺利到达印度。这段行程与此前由长安到哈密的行程相比，真有天壤之别。

所以，吐鲁番是改变唐僧取经命运的一个地方，而麴文泰是改变唐僧取经命运的那个人。不过，遗憾的是，等到十多年后唐僧从印度学成归国，载誉归来的时候，却没有到高昌履行讲经三年的承诺。为什么？

原来，就在唐僧离开高昌十多年后，高昌发生了大事。这件事还是与麴文泰有关。

隋末唐初的时候，中原地区战争不断，西域就被西突厥控制了。高昌恰好处在唐朝和西突厥的中间缓冲地带，高昌王麴文泰的态度左右摇摆，耍了个小聪明，既向唐朝表示归附，又不得罪西突厥。但骨子里，他觉得唐朝对西域鞭长莫及，所以，实际上倒向了西突厥一边，阻断了东西交往的丝绸之路——东边来的商人不让通过吐鲁番去西边，西边来的商人不让通过吐鲁番去内地。

唐太宗继位以后，着手经略西域，所以就在贞观十四年（640），派大军远征高昌，高昌王麴文泰失去了人心，被自己的臣子杀死，高昌国灭亡，唐朝把这里改为西州。而后，唐朝又在西域设立了安西都护府和北庭都护府，整个西域都纳入了唐朝管辖的范围。

在高昌国灭亡三年后,即唐太宗在位的第十七年,唐僧才从印度学成归国。在回国的路上,他已经得知高昌王麹文泰不在了,物是人非,他去那里徒增伤感,这是其一。其二,这时候的唐太宗也早已得知了唐僧的大名,所以,迫切希望唐僧早日归国与他相见,不要在路上耽搁太久。所以,唐僧回国时走的是丝绸之路的南道,走和田、阳关、敦煌回国的。此后,他再也没有到过高昌。但我相信,作为取经之路上的美好记忆,吐鲁番的那段经历应该永远珍藏在了他的心底。

大家知道,高昌国所在的吐鲁番是葡萄圣地,所以,唐朝灭高昌的时候,一个重大的收获是从吐鲁番得到了酿造葡萄酒的技术。而在此之前,内地虽然从张骞出使西域以后就开始种植葡萄了,但一直都没有掌握利用它酿造葡萄酒的技术。即使都城长安、洛阳的葡萄酒,也都是从西域进贡或由西域商人贩运到内地的。所以,葡萄酒在内地显得十分珍贵。

有这样一个故事。东汉末年的时候,一个长安扶风的大商人叫孟佗,他靠在丝绸之路上做丝绸生意发了大财,成了巨富。但他觉得经商太辛苦,所以,一直希望有机会捞个一官半职,走上仕途。那时候,宦官专权,皇帝成了傀儡,宦官的一句话就可以决定地方官员甚至封疆大吏的任命。汉灵帝的时候,都城洛阳有一个宦官叫张让,官居中常侍(宦官首领),专横跋扈,卖官鬻爵,权倾朝野。孟佗就想走张让的门路,他重金贿赂张让的家奴,通过家奴结识了张让。除了用金银财宝贿赂张让,有一次,孟佗给张让带来了一个特殊的皮囊,皮囊里装的是满满的葡萄美酒。

张让虽然整天过着花天酒地的生活,但葡萄酒却很难喝到,因为市场上根本没有卖的,偶尔,西域进贡来葡萄酒的时候,他才能品尝一点,葡萄酒的美味他记忆犹新。今天,孟佗送给他用这么精致的皮囊装着的这么多的葡萄酒,他大感意外。他知道,这一皮囊葡萄酒价值不菲,远胜过金银珠宝。

那么,孟佗的葡萄酒是从哪里弄来的呢?

葡萄的原产地在西方的波斯（今伊朗），也有人说在两河流域（今伊拉克）。这里的人们最早栽植葡萄，并掌握了用葡萄酿酒的技术。后来，葡萄和葡萄酒通过丝绸之路传入了我国新疆地区，由于吐鲁番的气候和土壤条件特别适合葡萄的种植，因此，吐鲁番就成了葡萄和葡萄酒的圣地。东汉末年的时候，葡萄酒的酿造技术传入了河西走廊，孟佗送给张让的葡萄酒就是由商人从吐鲁番贩运到河西走廊的武威，又从武威贩运到洛阳的。

怎么用一个酒囊盛装葡萄酒呢？这是吐鲁番人长途运输葡萄酒的传统器具。吐鲁番一带农业和畜牧业都发达，生活中善于制作使用各种皮革制品。这种皮囊用牛羊皮或薄薄的马臀皮等动物皮革精制而成，用来盛装葡萄酒，既坚实又柔韧，不易破碎，精巧耐用，盛装液体不漏，还能起到防止燥热、防止酒味挥发散失、防止密封不严酒被氧化污染等功能，比内地常用的盛酒的木桶或陶罐轻得多，特别适合牲口长途驮运。所以，它一直是丝绸之路上贡使或商贾从西域利用骆驼或马匹长途运输葡萄酒的主要器具。

内地人没有见过这种盛酒的皮囊，觉得很新奇，所以，内地人给这种东西起了一个很形象的名称，叫"酒囊饭袋"。乍听起来，觉得很贴切。后来，这一名称却逐渐演变成了贬义，说一个人没有什么能力，就是个"酒囊饭袋"。其实，它当初是吐鲁番人或丝路上的商贾长途运输葡萄酒必不可少的工具。今天，在西安、洛阳等地出土的大量载物骆驼陶俑，以及彩绘抱皮囊胡人俑，就形象地再现了皮囊与葡萄酒的关系。

吃人家的嘴软，拿人家的手短。既然这一皮囊葡萄酒这么不一般，张让不得感谢孟佗吗？他直接问孟佗有什么要求。孟佗猜不透张让的心思，不敢随便提。张让想了一想，就对孟佗说，最近凉州刺史（管辖甘肃河西走廊一带的地方官）出缺，你去做凉州刺史吧。

张让的一句话，使孟佗从一个富商，摇身一变成了朝廷的封疆大吏。

当然，孟佗挖空心思，公然行贿的行为是不值得提倡的。但如果没有张让那样公然卖官鬻爵的当权派，也不会出现孟佗那样的投机家。

这个故事流传很广，后来，宋朝大文豪苏东坡还有感于此，作过一首诗，其中写道：

> 将军百战竟不侯，伯郎一斗得凉州。
>
> ——苏轼《次韵秦观秀才见赠》[1]

苏东坡在这首诗里感慨道，无数将军百战沙场都未曾封侯，而伯郎（孟佗的字）仅凭一斗凉州的葡萄美酒就被任命为凉州刺史。

不过，自从唐朝灭高昌以后，吐鲁番的葡萄酒酿造技术就传到了内地。史书中没有记载长安人是如何掌握这种技术的，但我推测，除了了解葡萄酒酿造的严格程序外，应该有大量的吐鲁番酿酒师被带到了长安，把他们酿酒的技术亲手教给了长安人。这样，唐朝以后的人们才能够享用到醇香的葡萄美酒。今天，普通的老百姓都能够喝到葡萄美酒，追根溯源，还应该感谢吐鲁番的酿酒师们。

总之，在唐僧取经和葡萄酒酿造技术向内地传播的过程中，麹文泰都是绕不过去的人物，可以说是成也麹文泰，败也麹文泰。不过，麹文泰的故事还没完，就在唐僧取经路过吐鲁番之前不久，麹文泰还通过丝绸之路，给远在数千里之外的唐朝都城长安送去一样礼物。后来，这件礼物成了国人的新宠，至今还在影响着人们的日常生活。

那么，这件礼物是什么？它怎么会有如此大的影响呢？

二、哈巴狗的旅行

在很多朋友的印象里，丝绸之路上交易的要么是丝绸、茶叶、珠宝，要么是葡萄、哈密瓜、胡萝卜等。其实，还有很多今天看来很不起眼的小动物

---

[1] 苏轼著，王文诰辑注：《苏轼诗集》，中华书局，1982年版。

也通过丝绸之路来到了中原。今天，很多女性朋友喜欢的宠物哈巴狗就是通过丝绸之路从吐鲁番传到内地的。

那么，我们怎么证明这种宠物是从吐鲁番传入内地的呢？

20世纪70年代（1972），考古工作者在吐鲁番进行考古挖掘时，从一座唐代的古墓中出土了一幅破碎的丝绢画，经精心修复，画中显现了一幅迷人的场景。

这幅绢画刻画了多位妇女的形象。在画面中心，是正在对弈（围棋）的两位妇人。只见她们身穿华丽的薄纱，体态丰腴，举止端庄，显然是养尊处优的贵妇人。尤其是画面右手的那位妇人，端坐在围棋矮桌旁，手持一枚棋子，正准备落子，但又显得有些举棋不定。所以，后人给这幅画起了一个名字，叫《围棋仕女图》（或《弈棋仕女图》）。

值得注意的是，我们如果仔细观察就会发现，在画面中，有一个小孩，因为不懂围棋，所以，围棋盘上的厮杀跟他没有关系，他正在逗玩一只身型矮小、黑白相间、毛长拂地，显得十分机灵的小狗，玩得十分开心。

因为这幅画比较破碎、模糊不清，不容易呈现小狗的样子。我们可以参考一下唐朝画家周昉所画的《簪花仕女图》，和其中的小狗类似。

据考证，墓主人姓张，是唐玄宗天宝年间（742~756）吐鲁番的一个豪族。在唐代，绢画的作用是代替壁画装饰墓室的，内容大都表现死者生前的事迹或生活情景；而且，画面服饰与死者家属身份也相符合。由此，我们可以判断：这幅画描绘了一个炎热的夏天，张姓家庭的几位贵妇人下棋消遣的情景。

无独有偶，几乎在同一时间，在数千里之外的大唐都城长安，出现了几乎相似的场面。唐人段成式所著的《酉阳杂俎》（卷一）里，记载了这样一个故事：

> 上夏日尝与亲王棋，令贺怀智独弹琵琶，贵妃立于局前观之。

上数枰子将输，贵妃放康国猧子于坐侧，猧子乃上局，上大悦。

——《酉阳杂俎》①

唐玄宗天宝年间的一个夏日，唐玄宗与他的哥哥宁王李宪下围棋，让琵琶演奏家贺怀智弹着琵琶助兴。杨贵妃站在旁边观看，怀里抱着一只宠物狗，叫"康国猧子"。从书中描述看，这只"康国猧子"和阿斯塔纳古墓出土的绢画上的那只小狗几乎一模一样。

唐玄宗棋艺不怎么样，但又特别好强。这次，眼看又要输给宁王了，他急得额头上冒出了汗。杨贵妃看在眼里，灵机一动，心生一计，放开怀里的"康国猧子"，只见这只小狗蹦蹦跳跳就到了棋盘上，搅乱了棋局，棋被弄乱了，当然无法分出输赢。聪明的"康国猧子"替天子挽回了面子，唐玄宗龙颜大悦。

同样是在唐玄宗天宝年间，同样是在下棋消遣，而且同时都出现了一只相似的小狗。难道这只是一种巧合吗？

世上有很多无巧不成书的事，但这次巧合之间却有密切的关联。

据记载，唐高祖武德七年（624）：

（麴）文泰又献狗，雄雌各一，高六寸，长尺余，性甚慧，能曳马衔烛。云本出拂菻国。中国有拂菻狗，自此始也。

——《旧唐书》卷一九八②

吐鲁番的高昌王麴文泰又向唐朝的开国皇帝唐高祖进献了两只小狗，一雄一雌（看来此前也曾献过，但没有留下记载）。这两只小狗长一尺多，高只有六寸。但很聪明，聪明到什么地步呢？能用嘴叼着马缰绳牵马，晚上的时候，还能用嘴衔着蜡烛给主人照明。这种狗出自拂菻国，所以叫拂菻狗。

---

① 段成式撰，曹中孚校点：《酉阳杂俎》，上海古籍出版社，2012年版。
② 刘昫等：《旧唐书》，中华书局，1975年版。

中原地区有拂菻（或福菻）狗，就是从这个时候开始的。

拂菻狗怎么到了吐鲁番呢？

原来，这个拂菻国就是东罗马帝国，建都在土耳其的君士坦丁堡，那里盛产这种小狗。这种狗非常聪明、小巧、可爱，深受上流社会特别是女性贵族的喜爱，所以，丝绸之路开通后，拂菻狗就被商人贩卖到了中亚的康国（今中亚阿姆河、锡尔河流域），被康国人叫作"康国猧子"。再后来，拂菻狗又沿着丝绸之路来到了吐鲁番，成了吐鲁番上流社会的宠物。在吐鲁番阿斯塔那出土的《围棋仕女图》正好描绘了吐鲁番的贵族妇女们把这种狗当成宠物的情景。

与此同时，这种狗也成了唐朝宫廷贵妃们的新宠。甚至到了唐朝后期，这种宠物狗还流传到了四川的成都。

成都女诗人薛涛曾作过一首诗：

> 驯扰朱门四五年，毛香足净主人怜。
> 无端咬着亲情客，不得红丝毯上眠。

——薛涛《犬离主》[①]

薛涛在诗里说，这条小狗已经在家里驯养了四五年，毛香足净，很讨主人的欢心。但有一次，这只小狗无端地咬了一位前来串门的亲戚一口，从此之后，主人就惩罚它，不让它睡在红线丝毯上了。

这首诗很形象，也足以说明这只宠物狗受宠爱的程度，也证明在成都生活的薛涛对这样的小狗非常熟悉。

以上我们说到了吐鲁番绢画里的拂菻狗、杨贵妃怀里的那只"康国猧子"、《簪花仕女图》里的犬，以及薛涛诗歌里的那只无名犬，这几种犬是不是同一种犬呢？后来，很多学者进行了大量研究。著名史学家陈寅恪先生最后下

[①] 《全唐诗》，中华书局标点本，1960年版。

了一个结论：无论拂菻狗，还是康国猧子，以及《簪花仕女图》里的犬、薛涛诗里的那只无名犬，最初都来自拂菻国，也就是东罗马帝国，是同一种犬沿着丝绸之路传入我国的过程中不同时期的叫法。到了后来，我国民间统一把这种狗称作"哈巴狗"，至今未变。

看来，女性朋友喜欢哈巴狗已经有一千多年的历史了，这也是丝路文化交流长河中一朵小小的浪花吧。

通过哈巴狗，我们看到了吐鲁番这个地方的贸易特点，它已经完全突破了丝绸、茶叶这些用品，甚至涉及了鲜活的宠物。这让许多考古人员和历史研究者感到很好奇，也觉得有责任把那个时代的事情搞清楚。于是，为了研究这个问题，开始了古墓挖掘和古市场的研究。结果，一研究，还真有很大的成果。

三、吐鲁番的市场交易

20世纪六七十年代，考古工作者在吐鲁番市区东部不远处一个叫阿斯塔那的地方，发现了一大片古墓。据考证，这里曾是西晋到唐代中期吐鲁番城市民的公共墓地，除出土了大量珍贵的文物，从中还发现了大量纸质的文字材料和绘画作品。大家知道，唐朝的时候，我国的印刷术还不成熟，所以，很多东西是靠手抄写在纸上的，有一些纸质的东西就作为随葬品埋在了地下。由于吐鲁番地区干旱少雨，阿斯塔那古墓中出土的很多纸质资料还保存完好，这些珍贵的材料，为我们还原当年吐鲁番人的生活情景提供了难得的素材。这些资料经后人整理以后，统一称作吐鲁番文书。

其中，有一些文书就为我们呈现了盛唐时期吐鲁番繁荣的商品交易情景。

话说唐玄宗天宝年间（天宝二年，743）的一个初秋，天刚蒙蒙亮，吐鲁番市丞汜（范）惟表就来到州府办公室。在唐代，城市有固定的商品交易市场，政府设立管理机构，由市令、市丞等官员对市场进行管理。

今天，氾市丞的顶头上司——市令有事不在，作为吐鲁番管理市场贸易的二把手，他担起了市场管理的全责。

他首先查看了最近商品交易的物价。因为按照唐律规定，每十天要定期对市场上的物价进行评估，并按照质量好坏，定为上、中、下三种价格。看完物价表，氾市丞又处理了一些公文。然后，他倒了一杯茶水，慢慢品味着浓浓的茶香。将近正午的时候，他来到城南的市场上，让手下人击鼓开市——北宋以前，包括唐朝在内的早期朝代，从都城到地方的城市交易都必须在固定的场所即"市"内进行：上午开市交易，日落前闭市。

这是吐鲁番城内最大的一个集市，来自中原和西域各地的商品都要在此交易。氾市丞倒背双手，时而手拈短须，抬眼望去，只见市场内商铺林立，谷麦行、米行、果子行、彩帛行、器乐行、驼马行、中药行、珠宝行、皮毛行、香料行等人头攒动，交易热烈。于是，他心情大好，悠然地穿行在热闹的集市上。

迎面不断碰见熟悉的商人们，有来自中原的商人，也有来自康国、石国的粟特商人。他们穿着五颜六色的服装，操着不同的语言，但一个个都笑逐颜开，和迎面走来的氾市丞打着招呼。

因为吐鲁番东连河西走廊，西通西域诸国，是丝路贸易的重要集散地，吐鲁番又对东来西往的商人们采取了优惠的税收政策，所以，吸引了各地的商人在这里设立固定的商铺，从事商品批发和零售。时间长了，这些商人和管理市场的氾市丞就熟悉起来了。对于这些熟悉的商人的热情招呼，氾市丞还时不时说几句不太熟练的粟特语进行回应。

氾市丞先走进了热闹的驼马行，迎面碰到了一位熟悉的商人石染典。石染典祖上来自石国，是所谓的粟特商人，本来是行商，来往于西域的丝绸之路上做买卖。后来，石染典看到吐鲁番处在丝绸之路贸易的要地，城市生活舒适，于是，就在这里定居了下来，入了当地的户籍，靠在吐鲁番和哈密之间做葡萄、哈密瓜等土特产的转手贸易谋生。马匹是他从事贸易活动必不可少的交通工具，所以，石染典先后购买了数十匹马，组成了一个一定规模的商队。石染典看到氾市丞，赶忙过来和他打招呼。石染典告诉氾市丞，随着贸易量的扩大，他的马匹不够用了，所以，春上的时候，就在这个行市里，他用十八匹大练（练帛两端相向卷，合为一匹，大约四丈，相当于五百文钱左右）买了一匹六岁的马。这次来行市里，他又看中了一匹五岁的马，已经和卖主讲好价钱，准备用十七匹大练买下来，继续扩大他的商队规模。氾市丞听了，非常高兴。

离开了驼马行，氾市丞又信步来到了彩帛行。这里既有从内地贩运来的品种繁多的丝绸，又有吐鲁番当地的特产白叠布（吐鲁番出土的一种棉布，绵软白皙，在当时十分珍贵，是贡品之一）。凑巧，他又碰到了一对熟悉的商人。一个叫李绍瑾，是从内地来到吐鲁番的丝绸商人；另一位叫曹炎延，是从曹国来到吐鲁番的粟特商人。他们两人是在丝绸贸易过程中认识的，相互之间培养了感情，后来，两人就合伙做起了生意，在吐鲁番和伊犁河谷之间贩运丝绸、白叠布，生意非常红火。这一次，听说彩帛行从苏州、常州新进了一批上好的丝绸，所以，特意来批量购买。

氾惟表看在眼里，喜在心上。虽然夏天的高昌天气异常炎热，但他想到自己的官职不大，却关系到高昌城市的商业繁荣和百姓的经济生活，心中觉得无比愉悦和自豪。

这是我根据今天发现的大量吐鲁番文书，还原的一个场景。

氾市丞、石染典、曹炎延、李绍瑾都生活在盛唐时期，他们都是真实的历史人物，都曾经是丝绸之路上的小角色、大忙人。这些人、这些场景仿佛让我们进行了一个短暂的穿越，穿越到一千多年前的吐鲁番，感受到了繁忙的丝绸之路情景。这一刻，偏处西北的吐鲁番仿佛就是一个微缩版的都城长安。

今天，我们买卖商品太方便了，在网上一点鼠标，快递公司就会把各地的货物为我们如期送达。但古代，买卖货物都得在固定的市场进行，一千多年前的吐鲁番就有这么繁华有序的市场和这么丰富的商品，真是令人刮目相看。

从以上几个事例来看，吐鲁番贸易无疑是繁荣的，吐鲁番人的生活无疑是火热的、甜蜜的。

不过，在吐鲁番出土的众多文献里，考古工作者还发现有这么一首诗，它一下子引起了人们的注意。因为诗里边竟然有错字！

这是为什么呢？

考证后发现，原来这是一个孩子写的诗。

四、唐朝学生的作业

从大处说，孩子是一个国家、一个民族的未来；从小里说，孩子是一座城市、一个家庭的未来。所以，自古至今，我国都非常重视对孩子的教育。

那么，古代吐鲁番的孩子是如何学习的？那些孩子的学习方式又给我们展现了一个什么样的吐鲁番呢？

我们以唐朝时期吐鲁番一个12岁孩子的学习为例。

在吐鲁番阿斯塔那出土的很多资料中，有一份很有意思的资料：一份手抄的《论语郑氏注》。在抄本的末尾还附有几篇抄写人自己创作的诗词和杂录。这一发现在当时引起了很大震动。

这个抄本的抄写人是一个年仅12岁的孩子，名叫卜天寿，吐鲁番人。

大家知道，《论语》辑录了孔子生前的言行，是儒家思想最重要的典籍。《论语》有很多注释本，其中，汉代的经学家郑玄注释的版本就叫《论语郑氏注》。这个本子在唐代以后已经失传了，没想到，在吐鲁番重新被后人发现。

抄本出土的时候，卜天寿抄写了《论语》的前五篇——《学而》《为政》《八佾》《里仁》《公冶长》，抄写得工工整整，一丝不苟。在抄完了《公冶长》之后，还标注了日期、姓名："景龙四年二月一日，私学生卜天寿。"

景龙是唐中宗的年号，景龙四年就是公元710年，距今已经1300多年了。

吐鲁番远在大西北，而且卜天寿只是一个12岁的孩子，他为什么抄写《论语》？又是什么人让一个12岁的孩子抄写这么多儒家经典呢？

卜天寿亲自写下的"私学生"几个字透露了其中的玄机。

原来，唐朝时期的吐鲁番叫西州，其行政管理制度和内地是一样的，内地的学校教育制度也随之在吐鲁番建立起来，所以，这里州有州学、县有县学，配置地方学官、博士等教授贵族子弟。孔庙也随之在吐鲁番建立起来，孔子的儒家思想也在吐鲁番得到了广泛传播。

除了政府主办的官学之外，由寺院资助的私学也开始在吐鲁番兴办起来，卜天寿所上的就是一所私塾。

这个私塾设在一个叫开觉寺的寺院里，由寺院资助附近穷人家的孩子，免费在这里读书学习。

寺院为什么有能力资助私塾？根据留下来的大量吐鲁番文书记载，吐鲁番的寺院经济发达，掌握了大量的葡萄园，往往靠出租葡萄园就能获得大量的经济收益。一些寺院就拿出多余的资金，做一些善事。于是，吐鲁番就有了大量的私学，也叫义学，即义务开办的学校。

当然，有学校就会有老师，有老师就会立规矩。卜天寿抄写的《论语郑氏注》应当就是私塾老师布置的作业，让学生按时抄写，认真领会。有趣的是，在完成了老师布置的作业之后，卜天寿这个孩子还作了几首诗歌，附在抄写本的后面。其中，有一首很稚嫩的五言绝句，为什么说这首诗稚嫩呢？我们看这首诗：

> 写书今日了，先生莫醎池。
> 明朝是贾日，早放学生归。
>
> ——卜天寿《五言绝句》

这个孩子把"莫嫌迟"写成了"莫醎池"，把"假日"写成了"贾日"，不是显得很稚嫩吗？但这些错别字恰好能证明这首诗是这个孩子作的。而且，错别字并不影响这首诗歌的价值。

一个12岁的孩子能作出这样的诗歌，而且基本押韵、规范，实属难能可贵。

而且，吐鲁番私塾的孩子还有假日，可以让孩子享受玩乐的时光。在诗的末尾，卜天寿还没忘了提醒老师，明天就是假日了，希望老师今天早点放学。看来，卜天寿是一个相当聪明伶俐，而且略带顽皮的孩子。

卜天寿的父母是谁？家庭是什么背景？父母是种植葡萄的农民还是牧民？我们都不得而知。但可以肯定的是：

首先，卜天寿不是一个豪门子弟，否则他不会到一个寺院里上私学。

其次，唐朝是一个诗歌繁荣的时代，盛唐的诗风也吹到了吐鲁番这个偏远的小城。

最后，一千多年前，中原儒家思想文化已经在吐鲁番扎了根，一个12岁的孩子就能了解孔子那么多的言论和思想，证明吐鲁番已经是一块被儒家思想文化滋润的沃土，文化教育应当得到了相当的普及，几乎和内地没有什么两样。

这样看来，卜天寿这个孩子随手写下的文字就不再是埋藏在地下的冰冷古籍，而是充满温度的人类心灵古今相接的鲜活写照。

今天，当我们再次唱着《吐鲁番的葡萄熟了》，走进吐鲁番这座丝路名城，去神圣的葡萄沟、震撼人心的坎儿井，以及厚重的交河故城、高昌故城、阿斯塔那古墓群参观时，都不由得心生敬畏。

我衷心希望丝绸之路留给中国文化的这份火热和甜蜜能够在吐鲁番延续下去，重新铸就新的丝路辉煌。

下一讲，我们将走进新疆的腹心，去领略天山中部的一颗丝路明珠。

请看下一讲：发现之旅话乌市！

【趣味知识自测题】参考答案

1.D 2.B 3.C 4.A 5.B 6.C 7.B 8.B 9.C 10.C

第十二章

发现之旅话乌市

趣味知识自测题

1. 唐朝一位诗人用"忽如一夜春风来,千树万树梨花开"描述了乌鲁木齐的风景,这位诗人是_____。

   A. 高适　　　　　B. 岑参　　　　　C. 王维　　　　　D. 王翰

2. 唐朝时期的乌鲁木齐地处丝绸之路_____。

   A. 北道　　　　　B. 中道　　　　　C. 南道　　　　　D. 青海道

3. 唐玄宗时期,北庭都护府的最高长官叫_____。

   A. 高仙芝　　　　B. 封常清　　　　C. 侯君集　　　　D. 李道宗

4. 乾隆时期,纪晓岚曾被发配到乌鲁木齐,纪晓岚在乌鲁木齐停留了_____。

   A. 一年　　　　　B. 二年　　　　　C. 三年　　　　　D. 四年

5. 全真教领袖丘处机曾路过乌鲁木齐到中亚去和成吉思汗见过面,当时,丘处机的年龄是_____。

　　A.50多岁　　　　B.60多岁　　　　C.70多岁　　　　D.80多岁

6. 一般认为，乌鲁木齐这个城市名称的意思是"优美的牧场"，它来自_____。

　　A. 匈奴语　　　　B. 突厥语　　　　C. 蒙古语　　　　D. 维吾尔语

7. "麦客"就是从内地出来收割麦子的客人，新疆出现"麦客"大军是在_____。

　　A. 明朝　　　　　　　　　　　　　B. 清朝

　　C. 民国时期　　　　　　　　　　　D. 中华人民共和国成立后

8. 乾隆时期，在乌鲁木齐的市场上，冬天买不到的商品是_____。

　　A. 海产品　　　　B. 荔枝　　　　　C. 柑橘　　　　　D. 豆腐

9. 以下关于清朝乾隆时期乌鲁木齐的描述不正确的是_____。

　　A. 有夜市　　　　　　　　　　　　B. 冬天燃煤取暖

　　C. 能欣赏戏曲　　　　　　　　　　D. 能欣赏相声

10. 清朝时期，新疆建省，乌鲁木齐成为省会，建省的时间在_____。

　　A. 康熙年间　　　B. 雍正年间　　　C. 乾隆年间　　　D. 光绪年间

【评分标准】共10题，总分100分。每题选择正确得10分，选择错误0分。

【评估等级】

大牛（对城市很熟悉）：80~100分；

及格（对城市基本了解）：50~70分；

菜鸟（对城市很陌生）：0~40分。

注：参考答案附在本章末。

开篇的话

大家知道，乌鲁木齐（简称乌市）是新疆维吾尔自治区的区委和区政府所在地，是新疆乃至我国西北地区的政治、经济和文化中心，在现代丝绸之路经济带上具有举足轻重的地位。

不过，也许很多朋友不知道，当新疆的哈密、吐鲁番、喀什等城市都已经成为汉唐时期丝路重镇的时候，乌鲁木齐这个名字还没有出现呢。

那么，汉唐时期的乌鲁木齐是什么样子？

它与丝绸之路有什么关联？

如果我们不相信一夜成名的神话，那么，历史上，是哪些人发现了乌鲁木齐这块美丽地方的价值？

乌鲁木齐又是怎么后来居上，成了新疆城市中的老大哥呢？

一、"千树万树梨花开"的乌市美景

很多朋友熟悉这样一首优美的唐诗：

北风卷地白草折，胡天八月即飞雪。
忽如一夜春风来，千树万树梨花开。

——岑参《白雪歌送武判官归京》①

北风席卷大地吹折白草，八月里胡地就飘起了大雪。远远望去，仿佛一夜之间春风吹来，梨花竞相开放在枝头。这首诗的前两句告诉我们，在塞外

---

① 《全唐诗》，中华书局标点本，1960年版。

的某个地方，北方呼啸，把牧草都吹断了，八月里就降下了大雪，给人一种寒冷、萧条的印象。但接下去，诗人却话锋一转，用"忽如一夜春风来，千树万树梨花开"，给人传递出活泼、欢快、美丽、动人的感觉。这两句诗成为形容雪景的佳句，世代流传。诗人描述的这个地方也为后人所向往，很多人都试图寻找这个地方，去亲身体验大雪之后"千树万树梨花开"的美景。

那么，这位诗人是谁？这首诗到底描述的是哪里的美景呢？

这首诗是唐代著名的边塞诗人岑参创作的，出人意料的是，诗人描述的竟是一千多年前乌鲁木齐的美景。

岑参（715~769）是河南南阳人，唐玄宗时期考中了进士，虽金榜高中，但这并没有给他带来仕途的顺利。为此，岑参决定学习班超，投笔从戎去边塞建功立业。所以，他曾两次出使西域，出使时间加起来将近6年，其中整整3年都居住在一个叫轮台的地方，这是他在新疆居住时间最长的一个地方。

那么，轮台在哪里呢？

轮台位于天山中段的北麓，是一块丘陵地带，地点就在今乌鲁木齐市东南郊（乌拉泊水库南侧，今天还依稀可见这座古城遗址）。所以，可以说，岑参诗中描述的轮台就是乌鲁木齐的前身。

岑参为什么会驻守在轮台呢？

这个地方地处天山北麓东西要道，翻过天山又可以到达南疆。汉代的时候就曾经建有城池，派军队在这里把守。到了隋唐时期，这里成了新开辟的丝绸之路北道的必经之地。从这里，沿着天山北麓向西可以到达伊犁河谷，通向中亚和地中海沿岸，地理位置非常重要。唐朝在这里设置了征税点，负责向来往于丝路北道的客商征税。

这是岑参第二次出使西域，时间是在唐玄宗天宝十三年（754）。

当时，岑参的身份先是北庭都护府的判官，后任支度副使。北庭都护府是唐朝设在新疆的一个军政机构，管辖天山北部的广大地区，治所在今新疆的吉木萨尔。北庭都护府的最高长官叫封常清，这个人从小在新疆长大，作战勇敢，富有谋略，所以，受到了唐朝廷的重用，担任西北军政要职。岑参第一次出使新疆的时候，就与封常清相识了。当时，两人都在安西都护府高仙芝手下做幕僚，彼此对对方的才学都很欣赏。所以，封常清就任后，就诚恳地邀请岑参加入他的幕府，盛情难却，岑参就答应了，他再次从长安跋涉数万里路程，来到了新疆。

封常清先是任命岑参为幕府的判官，判官是都护府的重要幕僚，主要职责是出主意、想办法，协助封常清指挥军事；后来，又提拔他为支度副使，主管军队的后勤供应，相当于驻军的后勤部部长。所以，岑参既是参谋，又是将军，然后才是诗人。

考虑到轮台在北庭都护府的重要地位，封常清把岑参派驻在轮台，一方面主持轮台军务，同时负责征收商税，保障大军的粮草和资金供应，可谓责任重大。

作为常年在气候温暖的内地生活的诗人，岑参感到轮台的气候和环境太特别了。这里正处在天山北坡，远远望去，天山山顶的冰雪熠熠闪光，风大、雪大，气温低，发源于天山的乌鲁木齐河自南而北流过轮台。冬天到来的时候，最大的风有多厉害呢？岑参留下了这样一首诗：

> 君不见走马川，
> 雪海边，
> 平沙莽莽黄入天。
> 轮台九月风夜吼，
> 一川碎石大如斗，
> 随风满地石乱走。
>
> ——岑参《走马川行奉送封大夫出师西征》①

---

① 《全唐诗》，中华书局标点本，1960年版。

轮台城外的走马川就是丝路北道的大道。这里一入冬，风就特别大。据现代气象部门检测，这里的风速最大可达每秒五六十米，大风甚至能把铁路上的货车吹翻，把走马川的大石头吹得在地上乱滚也就很正常了。

但在岑参眼里，正是这种特点才使大西北的江山显得那么壮美。所以，两次出使新疆的时候，他先后写下了70多首诗，深情歌咏了新疆的山水、沙漠、戈壁、风雪等自然风光和人文习俗。这些诗歌大多采用了写实的风格，成为我们了解当时的新疆历史、文化的珍贵资料，就如同新疆的"史诗"。其中，有十余首诗歌都写到了轮台（也就是乌鲁木齐）。

前面我们提到的那首诗创作于唐玄宗天宝十三年（754），是岑参刚来北庭都护府就任判官的时候写的。诗歌的题目是《白雪歌送武判官归京》，这位武判官是他的前任。岑参来了，武判官任职也正好期满，返回都城长安。当时正是阴历八月，就是现在的阳历九月，乌鲁木齐在那时候下雪是常有的事。而岑参就在轮台城东门外，送武判官归京，写下了这首千载流传的好诗。诗的最后两句，又一次提到了轮台的雪景：

  轮台东门送君去，去时雪满天山路。
  山回路转不见君，雪上空留马行处。
——岑参《白雪歌送武判官归京》①

从此之后，梨花不仅成了雪花的代名词，而且，也使早期的乌鲁木齐以"轮台"这个名称著称于内地，给乌鲁木齐增添了迷人的色彩。

不过，从岑参的描述里，我们也会发现，唐朝时期的乌鲁木齐肯定不够繁华，否则，不可能是"北风卷地白草折"的荒凉景象。但是，由于乌鲁木齐处于天山的中部，是连接辽阔新疆东西部之间的一个重要地点，因此派兵把守，一方面把那里作为军事重镇，另一方面把那里作为丝绸之路北道上的

---

① 《全唐诗》，中华书局标点本，1960年版。

一个征税点，这样才使岑参在那里留下了一段难忘的经历。

就在岑参离开轮台四百多年后，一位元朝的道士也怀揣着梦想，在73岁高龄时从内地来到了乌鲁木齐。

那么，这位道士是谁？他又在乌鲁木齐有哪些新发现呢？

二、丘处机游览天池

南宋末年的时候（1221），一位传奇式的道教领袖丘处机，不远万里从中原来到了乌鲁木齐附近，登上了天山，特意游览了天池。那么，丘处机为什么会来到乌鲁木齐呢？

喜欢武侠小说的朋友大多都知道丘处机（1148~1227）这个人物，在金庸先生的《射雕英雄传》里也讲到丘处机，一把剑天下无敌，非常了得。

小说大多带有相当大的演绎成分，当然不可全信。但历史上，丘处机却实有其人，而且名气很大。他生于南宋，曾是全真教的领袖，人称"活神仙"，是个了不起的道教人物。

不过，很多人想不到，"活神仙"这个称号是成吉思汗封赏给丘处机的。而要说到丘处机与成吉思汗的缘分，必须提到一段与乌鲁木齐有关的丝绸之路的故事。

丘处机，山东登州（蓬莱）栖霞县人，道号长春真人。他从小苦读《道德经》，以老子思想为正宗，但又不拘于成法，兼收并蓄，关注现实，成为名震中原的全真道领袖。广大北方地区加入全真教的群众越来越多，丘处机的名声和影响力也越来越大。

就在这个时候，一纸请柬递到了丘处机手里——蒙古草原的英雄成吉思汗向丘处机发出了邀请，想请丘处机和他见面。成吉思汗当时在哪里？远在遥远的中亚阿富汗一带。这个时候，丘处机已经73岁高龄了。

出人意料的是，丘处机竟然接受了邀请。

难道丘处机是被"弯弓射大雕"的草原英雄给迷住了，还是对成吉思汗有什么非分的索求呢？其实，都不是。

根据史书记载，丘处机接到成吉思汗的邀请后，挑选了18名弟子，开始了从山东到中亚的一场万里长征。当时丘处机西行的路线是：从山东出发，先到北京做短暂停留；然后，向西横贯蒙古草原，再向南翻越新疆北部的阿尔泰山，南下来到乌鲁木齐一带；再沿天山到伊犁，最后，到达中亚阿富汗的大雪山（今阿富汗兴都库什山）成吉思汗行营。路上走走停停，用了将近一年的时间。

成吉思汗在位的第十六年（1221）九月的一天，丘处机来到了乌鲁木齐附近，登上了天山，特意游览了天池。只见天池周围雪峰环绕，倒映入池中，仿佛是镶嵌在天山上的一面镜子。

当时，丘处机已经73岁高龄了。丘处机为什么不顾年迈，一定要亲眼看看天池呢？

因为天池与一个道教神话传说有密切的关联。据《穆天子传》记载，三千年前，周穆王曾驾着日行万里的八匹骏马周游天下，最后到了西王母之邦。西王母是西王母之邦的主人，是传说中的神仙，掌管着人间的长生不死之药，而实际上她有可能是当时西部某族群的女性英雄或领袖。西王母在瑶池设宴，盛待周穆王。分手时，周穆王依依不舍，西王母劝饮再三，即席歌曰："诸君长寿，愿君再来。"这个记载在我国流传很广，唐朝诗人李商隐还因此创作了一首诗：

瑶池阿母绮窗开，黄竹歌声动地哀。
八骏日行三万里，穆王何事不重来？

——李商隐《瑶池》[①]

[①] 《全唐诗》，中华书局标点本，1960年版。

这首诗把周穆王与西王母的相会描写得优美动人，从此以后，瑶池就成了人间最美丽的一个地方，勾起了人们的无限向往。

但《穆天子传》中记载的瑶池究竟在哪里一直都存在争议。一种说法在昆仑山，就是青海湖；另一种说法在天山，就是天池。

不管瑶池在哪里，都没有影响西王母地位的提升，后来，她成了王母娘娘，成了道教的最高女神。归根结底，丘处机是道教徒，对于西王母有敬仰之情，那是很自然的。他不顾年迈，登上天山，参观传说中的瑶池，当然在情理之中。

不过，看到了传说中的瑶池，联想到传说中掌管不死之药的西王母，丘处机也想到了自己此行的目的，一时心潮澎湃，不能平静。

他作为一个已经功成名就的古稀老人，为什么不远万里，冒着生命危险远赴中亚，要和成吉思汗见面呢？

他和成吉思汗见面，只有一个目的：规劝这位草原英雄"止杀"！简单地说，就是停止无谓的杀戮。

丘处机生活的时代，正处在金朝、南宋和北方兴起的蒙古互相对立的时候，战争不断。山东地区更成了争夺的焦点，多次发生战争，民不聊生。对战争给老百姓带来的苦难丘处机有清醒的认识，因此，力促统治者停止杀戮，救百姓于水火之中，就成为他传教济世的重要目标。而当时，金朝和南宋都处于江河日下的状况，成吉思汗领导的蒙古部落却在迅速崛起，所以，尽管金朝和南宋也曾数次征召丘处机，请他出山，辅佐朝廷，但都遭到了丘处机的婉言谢绝。而当成吉思汗邀请的时候，他毫不犹豫地答应了，他答应下来也只有一个目的，规劝这位草原英雄力戒无谓的杀戮，尽快带给世界和平和安宁。

但这只是丘处机个人的想法。处在战争前线的成吉思汗有什么打算？他为什么诚邀丘处机见面呢？

成吉思汗成为蒙古大汗之后，连年征战，扩大了蒙古贵族的地盘，取得了辉煌的战果。但与此同时，也丧失了大量鲜活的年轻蒙古将士的生命。特别是他年过六十之后，深感身心疲惫、老之将至。这是人生的规律，是任何人都违背不了的森严的自然法则。当时,他身边的近侍官刘仲禄告诉他,在山东有一位全真教的道士丘处机,不仅道行很高,精通儒、道、释三教理论,而且据说有长生不老之术。成吉思汗心怀仰慕,于是,派刘仲禄为他的特使,不远万里,亲赴山东,邀请丘处机与他相见。

看起来,丘处机与成吉思汗怀揣不同的想法。

一路上,刘仲禄一直陪在丘处机身边,保障他一路西行的安全。同时,从刘仲禄那里,丘处机也得知了成吉思汗邀他相见的目的。他在盘算见面后,如何回答成吉思汗的问题。他心里明白,世间并没有长生不老之药,王母娘娘也只不过是世间的传说而已。在人世间,长生不老的唯有天和地,唯有这天山的瑶池。

想到这里,他似乎想好了应对成吉思汗的办法。

黄昏时分,他从天池北下,夜晚就留宿在了当年岑参描述的轮台城内,并留下了这样一首诗:

雪岭界天人不到,冰池耀日俗难观。

……

名镇北方为第一,无人写向画图看。

——丘处机《宿轮台之东南望阴山》[①]

据史家考证,诗中的阴山,就是天山,冰池就是天池。由于它处在天山博格达峰雪岭冰峰之间,因此,丘处机称之为冰池。在丘处机看来,雪岭界天的冰池是常人难以到达的地方,而他当时不顾高龄,攀登雪岭,亲自拜谒了神圣的天池。

最值得注意的是最后两句:"名镇北方为第一,无人写向画图看。"这里的名镇指哪里?当时丘处机是从他下榻的轮台仰望天山而创作的这首诗,

---

[①] 张晓松:《丘处机大传》,青岛出版社,2005年版。

很明显，名镇当然指他脚下的轮台城。

那么，丘处机所说的北方指哪里呢？

丘处机一路从草原地区走来，他诗中的北方应该指蒙古草原以及新疆北部地区的一些城镇。

那么，当时的轮台在北方真的称得上是第一名镇吗？

在唐代以后，轮台的军事功能不仅没有减弱，反而继续加强。与此同时，在轮台附近的天山北坡和南坡，由于降雪降水丰沛，因此，植被茂密，草场辽阔。到了宋朝晚期的时候，蒙古游牧部落就在天山南北草场进行游牧活动。乌鲁木齐这个城市名称就是在那个时候出现的，蒙古语的意思就是"优美的牧场"。

丘处机生逢乱世，从动荡不安的中原地区来到这里，亲眼见证了美丽的天池，发现了乌鲁木齐这块"优美的牧场"。在他看来，这里仿佛世外桃源，人们在这里安居乐业，没有刀兵之苦，因此，他对这座美丽的山城产生了偏爱，把它描述为"北方第一名镇"也就可以理解了。

这就是说，与唐朝相比，宋朝末年的乌鲁木齐在军事和丝绸之路北道的交通优势之外，又加上了一个畜牧的优势，不仅以"千树万树梨花开"著称于内地，而且以"优美的牧场"名扬天下。

几个月后，丘处机终于到达了目的地，在中亚的大雪山成吉思汗行营与成吉思汗见了面。当时，两个人年事已高（丘处机73岁，成吉思汗65岁），人生阅历丰富，可以说都已功成名就。所以，两人一见面就如老朋友般，有相见恨晚之感。两人之间有数次交心式谈话，而谈话的核心内容涉及两个问题：

第一个问题，成吉思汗问丘处机世间有没有长生不老药。丘处机坦诚地告诉他，自古至今，从来没有什么长生不老的仙丹妙药。但人可以通过合理的养生之道，达到延年益寿的目的。所以，他奉劝成吉思汗清心寡欲，特别是成吉思汗年事已高，更应该节制欲望、减少围猎，注意劳逸结合，合理养生。

第二个问题，成吉思汗向丘处机请教为治之要，丘处机回答应以敬天爱民为本。他特别强调，要想统一天下，必须得到人心，要得到人心，就不能大肆杀戮。

成吉思汗虽然没有从丘处机那里得到什么不死之药，但他被丘处机的坦诚直率和远见卓识，以及不顾古稀高龄跋涉万里与自己相见的行为深深打动，非常认同丘处机的看法，并表现出了对一个世外僧道少有的敬重，赐号"丘神仙"。第二年，丘处机离开成吉思汗，回到北京的白云观，数年后，在那里去世。

丘处机走的这段西行路线，从北京到乌鲁木齐之前，主要是草原丝路；而从乌鲁木齐到大雪山之间，就是丝绸之路的新北道。他往返三年，行程数万里，丝毫不亚于当年西行取经的玄奘。而且，丘处机这段西行经历由跟随他一道西行的一个弟子（李志常）编写成了一本书《长春真人西游记》，由此保留了当年丘处机登临天池，夜宿轮台的情景。

丘处机也的确不虚此行，到了后来，成吉思汗的孙子忽必烈建立了元朝，实行了相对开明的民族政策，减少了不必要的征战和杀戮，天山南北在元朝也成为蒙古游牧民的重要牧场。

不过，遗憾的是，唐宋时期的乌鲁木齐城市规模有多大，人口有多少，贸易繁荣到什么地步，在岑参和丘处机留下的诗歌中，我们都找不到准确的材料。

而到了清朝中期，乾隆时期名噪一时的大学士纪晓岚也来到了乌鲁木齐。很多人都知道纪晓岚的大名，他是一位真正的学问家和诗人，留下了大量关于那一时期乌鲁木齐城市发展状况的诗文笔记。

那么，纪晓岚为什么来到乌鲁木齐？他在乌鲁木齐又有什么不一样的发现呢？

三、纪晓岚被充军发配

就在丘处机离开乌鲁木齐五百多年后，清朝一位传奇式的大学士来到了乌鲁木齐，他就是清朝著名学者、诗人纪晓岚。

纪晓岚（1724~1805），名昀，字晓岚，河北沧州人，进士出身，饱读诗书，机智幽默，一生曾任兵部尚书、礼部尚书、协办大学士等要职，是乾隆皇帝身边红得发紫的大臣。可能是历史传说或者流行的电视连续剧（比如《铁齿铜牙纪晓岚》）虚构的缘故，很多人认为纪晓岚的仕途是一帆风顺的。

其实，纪晓岚在漫长的政治生涯中也曾受过挫折，而正是这次挫折，让他和乌鲁木齐结下了一生难解的缘分。

乾隆皇帝在位的第三十三年（1768），纪晓岚被擢升为翰林院侍读学士，翰林院是皇帝的智囊机构，侍读学士乍一听好像是陪皇帝读书的，其实是皇帝的顾问和谋臣。所以，此时的纪晓岚可谓春风得意。但天有不测风云，不久，纪晓岚被牵连到了一桩大案中，因为"漏言"而获罪。

这是一桩什么案子？纪晓岚怎么个"漏言"法呢？

这个案子是一桩盐案。大家知道，在古代，盐是国家垄断的专利产品，盐官往往是个肥缺。乾隆皇帝的时候，以扬州为中心的两淮地区掌管着国家盐业的命脉，每年上缴的盐税都居国家之首，所以，两淮盐运使就成为肥缺中的肥缺。而就在纪晓岚就职的数月之后，有人向朝廷告发，长期以来，两淮盐运使徇私舞弊，侵吞了大量国家的税银。乾隆皇帝非常痛恨贪污腐败的行为，所以，立即下令军机处彻查此案，历任两淮盐运使都被列入清查的范围。

纪晓岚因为在皇帝身边工作，就提前得到了这个消息。但从听到这个消息的那一刻起，他就再也坐不住了，可谓焦虑万分。为什么？这个案子牵涉他的一个亲家卢见曾。

卢见曾是山东德州人，曾两次任职两淮盐运使，这个时候已经卸任了，在德州老家养老。但按照规定，也属于被彻查的范围。卢见曾也是进士出身，富有才华，与纪晓岚交情很深，纪晓岚的大女儿嫁给了卢见曾的大孙子，就这样，两家成了亲家，来往更加密切了。纪晓岚知道，他这位亲家第一次任职两淮盐运使的时候，为人耿直，公事公办，可谓两袖清风；但第二次任职就有所松懈了，收受贿赂、截留税银的事情没少做。朝廷彻查，肯定会查出大问题。怎么办？纪晓岚知道朝廷的规矩，更知道乾隆皇帝向来最痛恨贪腐行为，他本应该遵守朝规，不泄漏朝廷机密，但卢见曾毕竟是自己的亲家，如果卢见曾一家遭了殃，自己的女儿也会跟着倒霉。思来想去，纪晓岚的私心遮蔽了公意，所以，就在朝廷下令对卢见曾在德州的老家进行抄家之前，纪晓岚把这个口风想办法透露给了卢家曾。

结果，当卢见曾被抄家的时候，家里并没有什么贵重的金银财宝，连好衣服也没有几件，朝廷几乎一无所获。

这大大出乎军机处的意料，他们知道一定走漏了风声，因为按照当时社会的实际情况，两任盐运使家里绝不可能就这么点东西。乾隆皇帝得知此信后，也大为恼怒，下令再查通风报信的人。因为纪晓岚是卢见曾的亲家，首先受到了怀疑，查证的结果，纪晓岚的确就是那个透风的人。

到底纪晓岚是如何给亲家透风的，民间有多种有趣的说法。

一个说法是，纪晓岚想把彻查盐案的消息告诉卢见曾，但又不敢写信和直接传话，怕给人留下把柄。于是，就用信封装了一撮茶叶和一撮盐，一个字也没有写，打发人连夜送到卢府。卢见曾接到这封奇怪的信，一开始怎么也想不通是什么意思，琢磨了好半天，终于明白了："茶"和"盐"放在一起，不就是"查盐"吗？他意识到这可能是亲家想办法给自己报信来了，连忙转移家产，所以，朝廷抄家时几乎没有抄出什么值钱的东西。

还有一种说法，说是纪晓岚得到消息的时候，正好他的女婿到京里办事，两人匆匆见了一面，但又碍于有人在场，不能明言。于是，纪晓岚拉着女婿的手，在他的手心里写了一个"少"字。纪晓岚的这位女婿回到德州，把这个事情一五一十对他的爷爷卢见曾说了。卢见曾一听，大吃一惊，提手旁加一个"少"字不就是"抄"吗？他根据多年为官的经验，感觉到要被"抄家"，赶紧做了准备。

民间的这两个说法都很有趣，带有"纪晓岚式"的机智和幽默，符合纪晓岚的行为方式，今天已经无法考证是真是假。但这件事情的结果，史书中记得明明白白：纪晓岚因"漏言"获罪，被乾隆皇帝下旨，发配到遥远的乌鲁木齐充军。

把犯人遣送到遥远的边地，这是古代惯用的做法。清朝的时候，东北、西北、西南都是发配之地，也许把纪晓岚发配到乌鲁木齐只是一种偶然，但正是这种偶然使纪晓岚和乌鲁木齐结下了缘分。

卢见曾案发的时间是乾隆三十三年（1768），当年纪晓岚离开北京到达乌鲁木齐。到乾隆三十五年（1770）返回北京，纪晓岚在乌鲁木齐待了整整两年的时间。

这两年，纪晓岚在乌鲁木齐是如何生活的？那时候的乌鲁木齐又是什么样子呢？

有很多传说，也有不少小说、演义都说到了这一点。不过，大多传说和演义都把纪晓岚在乌鲁木齐的生活描述得很凄凉、悲苦。比如，清末小说《清朝艳史演义》第15回中有一段这样的描写，说纪晓岚：

> 这乌鲁木齐的生活很艰苦，不但鲜鱼活蟹，一年见不着面，就是黄茄紫苋等菜，在这贫瘠的土地上也生长不出来。早餐是羊肉炒蘑菇，晚饭是蘑菇拌羊肉。……住的虽说是座衙门，却又芦帘板屋，四面透风，一阵雪花飘进来，转眼便结成冰块。屋里是火炕，却煤和炭全没有。用的是干马粪，不仅烟熏得睁不开眼，还夹杂着一股难以忍受的怪气味。
>
> ——《清朝艳史演义》第15回[①]

仿佛纪晓岚在乌鲁木齐的生活度日如年。

那么，我们的大学士真的生活在一个冰冷、落后、破落的城市吗？

[①] 费只园原著，文白等编译：《清朝艳史演义》，华龄出版社，1992年版。

纪晓岚本是朝中高官，颇受当朝皇帝赏识，又是著名文人，所以，到了乌鲁木齐后，仍然受到乌鲁木齐最高军政长官乌鲁木齐办事大臣的礼遇。他被任命为"印房章京"，就是办公室的秘书官，平时负责起草奏折、檄文，并可自行处理一般政务。这一方面使他的生活比较体面，另一方面，为他了解当地社会民情提供了好机会。

纪晓岚发现，乌鲁木齐水资源丰富，当地的农业在汉唐时期已得到开发，到了清初颇具规模，乌鲁木齐郊外渠网密布，阡陌纵横，良田沃野一眼望不到边。

由于地多人少，在清初，乌鲁木齐又成为屯垦之地。来这里屯垦的既有当地驻军，这叫军屯；也有从内地迁移到这里的农民屯田，还有商人和内地的遣犯屯田。所以，大量土地被开垦，小麦、水稻、谷子等农作物被广泛种植。

在来到乌鲁木齐的第一个夏天，纪晓岚就发现了一个麦收奇景——从内地来到这里的"麦客"大军。

顾名思义，"麦客"就是前来收割麦子的客人。纪晓岚来到乌鲁木齐的第一个夏天，乌鲁木齐郊区大片大片的麦子成熟了。由于这一年降雪多，雨水充足，麦子的长势特别好。乌鲁木齐周围的数万亩麦子构成了一个黄金世界，微风吹来，散发出一阵阵沁人心脾的麦香。

不过，因为人少地多，当时没有收割机械设备，麦子收割又要抢时间，这需要大量的劳动力。所以，大批来自甘肃、陕西、山西还有河南的农民以村为组，组成了庞大的麦收大军，蜂拥而至，成为乌鲁木齐的一大景观。

地方官府鼓励这种行为，尽量为麦客们的到来提供交通上的便利。

不过，那一年，虽然麦子的种植面积扩大了，来自内地的麦客数量却没有增加多少。因此，麦客们趁机抬高收割工价。与纪晓岚同在印房工作的一位姓蔡的同事，也承包了数百亩土地，种上了麦子，麦子长势很好，他本来指望大赚一把，但怎么也没想到麦收工价会那么高。有一天上班，他见到了纪晓岚，说他承包的数百亩麦子估价能卖到三十两银子，而与麦客讨价还价时，麦客要的工钱竟然是三十五两银子，比麦价还高出五两。

纪晓岚听到此事，心里也替这位同事发愁。但他生性诙谐幽默，就对愁眉苦脸的蔡同事说：干脆你不要这些麦子了，直接拿五两银子打发了那些麦客，不就省心了？蔡同事听了纪晓岚这个匪夷所思的歪主意，真是哭笑不得。

这件事情到底是如何解决的，相信足智多谋的纪晓岚不会袖手旁观。当然，纪晓岚的那位蔡同事也不会因为多收入或少收入五两银子而影响他的生活质量，但这件事情充分说明了乌鲁木齐当时的农业生产状况。农业的持续发展，必然会给城市的繁荣奠定坚实的基础。

纪晓岚有个习惯，每到一地，喜欢察看民情，观察民风，并把他所看到的东西用文字记载下来。所以，他到乌鲁木齐不久，就走遍了乌鲁木齐城市的各个角落。发配期满，返回北京的路上，纪晓岚回忆当时在乌鲁木齐的生活，写下了160首诗歌，后来编成了《乌鲁木齐杂诗》，流传到了今天。

下面，我们结合纪晓岚的文字记载和这些诗歌，看看他亲身经历过的乌鲁木齐日常生活是怎样的一番景观。

四、纪晓岚眼里的乌鲁木齐

先说说纪晓岚记载的乌鲁木齐的商业情况。

来到乌鲁木齐后不久，纪晓岚就发现，乌鲁木齐城市虽然不算大，但却分为旧城和新城两部分。乌鲁木齐的富商大贾都集中在旧城居住。所以，这里成了乌鲁木齐著名的商业贸易场所。这里的商人有个特点，喜欢夜里经营。有一天晚上，纪晓岚在一位同事的陪同下，到旧城逛夜市。夜市十分热闹，灯火通明，人头攒动。买卖铺户家家店门大开，沿街摆满了各类本地特产，如葡萄干、大枣、玉石、刀具、皮毛制品等；内地运来的丝绸、茶叶、瓷器也是琳琅满目，应有尽有，买卖铺户生意兴隆。到了半夜，夜市上的人才逐渐散去，沿街铺户也都熄了灯，打了烊。纪晓岚正要离开，却听到巷子里传来阵阵琵琶、丝竹之声,那乐声曼妙悠扬,此起彼伏,仿佛把寂静的夜空重新点燃了。纪晓岚觉得奇怪,就问身边那位同事,这附近是不是有酒楼伎馆在通宵营业。那位同事告诉他,这不是从酒楼伎馆传来的乐声,是那些买卖铺户的商人们在娱乐。他们劳累了大半夜,回去之后,在洗漱完毕、睡觉之前,往往会在自己家里弹弹琵琶、弄弄丝竹,放松一下。而且,乌鲁木齐哪里来的商人都有,弹琵琶的大多是从西边的中亚、西亚过来的商人,而弹丝竹的是来自内地江南各地的行商,弹弹家乡曲调,缓解思乡之情,已成了乌鲁木齐旧城多年的习俗了。纪晓岚听后,感慨良久。虽然陆上丝绸之路衰落了,但在乌鲁木齐仍能看到繁荣的夜市和贸易情景。

再说说大家关心的纪晓岚在乌鲁木齐的吃和住。

先说吃的。根据纪晓岚的记载,乌鲁木齐有丰富的降雨和降雪,有天池,有乌鲁木齐河,还有大量人工湖泊,水资源很丰富。所以,鲜鱼活蟹在乌鲁木齐的市场上很常见。主食有小麦、大米、大豆、鲜奶等,蔬菜有菠菜、胡萝卜、黄瓜、豆腐等,一年四季都有充足的供应,更不要说葡萄、哈密瓜、香梨、核桃、巴旦木等这些在内地难得一见的瓜果了。一些商贩甚至从江南和沿海贩运了海产品和南方水果到那里,冬天可以在市场上买到各种海鲜和我国南方产的新鲜的柑橘。天山林木茂密、绿草如茵,山上还有野鹿、野牛、黄羊等很多野味。纪晓岚曾看到一幅天山打猎的画,并为这幅画题写了一首诗:

  白草粘天野兽肥,弯弧爱尔马如飞。
  何当快饮黄羊血,一上天山雪打围。

——纪晓岚《蕃骑射猎图》[1]

他想象着自己有一天在初冬白草粘天、冬雪初降,野兽无处藏身的时候,

---

[1] 何香久:《旷代大儒——纪晓岚传》,作家出版社,2014年版。

上天山打猎，并痛饮黄羊血的激动人心的情景。所以，乌鲁木齐的美食给纪晓岚留下了深刻印象。在他眼里，乌鲁木齐简直是美食之乡了。

再说住的。乌鲁木齐地处天山北坡，冬天气温低，多雨雪、大风，居住、取暖的确是个大问题。但据纪晓岚记载，当时的乌鲁木齐人用土坯、石灰夹杂杨柳木条盖房，屋顶用泥或瓦覆顶，一般人家都能抵御风沙和雨雪。纪晓岚特别提到，乌鲁木齐所在的天山北山就有丰富的煤炭资源，煤炭的开采当时已经具备一定的规模了。所以，每到冬天的早晨，当乌鲁木齐城门打开以后，就有不少卖煤炭的车子进城了，沿着街巷叫卖。而且，当地的煤质量很好，价格也不高，用来生炉子取暖没有煤烟、没有怪味，易燃耐烧，灰白如雪。纪晓岚所住的屋子里，冬天取暖用的就是这种煤。在一首诗中，他特别高兴地记载道：

万家烟火暖云蒸，销尽天山太古冰。

腊雪清晨题腴背，红丝砚水不曾凝。

——《风土二十三首》其二①

冬天的乌鲁木齐万家烟火，仿佛要把天山的冰雪融化，而他居住的屋子里暖洋洋的，用来写字、写诗的红丝砚台里的墨水从来没有结过冰。

解决了基本的温饱问题之后，乌鲁木齐人的休闲娱乐生活又给纪晓岚留下了什么印象呢？

据纪晓岚记载，乌鲁木齐是在屯垦基础上形成的移民城市，大量的军屯户、民屯户、遣犯户和商户等云集乌鲁木齐，城市人口迅速增加，这刺激了城市服务业的发展，改变了乌鲁木齐人的生活方式。当时的乌鲁木齐有大量的酒楼、茶馆、戏院，艺人们也有了施展才艺的空间。

有一个叫简大头的戏剧演员，头大身子小，相貌丑陋，平常说话结结巴

---

① 何香久：《旷代大儒——纪晓岚传》，作家出版社，2014年版。

巴的。但他非常善于表演丑角，一旦上了戏台，就像换了个人，诙谐幽默，妙语连珠，嬉笑怒骂，成为一绝，深受观众喜爱。他最拿手的绝活，是能半边脸哭，半边脸笑。这一绝招使他红遍乌鲁木齐，往往一出场就能博得满堂喝彩。

还有一个叫孙七的说书艺人，善于说民间野史、名人传闻，声音洪亮，表演惟妙惟肖，富有感染力，举手投足间颇有柳敬亭的风范。柳敬亭是明末清初江南的说书艺人，技艺高超，无人能比，曾红遍大江南北。所以，这位孙七也成了乌鲁木齐演艺界的红人。

在乌鲁木齐漫长的冬天里，纪晓岚经常光顾戏院、书场，欣赏着简大头、孙七们的表演，打发时光。看戏、听书是我国劳动人民传统的休闲娱乐方式，看起来，那时候的乌鲁木齐人也是这样生活的。

这就是乾隆时期的乌鲁木齐，与民间传说中荒凉、落后的样子简直判若两样。纪晓岚曾有一首诗这样描写乌鲁木齐：

到处歌楼到处花，塞垣此地擅繁华。

军邮岁岁飞官牒，只为游人不忆家。

——《民俗三十八首》其十四 [1]

在纪晓岚看来，当时的乌鲁木齐就是一块歌舞升平的繁华之地，甚至出现了什么情况呢？纪晓岚在印房当差的时候，接到了不少军邮从内地寄来的信件。信件里说，有很多人年轻时来这里谋生，然后就在这里安家落户，乐不思蜀了。然而，他们在内地的父母老了以后，没人赡养。没有办法，老人们把儿女告到官府。官府接到邮件，按照名册，找到他们，以尽孝为名，把他们从乌鲁木齐强行遣送回家。这件事听起来很有趣，其实反映了乌鲁木齐对当时年轻人的吸引力之大。

---

[1] 何香久：《旷代大儒——纪晓岚传》，作家出版社，2014年版。

我们从纪晓岚在乌鲁木齐的经历中看到了什么？

到了清朝中期，古代的轮台已经成了乌鲁木齐，成为整个新疆最重要、最繁荣的城市。这种变化除了岑参和丘处机的亲身经历中说到的军事、交通、游牧等因素外，重要的还有两条：一是农业的大规模开发，二是大量人口聚集。用现代话来讲，具备了后发优势。

我们知道，新疆的绝大部分城市是绿洲城市，发展农业和畜牧业的条件有限，城市承载的人口容量也有限。而乌鲁木齐则不同，它有丰沛的降水，有发展农业和畜牧业的条件，还有大量的煤炭资源。乌鲁木齐有很大的城市发展潜力，乾隆时期就已经后来居上，逐渐成为整个新疆地区的一块乐土。纪晓岚通过他的经历和诗歌告诉我们的，也正是这样一个道理。

到了清朝光绪年间，乌鲁木齐又迎来了一次历史发展的大转机。光绪十年（1884），新疆建省。省府选在哪里好呢？当时有两个备选的地方，一个是伊犁河谷的伊宁，一个是乌鲁木齐。伊宁的生态环境很好，但位置过于偏僻，而乌鲁木齐位于整个新疆的核心地区，交通便利，水资源丰富，城市基础好，人口容量大，清政府最终选定乌鲁木齐为新疆省的省府所在地。就这样，乌鲁木齐从一个汉唐时期丝路上的小城市、金元时期的牧场，实现了华丽转身，成为整个新疆的政治、经济和文化中心。

下一讲，我们将沿着天山继续西行，去品味伊犁河谷的一座丝路古城。

请看下一讲：天山遗珠话伊宁！

【趣味知识自测题】参考答案

1.B　2.A　3.B　4.B　5.C　6.C　7.B　8.B　9.D　10.D

第十三章

天山遗珠话伊宁

趣味知识自测题

1. 新疆境内,被誉为"大西洋最后一滴眼泪"的湖泊是_____。
   A. 天池　　　　　B. 赛里木湖　　　　C. 博斯腾湖　　　　D. 喀纳斯湖

2. 乌孙迁移到伊犁河谷前,曾经的游牧地在_____。
   A. 河湟谷地　　　B. 昆仑山北麓　　　C. 巴里坤草原　　　D. 河西走廊西部

3. 不同游牧民族的首领有不同的称呼,乌孙国王被称为_____。
   A. 单于　　　　　B. 可汗　　　　　　C. 昆莫　　　　　　D. 札萨克

4. 西汉时期,和乌孙和亲的公主是_____。
   A. 南阳公主　　　B. 弘化公主　　　　C. 解忧公主　　　　D. 金城公主

5. 以下关于薰衣草的表述,不正确的是_____。
   A. 是一种草　　　　　　　　　　　　B. 其精油被誉为液体黄金
   C. 具有镇静安眠药效　　　　　　　　D. 在6月上旬开花

6. 世界薰衣草的主要产地不包括_____。

　　A. 法国普罗旺斯　　B. 日本北海道　　C. 韩国济州岛　　D. 中国伊犁河谷

7. 丝绸之路上粟特商人又被称为"昭武九姓",九姓中不包括_____。

　　A. 安　　　　　　B. 米　　　　　　C. 粟　　　　　　D. 曹

8. 唐朝时期,朝廷曾派大军远征伊犁,平定了西突厥。指挥唐朝军队的大总管是_____。

　　A. 侯君集　　　　B. 李靖　　　　　C. 苏定方　　　　D. 薛仁贵

9. 清朝时期,设置"伊犁将军",统辖天山南北,设置的时间是_____。

　　A. 康熙年间　　　B. 雍正年间　　　C. 乾隆年间　　　D. 光绪年间

10. "苟利国家生死以,岂因祸福避趋之"是一句著名的爱国诗句,其作者是_____。

　　A. 文天祥　　　　B. 林则徐　　　　C. 梁启超　　　　D. 谭嗣同

【评分标准】共10题,总分100分。每题选择正确得10分,选择错误0分。

【评估等级】

大牛(对城市很熟悉):80~100分;

及格(对城市基本了解):50~70分;

菜鸟(对城市很陌生):0~40分。

注:参考答案附在本章末。

开篇的话

天山山脉自西向东横亘在新疆的中部，把新疆分为北疆和南疆。它哺育了东部的哈密、吐鲁番，中部的乌鲁木齐等许多丝路古城。

不过，一说到天山南北的这些城市，在很多朋友的印象里，要么是夏季的酷热，要么是"胡天八月即飞雪"的严寒，或者是茫茫的大漠、一眼望不到边的戈壁，好像这些城市的生态环境都很极端。

然而，位于天山最西端的丝路古城伊宁却完全是另一番情景。

天山在伊宁分为南北两支，夏天，天山南支（哈尔克山）挡住了来自南疆塔克拉玛干沙漠干燥炎热的气流；冬天，天山北支（博罗科努山）阻挡了来自北冰洋的寒流。尤其幸运的是，没有屏障的伊宁西部，西风带来了大西洋的暖湿气流，使这里降雨充沛。伊宁北部天山北支的赛里木湖成为大西洋暖湿气流最后眷顾的地方，被形象地称为"大西洋最后一滴眼泪"。

而伊宁成为我国"水、土、光、热"组合最合理的地方，是整个新疆地区气候最温湿、环境最优美、最适宜人居的风水宝地，成为一颗被很多现代人忽视的"天山遗珠"。

优美的气候和环境条件，使这里成为古代游牧和农耕民族都十分向往的宜居之地，受到了历代政治家、外交家的高度关注。当然，也成了来往于丝绸之路上的商人向往的一个地方。

不过，在伊宁，流传最早、最广的一个故事还是两千多年以前，两位汉朝和亲公主的故事。

那么，汉朝与天山西部伊宁的和亲是怎么回事？那两位和亲公主的命运又如何呢？

一、解忧公主的传奇经历

西汉初期,伊宁所在的伊犁河谷及其以西地区是古老的游牧民族乌孙的驻牧之地。

乌孙是我国西北地区的一个游牧民族,本来活动在河西走廊西部,西汉初年迁移到伊犁河谷一带。这里地处天山西段,水草丰美、沃野千里,盛产良马,叫作伊犁马,是中国古代传说中的天马的故乡之一;同时,这里也是传统的丝绸之路北道的必经之地。从这里沿天山北麓向东,可以到达乌鲁木齐、吐鲁番、哈密,进入我国内地;向西,则可以到达中亚、西亚,然后通向地中海沿岸各国。加上这里气候宜人、物产丰富,往往成为来往于丝绸之路北道的使者、商人、僧侣、旅行家的驻足之地,交通、商业地位异常重要。依托良好的自然、交通条件,以及雄健的伊犁马,乌孙逐渐发展壮大。史书记载:

> 户十二万,口六十三万,胜兵十八万八千八百人。
>
> ——《汉书·乌孙传》[①]

乌孙拥有近二十万的部队,成为西汉初期西域三十六国中实力最雄厚的游牧政权之一。

不过,在西汉初期,匈奴在西域的势力很强大,它控制了西域诸国,乌孙也受制于匈奴,并长期受到匈奴人的欺凌。

到了汉武帝时期,朝廷曾派张骞出使乌孙,目的有两个:一是联合乌孙共同抗击匈奴,二是彻底打通中西交往的丝绸之路。乌孙虽然一直受到匈奴的欺凌,但慑于匈奴的强大势力,有些犹豫不决。张骞看到这种情况,就向汉武帝建议,希望能与乌孙和亲,进一步加强与乌孙的联系,坚定乌孙联合

[①] 班固:《汉书》,中华书局标点本,1962年版。

抗击匈奴的决心。张骞的建议得到汉武帝的赞同。

不过，对于乌孙来说，因为远隔万里，对汉朝了解不多，又不敢得罪匈奴，对汉朝提出来的和亲建议并没有立即接受。随着张骞的介绍和大量的赏赐，乌孙逐渐认识到与汉朝联合的重要意义，改变了自己的外交策略。于是，乌孙向汉武帝献西极马，以西极马千匹为聘礼，请求和亲。

汉武帝先后把两位公主嫁给乌孙的昆莫（或昆弥，"王"的意思）。

第一位是细君公主，她是一位宗室女，名叫刘细君，是江都王刘建的女儿。遗憾的是，细君公主到了乌孙（汉元封年间，前110~前105）后，把自己封闭起来，自建宫室，自制饮食，吃的是汉家风味，住的与中原也没什么差别，与乌孙昆莫见面的机会很少，没有融入乌孙的新生活环境中。生活了四五年后，就在郁郁寡欢中因病去世了，汉朝联合乌孙抗击匈奴的预期目的并没有达到。

第二位和亲公主名叫刘解忧，历史上把她称为解忧公主。她原本是西汉皇室宗亲楚王（刘戊）的孙女。与细君公主不同，她生性活泼，聪明美丽，知书达理，又乐观开朗，善于交际，深得乌孙昆莫的喜爱。

汉朝与乌孙的和亲，引起了匈奴的不安。考虑到乌孙在西域举足轻重的地位，匈奴改变了以武力相威胁的方式，也如法炮制，同样采取了和亲的办法，把匈奴的公主嫁给了乌孙。

这就给乌孙的昆莫出了一个大大的难题。

匈奴不能轻易得罪，而汉朝也表现出了足够的诚意，怎么办呢？

考虑来考虑去，乌孙昆莫玩了个心眼，把汉朝公主封为右夫人，把匈奴公主封为左夫人。表面上谁也不得罪，但实际上，在乌孙，以左为上，所以，乌孙还是把匈奴放在了首位。

解忧公主对乌孙首鼠两端的态度当然心知肚明，也深知自己责任重大。所以，一方面，她巧妙周旋于乌孙昆莫和匈奴公主之间。匈奴公主从小在草原长大，长于骑马射箭，这是匈奴公主的长处。但在乌孙昆莫眼里，这些本领并没有什么独特之处。而解忧公主则长于诗书、绘画、歌舞、弹琴，有很高的文化修养，逐渐赢得了乌孙昆莫的信任。另一方面，解忧公主积极适应乌孙当地的饮食生活习惯，融入当地社会中去，参与乌孙的政治、经济和文化活动。

在她的真诚友好和不懈努力下，乌孙终于下定决心和汉朝联合。

对于历史上的和亲，人们往往会有两种截然不同的看法：支持者认为，和亲促进了中原王朝与周边少数民族政权的联合，以和平的方式促进了经济和文化的交流，暂时解决了复杂的政治和外交问题；而反对者则认为，和亲以牺牲和亲者的屈辱方式试图换得政治上和军事上的利益，但并没有取得实质性效果。不过，我个人认为，任何政治行为都有它特殊的时代背景，对于古代的和亲政策，我们既不能全盘肯定地大唱赞歌，也不能武断地全盘否定，把它说得一无是处，正确的方式是具体问题具体分析。

而就解忧公主与乌孙的和亲而言，这是汉朝历史上最成功的一次和亲。

史书记载，在解忧公主与乌孙和亲的第30年（前72），汉朝出兵15万，乌孙出兵5万，从东、西两个方向夹击西域的匈奴部队，匈奴惨败。从此之后，匈奴的势力退出整个西域地区。

公元前60年，也就是解忧公主与乌孙和亲的第42年，汉朝设置了西域都护，正式对我国新疆地区行使主权。乌孙也表示归顺汉朝，从而彻底打通了丝绸之路，给新疆带去了长期的和平与安宁，这与解忧公主在乌孙的努力有密不可分的关系。

据史书记载，解忧公主在乌孙生活了50年左右的时间，到了将近70岁的时候，解忧公主上书朝廷，希望能在晚年回到长安，得到朝廷同意，终于回到了故乡。

解忧公主与乌孙的成功和亲也得到了后人的高度评价。唐朝诗人常建曾有歌曰：

玉帛朝回望帝乡，乌孙归去不称王。

天涯静处无征战，兵气销为日月光。

——常建《塞下曲四首》其一①

诗歌前两句是说汉朝与乌孙和亲之后，双方来往密切，乌孙使者常常带着乌孙马、珍贵的玉帛去长安朝见汉天子；而从长安返回乌孙的时候，乌孙接受汉朝的册封，也不再称王了。诗歌的后两句意思是说：正是在和亲公主的努力下，远在天涯尽头的乌孙才最终化干戈为玉帛，到处是一派明媚的春光。

今天，乌孙这个游牧民族已经消失了。不过，在伊宁的南边，有一座山就叫乌孙山，可以作为当年解忧公主曾经在这里生活的见证。而令解忧公主想不到的是，在她去世两千多年后，源自地中海沿岸的薰衣草沿着她当年为之终生奋斗的丝绸之路被引种到了伊犁河谷，在伊宁扎下了根，并与解忧公主的传奇故事结下了缘分。

其实，薰衣草并不是草。它又名香水植物、灵香草、香草、黄香草，是一种小灌木，原产于地中海沿岸、欧洲各地及大洋洲列岛，在古希腊的《植物志》里就有薰衣草的记载。

薰衣草一般在6月上旬开花，花期能持续一个月左右。薰衣草的花、茎、叶上的绒毛里有大量的油腺，轻轻触碰，油腺就会破裂，香气也随之释放出来。薰衣草精油是很珍贵的化妆品原材料，很多世界知名的化妆品牌都使用薰衣草作为原料，国际市场上一度将其称为"液体黄金"，可见其珍贵程度。不仅如此，薰衣草还是一种重要的药材，具有镇静安眠、解除忧愁的独特功效。

薰衣草喜光，耐干旱，不喜潮湿。法国东南部的普罗旺斯、日本北海道的富良野是世界知名的薰衣草城镇，以盛产薰衣草而驰名世界。而伊犁河谷与法国的普罗旺斯、日本北海道的富良野同处在一个纬度区（北纬42°~45°），气候特点近似，非常适合薰衣草的种植。1965年，伊犁河谷从

---

① 《全唐诗》，中华书局标点本，1960年版。

法国的普罗旺斯引进了薰衣草。到如今，种植面积已达数万亩，成为中国最大的薰衣草种植基地,精油产量占全国的90%以上,被称为"中国薰衣草之乡"，伊宁市则被称为"薰衣草城""香草之城"，成为世界三大薰衣草种植基地之一。

伊宁的老百姓也没有忘记解忧公主给那里带去的福祉，所以，在伊宁附近建起了解忧公主薰衣草园。因为薰衣草具有镇静安眠、解除忧愁的独特功效，人们便把它和解忧公主巧妙地联系在了一起，解忧公主牌薰衣草成了最知名的薰衣草品牌。这样，跨越时空，解忧公主和伊犁河谷的薰衣草紧密连在了一起，成全了一个美丽的传奇。每一位来到伊宁的客人，临走时都要买几样薰衣草产品带回去，比如薰衣草精油、薰衣草香皂等，这成了游客约定俗成的规矩，似乎不买薰衣草产品就等于没来过伊宁。

自从解忧公主那个时代开辟丝绸之路后，经过伊宁的丝绸之路北道就成了一条十分繁忙的商道。到了唐朝，沿着这条道路，有一个来自长安的商人和一群来自中亚的商人聚集在伊宁，合伙做起了丝绸生意。但合伙生意不好做，他们还曾发生了一场生意上的纠纷，甚至诉诸古代的法律。

这是怎么回事呢？

二、弓月城里的粟特商人

20世纪六七十年代，新疆吐鲁番出土了大量纸质文书，揭示了汉唐时期丝路贸易的盛况，被学术界称为"吐鲁番文书"。其中，有一份吐鲁番文书，记载了一桩与唐朝丝路贸易相关的诉讼案。

一千三百多年前的唐朝（唐高宗统治时期），设在新疆吐鲁番的安西都护府长官接手了一个诉讼案件。

起诉人叫曹禄山，是一个来自中亚曹国的粟特商人。他状告的人叫李绍瑾，是一个来自长安的生意人。

诉状的大意是说：李绍瑾和曹禄山的哥哥（我们姑且称之为曹老大）是

生意上的合伙人，四年前，李绍瑾从曹老大在弓月城开的店铺里，取了275匹绢（一匹绢大约二丈，在唐朝可以卖到1000文左右），一同前往龟兹（今新疆库车）做买卖。后来，曹老大失踪了，下落不明。而李绍瑾则卖掉了那275匹绢，并私吞了全部卖绢所得的钱款。曹禄山请求安西都护府官员为他做主，向李绍瑾问明他哥哥曹老大的下落，并追回那275匹绢所得的全部款项。

那么，弓月城在哪里？一个来自中亚的商人怎么会和一个来自长安的商人在那里合伙做生意呢？

弓月城位于伊宁附近（今伊宁县西，因形似弓月而得名），可以看作伊宁的前身，是唐朝伊犁河谷的军事重镇，也是丝绸之路北线重要的交通和商贸中心。

隋唐之际，朝廷无暇顾及西域地区，伊宁成为西突厥的势力范围。弓月城是西突厥的一个牙都，即陪都，由西突厥首领阿史那贺鲁占据，是西突厥在西域地区的政治和军事中心。唐高宗显庆二年（657），朝廷派伊犁道行军大总管苏定方征伐西突厥阿史那贺鲁，直捣阿史那贺鲁牙都所在地弓月城，阿史那贺鲁兵败被俘。而后，苏定方把阿史那贺鲁押解到长安，西突厥灭亡，唐朝再次统一了西域。

考虑到弓月城的重要地位，唐朝中央政府在弓月城实行了和内地一致的行政建制，针对伊犁地方各部族多是西突厥这一特殊情况，设北庭都护府，采用羁縻性质的都督府州制度进行管理。任命和册封当地各族部落首领担任都督，允许世袭，在各都督府内设了功、仓、户、兵、法等专职官司吏，并在北庭沿天山北麓通弓月城、渡伊犁河到碎叶的交通线上，设置了完整严密的驿站制度，征收赋税，加强军事部署。同时，从内地调拨了大批常备军队驻防伊犁，把伊犁同内地紧密地联结在了一起，维护了中西经济文化交流的畅通和繁荣。

今天，在伊宁附近的伊宁县还留有弓月城遗址。

案件中所谓的粟特商人，来自我国史籍上记载的中亚"昭武九姓"。《新唐书》以康、石、安、曹、何、米、史、火寻、戊地九姓为昭武九姓，他们居住于中亚阿姆河、锡尔河之间,在今塔吉克斯坦和乌兹别克斯坦境内,粟特是古波斯语"Sugda"的汉译。粟特人的祖先居住在祁连山下的昭武城,后来西迁至中亚,所以,中国史书称之为"昭武九姓"。

粟特商人以善于经商、不畏风险著称,只要利之所在,往往无远不至。所以,他们成为汉唐时期活跃在丝绸之路上的重要商团。

粟特商人在经营方面有一个显著的特点,往往以家族形式集体行动,动辄几十人,甚至一二百人,由一个商队首领(萨保)率领,从粟特本土向外,沿着丝绸之路进行贸易。在沿途经过的丝路城镇中,留下一批人,建立自己的商业站点,其他人继续向前走。这样,丝路沿线城市就逐渐形成了一连串的粟特聚落,成为他们买卖商品、存储货物、休整居住的地方。通过这种方法,他们逐渐左右甚至控制了丝路贸易。

这个诉讼案中的曹禄山家族就是粟特商人的代表,他们这个家族从家乡出发,沿着丝绸之路一路向东,一直把生意做到了长安。考虑到伊宁的重要商业地位,曹老大就留在了弓月城,在那里建立了固定的商铺,并以那里为据点,从事批发和零售丝绸的贸易活动。曹禄山则停留在了另一个丝路重镇吐鲁番,在那里同样从事丝绸贸易。他们怎么会和李绍瑾认识呢?

原来,曹氏家族的其他几个人一直向东到了长安,在那里也建立了商贸据点。而李绍瑾就是长安人,在西域从事丝绸贸易。由于生意上的关系,曹氏家族与李绍瑾逐渐熟识起来,成了生意上的合伙人。

四年以前,李绍瑾从长安来到了新疆。他先是到吐鲁番见了曹禄山一面,然后,一路向西,到了弓月城,与曹老大见了面。曹老大已经在弓月城经商多年,拥有比较雄厚的商业资本,已是城内小有名气的丝绸商人。曹老大热情地接待了李绍瑾,并共同协商下一步的丝绸贸易。两人觉得弓月城南面的龟兹(今新疆库车)交通便利,贸易繁荣,有很大商机。于是,曹老大从店铺里提了275匹绢,还有相当于100匹绢的其他财物,用驼马驮着,两人一同向龟兹进发。

曹氏兄弟有资本、有店铺,为什么非要与李绍瑾合作呢?

一是李绍瑾来自中原，对丝绸的货源和质量都很有把握；另一个重要原因是李绍瑾很精明，口齿伶俐，善于沟通。而且，他既会汉语，又精通胡语，语言优势明显。曹氏兄弟虽然在西域经商多年，但只会简单的汉语，所以，他们在经商过程中十分倚重李绍瑾，这也算是合伙生意中的互补吧。

但不知什么原因，后来，李绍瑾一人到了吐鲁番，而曹老大不知去向。四年过去了，仍下落不明。曹氏家族设在弓月城的留守人员向官府出示了证词，可以证明当时曹老大的确是与李绍瑾一起从弓月城出发，一同去了龟兹。

安西都护府长官接到曹禄山的控告后，对李绍瑾进行了问讯。李绍瑾当场承认了原告所诉乃事实，但说明自己并没有伤害曹老大。至于曹老大的下落，他也说不清楚。最后，他答应归还全部贸易所得，并希望与曹家和解，继续合伙做生意。就这样，这个案子结了案。

这个诉讼案，为我们提供了很有价值的唐朝时期丝路贸易的信息。

首先，这个案子通过以曹氏家族为代表的粟特商人和以李绍瑾为代表的内地商人的贸易活动说明，唐朝时期，通过伊宁的丝路北道贸易很繁荣，贸易活动很活跃。

其次，当年的伊宁已经以弓月城的身份，参与到繁忙的丝路国际贸易活动中，成为丝绸之路北线一个重要的商业重镇。

而尤其值得注意的是，通过这个类似国际贸易诉讼的案件，我们可以看出，一千多年前，唐朝在丝路贸易中已经出现了中外合资、合营的特征，显示出丝绸之路本身的开放性、互补性、合作性。

由于伊宁重要的交通、商业和军事地位，到了乾隆二十七年（1762），朝廷取"犁庭扫闾"之义，把这里正式定名为伊犁。在伊宁附近（霍城县惠远故城）设立了"总统伊犁等处将军"，简称"伊犁将军"，作为当时新疆地区的最高行政和军事长官，统辖天山南北各路城镇，伊宁成为整个新疆的政治、军事、经济和文化中心。

到了鸦片战争时期，伊宁又迎来了一位从广州来的尊贵客人。这位客人的到来，不仅改变了伊宁的经济面貌，而且为伊宁留下了许多宝贵的精神财富。

那么，这位尊贵的客人是谁？他又为什么从广州跋涉万里来到伊宁呢？

三、林则徐被贬伊犁

林则徐（1785~1850）是我国近代史上杰出的民族英雄。不过，由于他在鸦片战争时期主持了轰轰烈烈、影响深远的虎门销烟运动，因此，人们往往不太注意他在其他方面的作为。

其实，林则徐在晚年还曾被流放到伊宁，对伊宁的开发和发展做出过巨大贡献。

清朝道光年间，林则徐因在虎门销烟中得罪了保守派，被没有主见的道光皇帝革去一切职务，流放伊犁将军府充军，这是林则徐在政治上遭受的重大打击。在从广州走到西安，将与送行的家人分别的时候，林则徐没有悲伤和眼泪，而是随口吟出了两首诗，其中的第二首有这样两句：

苟利国家生死以，岂因祸福避趋之。

——林则徐《赴戍登程，口占示家人》其二[①]

只要有利于国家和民族，个人的荣辱得失、生死祸福又算得了什么！表现了他不计个人名利得失，胸怀国家和民族前途与命运的忧国忧民情怀。这两句诗不仅成为他一生的精神支柱和座右铭，也成为永载青史的励志名言。

道光在位的第二十二年（1842），林则徐到达伊犁将军所在地伊宁附近的惠远故城。

其实，在他还没有到达这里的前几天，已经有一件棘手的事等待着他了。什么事呢？

---

① 林则徐全集编辑委员会：《林则徐全集》（第6册），海峡文艺出版社，2002年版。

就在林则徐到达伊犁的前三天，伊犁将军布彦泰接到了来自道光皇帝的一道诏书。为此，布彦泰忧心忡忡，不知道如何应对。诏书的内容是什么呢？要布彦泰裁撤掉驻伊犁镇的总兵，把伊犁镇的数万精兵移驻到天津，加强北京的防卫。

布彦泰得知林则徐即将到达伊犁，心里略有些宽慰。他知道，林则徐对于国内形势比自己了解得更透彻，对如何应对西方列强咄咄逼人的侵略态势也比自己更清楚，对远在北京的道光皇帝的心思也比自己把握得更准确。

于是，林则徐到来后，布彦泰给予了十分热情的款待。接下来，便与林则徐一同商议如何回复朝廷的诏令。

林则徐坚决主张不能裁撤伊犁驻军。为什么？

林则徐在广州领导禁烟抗英，坚决反对从海上来的西方侵略者，力主加强海防。而到了新疆，他一路沿着天山走过，既领略了祖国大西北的辽阔和壮美，又迫切感觉到大西北安全与稳定的重要性。一路上，他收集各方面的信息，注意到中亚面临的复杂军事形势，以及对我国新疆的安全构成的威胁。

所以，林则徐敏锐地认识到，这块地方对未来国家的发展有着重大的意义。虽然现在丝路贸易没有汉唐时期那么繁荣，甚至商路都不太通畅，但是未来，这个地方一定关乎全新疆，关乎整个西北，甚至关乎中国与西亚的关系。因为从古至今，伊犁太重要了。为了保存住这点希望，给后人在若干年以后再次利用、开辟丝绸之路留下可能，林则徐首先不同意撤驻军。

对于林则徐的远见卓识，任职伊犁多年的布彦泰深表赞同。

但如何才能说服道光，布彦泰心里还是没有底。为此，林则徐亲自主笔，草拟了奏章，详细申明了不能撤去伊犁镇总兵的种种理由，有理有据，言辞恳切。最终，道光皇帝终于被说服，改变初衷，保留了伊犁镇数万精兵。

实践证明，林则徐的这一主张，对于加强西北边防、保障西北地区的安定起到了重要作用。这是林则徐到伊犁后做的第一件大事，表现了其卓越的战略远见。

这一年，林则徐已经 58 岁了，年近花甲。

就在这一年的除夕之夜，林则徐来到了伊宁城南的伊犁河边，抬眼望去，伊宁城老百姓放起了烟花爆竹，庆贺新年的到来。

每逢佳节倍思亲，林则徐望着曾滚滚流淌的伊犁河，想到山河破碎的祖国，想到万里之外的家人，心潮澎湃，写下了这样的诗句：

> 正是中原薪胆日，谁能高枕醉屠苏。
>
> ——林则徐《伊江除夕书怀》[①]

"薪胆"指春秋时期越王勾践卧薪尝胆、发奋图强，最终灭掉吴王夫差的故事。林则徐在这里大声疾呼，正值国家民族生死存亡的危急关头，爱国志士要发奋自励，决不能高枕无忧，忘情声色，沉湎不醒。

林则徐在新疆度过了三年多（1842~1845）的流放生活。其间，除去在路上行走和在新疆各地考察的时间，林则徐在伊宁居住的时间长达两年零一个月。当时，清朝流放新疆的官员成百上千，但这些官员中的大部分都意志消沉，要么种花养鱼，读书静坐；要么怨天尤人，两耳不闻窗外事。但林则徐呢？尽管没有头衔，没有上奏权，但他心里时刻装着清朝的江山社稷，风尘仆仆走遍天山南北，不忘初心，默默实干。这使人不禁想到鲁迅先生的一段话：

> 我们自古以来，就有埋头苦干的人，有拼命硬干的人，有为民请命的人，有舍身求法的人……这就是中国的脊梁。
>
> ——鲁迅《中国人失掉自信力了吗？》

林则徐正是中国的脊梁！他不仅给新疆的历史、伊宁的历史增光添彩，也使各族人民长思久仰，永远不能忘怀。在今天的伊宁，还广为传颂着当年林则徐主持修建"林公渠"的事迹。

[①] 林则徐全集编辑委员会：《林则徐全集》（第 6 册），海峡文艺出版社，2002 年版。

那么，什么是"林公渠"？

它是在什么背景下修建的呢？

四、伊宁的林公渠

林则徐为伊宁留下的最大一笔文化遗产是他主持修建的林公渠。

林公渠源于伊犁河的支流哈什河，是一条人工灌渠。在伊宁以东、伊犁河以北流过，长达一百多公里，灌溉近百万亩良田。但这片良田在林则徐到来之前，却是一块叫作阿齐乌苏的废地。

为什么称它为废地呢？

原来，伊宁地区早在汉唐时期就已经进行了农业开发。清朝乾隆年间，朝廷在这里设置伊犁将军府和伊犁镇总兵后，有数万驻军进驻伊宁。为了就近解决军队的粮食供应问题，这里进行了大规模的军屯，阿齐乌苏原来就属于伊犁镇总兵中的八旗官兵的军屯耕地。

到了清朝晚期，由于国内局势动荡不安，西北军事形势复杂多变，因此，伊犁将军也把工作的重心放在边防安全上面，伊犁河谷的农业发展处于相对停滞的状态。再加上八旗军队养尊处优，逐渐不再勤于耕作，阿齐乌苏就逐渐被废弛，成了一块颗粒不收的废地。

林则徐来到伊宁的时候，做的第一件事就是留下了伊犁镇的数万八旗军队。军队留下了，国防加强了，但问题也出来了。

长期以来，伊犁将军府和伊犁镇的驻军一直依靠朝廷拨付的饷银维持生活。而鸦片战争后，清廷战败，支付给西方列强巨额赔款，财政日益亏空。依靠朝廷财政支持的伊犁将军府和当地驻军的财政捉襟见肘，伊犁将军府官员的饷银和驻军的粮食供应一时成了问题。为此，伊犁将军布彦泰大伤脑筋。

思来想去，布彦泰就想到了那块阿齐乌苏废地。如果那里的近百万亩土地得到复垦，不仅可以解决当地驻军的粮食供应问题，而且可以缓解将军府的财政困难，可谓一举两得。

不过，要想复垦那片废地，首先必须解决灌溉问题；要解决灌溉问题，首先要做的工作就是修建引水渠。布彦泰知道，林则徐对兴修水利有着丰富的经验，曾在内地亲自主持治理过不少江河湖泊，是有名的水利专家。所以，就阿齐乌苏复垦和修建引水渠一事，布彦泰诚恳地征求林则徐的意见。林则徐深表赞同，并为引水渠的修建制订了合理的规划方案。

接下来，阿齐乌苏引水大渠的修建需要一大笔资金，这些钱从哪里来？

林则徐深知，伊犁将军府的地方财政已十分困难，就主动提出，自己愿意捐出随身携带的部分积蓄，用于渠首工程的建设。布彦泰对林则徐的这一行为十分感动，而林则徐主动捐资的举动也给他提了一个醒，他想到了一个不是办法的办法：当时，因各种罪名发配到新疆的官员众多，而很多人并不安心边疆的遣戍生活。按照清朝廷的规定，遣戍流配的官员可以通过捐资赎罪的办法，减免他们遣戍的时间，提前回到内地，甚至官复原职。于是，布彦泰就动员这些流配的官员捐资助修阿齐乌苏大渠。这个方法十分有效，没多久，修建大渠的资金就筹备齐了。

林则徐主动出资并承担了阿齐乌苏大渠最重要的渠首引水工程的施工任务，并把自己在内地水利建设中的经验和技术充分运用到了施工工程中。

首先，在哈什河选择渠首位置的过程中，林则徐选择了一处河床比较稳定、泥沙不宜堵塞的地段，使引水渠首能长年安全运行。

其次，合理运用了先进的压坝堵水技术，即用石笼和枵槎护岸，压坝雍水，使渠首能提高储水量，保障渠水的供应量。

另外，林则徐还在其他渠段推行了架槽输水法。阿齐乌苏干渠长达一百多公里，沿途要穿越不少水沟和山沟。在穿越水沟和山沟时，林则徐借鉴了内地经验，运用了木渡槽进行架槽输水，有效地解决了长距离输水的问题。

阿齐乌苏渠首工程历时四个多月，用工十万余人，是阿齐乌苏引水渠的核心工程。渠道全部通水后，阿齐乌苏近百万亩土地得到灌溉，从废地变成了沃野良田，这对促进当地人民生活的改善、巩固边防安全大有裨益。

大渠修成后，布彦泰把此渠命名为皇渠，以示皇恩浩荡。而伊宁当地的老百姓认为，林则徐在此渠建设中，谋划最多，出资、出力最大，因此亲切地把这条大渠称为"林公渠"。现在，经过整修，林公渠每年还灌溉着八十余万亩良田，还在造福伊宁当地的百姓。

所以，林则徐发配伊宁的时间虽然不长，但他首先不同意撤离这里的驻军，稳定了西北的安定局面；然后，主持修建了林公渠，稳定农业生产，稳定人口数量。这为今天伊宁乃至伊犁河谷的发展打下了坚实的基础，伊犁河谷也被后人形象地称为"塞外江南"。

今天，我们在欣赏伊犁风光、重新建设丝绸之路的时候，别忘了一百六十多年前林则徐老人的努力。

下一讲，我们将翻越天山，进入南疆，去近距离接触昆仑山下的美玉故乡。

请看下一讲：万方乐奏话和田！

【趣味知识自测题】参考答案
1.B　2.D　3.C　4.C　5.A　6.C　7.C　8.C　9.C　10.B

第十四章

万方乐奏话和田

趣味知识自测题

1. "一唱雄鸡天下白,万方乐奏有于阗"出自毛泽东的_____。

    A.《沁园春·雪》 B.《忆秦娥·娄山关》

    C.《浪淘沙·北戴河》 D.《浣溪沙·和柳亚子先生》

2. 我国主要玉石产地不包括_____。

    A. 新疆和田玉 B. 陕西蓝田玉 C. 河南独山玉 D. 山东泰山玉

3. 以下关于和田玉的表述中不正确的是_____。

    A. 属于透闪石 B. 矿物的杂质极少

    C. 棱角锋利易伤人 D. 敲击时会发出优美的声音

4. 故宫博物院现藏有我国最大一座和田玉雕《大禹治水图》,它重达_____。

    A.2000多公斤 B.3000多公斤 C.4000多公斤 D.5000多公斤

5. 和田玉雕《大禹治水图》从运输到雕刻前后花费了_____。

    A.5 年   B.10 年   C.15 年   D.20 年

6. 在张骞开辟丝绸之路之前，已经存在一条连接中原与西域的道路，这条道路的名字叫_____。

    A. 玉石之路   B. 香料之路   C. 陶瓷之路   D. 天马之路

7. 清朝一位皇帝生前曾痴迷于和田玉，这位皇帝是_____。

    A. 顺治   B. 康熙   C. 雍正   D. 乾隆

8. "五星出东方利中国"织锦出土在_____。

    A. 尼雅遗址   B. 吐鲁番阿斯塔那古墓

    C. 楼兰古城   D. 克孜尔千佛洞

9. 以下关于"五星出东方利中国"织锦表述不正确的是_____。

    A. 五星指五颗行星   B. 东方指东方天穹

    C. 是楼兰国王御用品   D. 中国指中原地区

10. 关于中原地区桑蚕缫丝技术传入西域的表述不正确的是_____。

    A. 与和亲有关   B. 法显曾有记载

    C. 玄奘曾有记载   D. 首先传入和田

【评分标准】共 10 题，总分 100 分。每题选择正确得 10 分，选择错误 0 分。

【评估等级】

大牛（对城市很熟悉）：80~100 分；

及格（对城市基本了解）：50~70 分；

菜鸟（对城市很陌生）：0~40 分。

注：参考答案附在本章末。

开篇的话

1950年，中华人民共和国成立后的第一个国庆期间，中央邀请全国各少数民族代表以及各少数民族文工团到首都北京参加国庆大典。10月3日晚上，毛泽东主席在中南海怀仁堂观看了少数民族文工团的联合演出。当时和毛泽东主席一起观看演出的还有一位民主人士柳亚子，他善于赋诗作词，即席赋《浣溪沙》词一首送给毛泽东主席。第二天，毛泽东主席和着柳亚子的词韵，回赠一首词。其中，有几句这样说：

长夜难明赤县天，百年魔怪舞翩跹，人民五亿不团圆。

一唱雄鸡天下白，万方乐奏有于阗。

——毛泽东《浣溪沙·和柳亚子先生》[1]

新中国的诞生像一轮朝阳在东方升起，中国人民从此站起来了；各族儿女载歌载舞，欢庆胜利。词中，毛泽东主席特意提到了作为各民族歌舞代表的"于阗"歌舞。

那么，"于阗"指的是哪里呢？

它就是丝绸之路上的古城——新疆的和田（和田市与和田县）。

和田古称于阗，位于昆仑山北麓，北临塔克拉玛干沙漠，是一座拥有两千多年历史的绿洲城市。汉唐时期，于阗乐舞就非常有名。毛泽东主席有深厚的历史文化功底，而且非常善于用古诗词表达新意，他这几句优美的词句一下子把我们的思绪带到了遥远的和田。

其实，和田之所以名声在外，不仅仅是因为它的乐舞，很多人熟悉和田

---

[1] 中共中央文献研究室：《毛泽东诗词集》，中央文献出版社，1996年版。

是因为和田玉。学术界还曾经出现了这样一种看法：在"丝绸之路"开通以前，就已经有了一条从和田通往中原的"玉石之路"。因此，有人主张把"丝绸之路"改为"玉石之路"。一时间，和田成了人们关注的焦点。

大家知道，中国有很多地方都产美玉，和田玉为什么那么出名？

在"丝绸之路"开辟以前，真的已经有了一条专门运输玉石的"玉石之路"吗？

丝绸和玉石对和田城市的发展到底产生了怎样的影响呢？

我们先从一个重大的考古发现说起。

一、妇好墓里的和田玉

1976年，考古工作者在河南安阳的殷墟里发现了一座保存完整的商代王室大墓。墓主人叫妇好，是距今三千多年以前殷商时期商王武丁的配偶，生前地位显赫。甲骨文中记载，她曾经多次带兵出征，是一位赫赫有名的女将军，战功卓绝，甚至在当时的人口条件下就指挥过上万人的大型军事行动，非常了不起。

妇好墓保存完好，没有被盗掘的痕迹。墓中出土的随葬品极为丰富，有青铜器、玉器、骨器、象牙器等1900多件。其中，出土各种玉器590多件，包括玉玦、玉刀、玉戈、玉璜等。这让考古人员大吃一惊：殷墟所在地安阳并不产玉，那么，这么多的玉器是从哪里来的呢？

在我国辽阔的大地上，产玉地点大约有200多处，辽宁岫岩玉、陕西蓝田玉、河南独山玉以及新疆的和田玉等都很有名。那么，妇好墓中出土的那么多玉器到底来自哪里呢？

为了进一步弄清这个问题，考古学家们用仪器对其中大部分玉器进行了科学检测，得出了一系列化学分析数据；再将这些玉器的化学成分数据与辽宁岫岩、陕西蓝田、河南独山以及新疆的和田等玉石分别进行比对,结果发现:妇好墓中绝大部分玉器的成分与和田玉高度吻合。由此,考古学家们认定,妇好墓中出土的玉器大部分玉料来源于新疆的和田玉。

结果是出来了,但新的问题又来了:从距离上来讲,新疆的和田是距离安阳最远的地方,有万里之遥,为什么妇好舍近求远,这么偏爱和田玉呢?

这就跟和田玉的特点有关了。和田位于昆仑山的北坡,自古以来,高大雄伟的昆仑山就被中国人视为万山之宗、龙脉之根,受到人们的顶礼膜拜。由于历史时期特殊的造山运动,在昆仑山海拔3000米以上的高山岩石中,形成了独一无二的巨大玉石矿藏,所以,昆仑山被称为世界上唯一的"玉山"。昆仑玉尤其集中在和田一带,所以,又称为和田玉。和田玉分为山料玉与子玉,蕴藏在高山岩石中的被称为山料玉,要在高山中打洞挖掘开采才能得到;而一部分和田玉在高山融水形成的河流冲刷下被带到了下游的白玉河(玉龙喀什河)和青玉河(喀拉喀什河)中,被称为子玉。很早就生活在昆仑山脚下河床附近的和田先民们在长期的观测中,应该会首先发现和最早使用精美的子玉;然后,沿着河床向上溯,会发现昆仑山中蕴藏的大量山料玉。

按照专业术语,和田玉属于透闪石,有白玉(即羊脂玉)、青玉等不同类型。和田玉的突出特点是,矿物的杂质极少,质地光洁细腻,有厚重的手感;温润柔和有光泽,坚硬耐磨不易碎,虽有棱角而不锋利伤人。而且,和田玉敲击时会发出优美的声音,给人以悠扬至远的感受。这些天然特性,为其他玉石少有。

中国人自古就相信,玉石具有超自然的力量,佩戴玉和使用玉,可以使人保持与天地相接的精神气,消灾避祸、富贵平安。同时,玉石又正好与中国人所追求的含蓄而不张扬、坚韧而不懦弱、包容而不狭隘的民族习性相一致,自然为中国人所喜爱。不过,由于和田玉的独特品质和资源稀缺,运输不易,不是一般人所能使用的。因此,进入中原后,和田玉始终属于为数不多的奢侈品,成为权力、地位、财富和神灵的象征。

妇好生前地位尊贵显赫，应该十分偏爱和田玉，拥有大量的和田玉器。死后，用大量的和田玉器陪葬便在情理之中。

不过，在弄清楚了妇好墓中玉器的来源之后，紧接着，更大的问题又来了。大家知道，张骞开辟丝绸之路是在汉武帝时期，距今也只有两千多年的历史。而妇好墓大量玉器的出土意味着，在丝绸之路开辟大约一千年前，和田的玉石就已经大量地进入了中原，成了贵族阶层的新宠，这简直让人不可思议！

不过，令人吃惊的事还在后头呢。

随着考古发掘资料的增多，在距今六千多年前的黄河中下游的仰韶文化遗址中，也出土了可以认定的由和田玉制作的玉器。

这一系列重大的考古发现说明，和田玉进入中原地区的时间可以上溯到距今六千多年以前；而在中原地区大规模使用和田玉作为玉器原料来源的时间，不晚于殷商时期的三千多年以前。

那么，这是否意味着，在张骞开通丝绸之路之前，真的存在一条从和田到中原的"玉石之路"呢？

随着考古工作的深入开展，通过与文献资料进行比对，证明了在"丝绸之路"开辟以前，的确存在一段轰轰烈烈的西玉东输工程，开辟了一条从和田通往中原地区的"玉石之路"。这条路线主要有两个走向：

一条是南路，从和田向东，沿昆仑山北坡到民丰，再向东到楼兰，经阳关进入敦煌，入河西走廊，然后，进入中原的西安、洛阳、安阳等地。

另一条路线是北路，从和田向西再向北，经喀什、库车，然后，沿天山向东经乌鲁木齐、吐鲁番、哈密，在玉门关进入河西走廊，与第一条路线重合。

和田和中原地区相隔万里之遥，却因为一块块精美的和田玉紧密联结在了一起。

那么，大量和田玉进入中原，对中原文化产生了怎样的影响呢？

二、乾隆皇帝的和田玉情结

西方人喜欢钻石，中国人青睐美玉。由于和田玉储量大、质地好，自从玉石之路开辟之后，一直延续到清代，和田一直都是中原玉器的主要玉料来源地。和田玉又被称为"中国国石""中国玉"，中华玉文化逐渐进入了以和田玉为主的时代。

首先不得不说的是玉门关的命名。玉门关是汉武帝时期设立的一座关隘，是和田玉输入中原的第一道关隘。它不叫丝门关，也不叫茶门关，说明了什么？说明这里首先是玉石进入中原的重要通道，然后，才成了丝绸、茶叶输入西域的通道。而且，与丝绸和茶叶贸易相比，这里的玉石贸易更加频繁，持续的时间更久，也更具影响力。而今，这里已经成了和田玉文化的一处地标。

其次是上流社会大量使用和田玉。大家知道，在考古挖掘中，中原地区的汉墓中曾出土了20多件金缕玉衣。这些玉衣往往由一两千片薄薄的玉片用金丝串联而成，做工精细，价值连城。而据科学检定，这些玉衣的大部分玉料就来源于和田。

汉武帝时期丝绸之路开辟之后，和田玉一方面作为进奉朝廷的贡品，另一方面通过商人的买卖大量进入内地。据《宋史·于阗传》记载：

北宋刚刚建立，于阗王就派使者到北宋的都城开封，声称当地发现了一块重237斤的大玉，要献给新皇帝宋太祖赵匡胤。然而，由于路途遥远、运输不便以及西域发生战事，此事耽搁了下来。到了宋真宗时期（1009），西域进入和平时期，于阗王再次遣使进贡方物，那块重达237斤的大玉最终通过丝绸之路被运到了北宋的都城开封，成了和田玉历史上的一段传奇。

这就是说，丝绸之路开辟之后，上流社会逐渐形成了爱玉、惜玉的社会风气，一直从汉唐持续到宋元明清。所以，我国历史上出现了不少爱和田玉、敬和田玉，甚至痴迷于和田玉的人物，清朝的乾隆皇帝就是一位和田玉的痴迷者。

乾隆作了很多关于和田玉的诗歌。其中，有一首这样写道：

和阗昔于阗，出玉素所称。

不知何以出，今乃悉情形。

——乾隆《和阗玉》①

乾隆皇帝一生作诗很多，但大多带有纪实和叙事性，没有刻意雕琢。这首诗就是他从不懂和田玉，到爱惜和田玉的一段自白，证明他原来只知道和田玉的美名，但和田玉是如何从昆仑山产出的，他以前并不清楚。不过，乾隆皇帝一旦知道了和田玉的珍贵，一生中便再也离不开和田玉，并到了痴迷的程度。

在今天的故宫博物院藏有大量乾隆皇帝生前喜欢的用和田玉雕琢的大玉瓮、大玉瓶等，其中有一座巨大的和田玉雕作品——玉山子，更是当年乾隆痴爱和田玉留下的杰作。

这件作品的名字叫《大禹治水图》，由一块完整的和田青玉雕刻而成。夏禹是久传民间的圣王，大禹治水的伟大功绩数千年来在民间广为传颂。该作品即取材于传说中的"大禹治水"，上面雕有峻岭、瀑布、古木苍松。在山崖峭壁上，成群结队的劳动者在大禹的指挥下，有条不紊地开山治水。整座玉雕高224厘米，宽96厘米，重达5000多公斤，是目前国内最大的一座和田玉雕，被称为玉山子。

历代封建帝王都以法先王，学尧、舜、禹来标榜自己，乾隆皇帝也不例外，这件玉山子就是他借助大禹治水的传说，为自己博得千古名望的得意之作。

一块重达上万斤的巨大玉料是如何从和田开采的？之后又是如何运输到北京的？再后来又是如何雕刻成一件精美的艺术品的呢？

---

① 《清高宗（乾隆）御制诗文全集》第三册，中国人民大学出版社，1993年版。

这座玉山的玉料采自和田的弥勒塔山，弥勒塔山是昆仑山的支脉之一，那里的玉久负盛名，在三千多年前的商朝时期就开始开采了。到了清代，弥勒塔山玉的开采规模更大，有时候，多达两三千人在这里同时作业。但采玉从来都不是一件简单的工作，因为弥勒塔山海拔三四千米，气温低，天气寒冷，采玉工人往往要冒着凛冽的寒风，爬上险峻的冰山，在空气稀薄的情况下，挖山掘洞，从岩石中开采玉料。

开采到巨大的玉料固然不易，把重达上万斤的巨大玉料从和田运送到万里之外的北京更加艰难。由于玉料巨大，运输困难，仅运输就花了三年的时间。

玉料运到北京后，乾隆皇帝决定用清宫内藏《大禹治水图》画轴为稿本，雕制《大禹治水图》玉山。先由内务府造办处专人负责策划、设计，制成蜡样，然后，把玉料和蜡样沿大运河转运到扬州的两淮盐运使，调集全国顶尖的玉雕工匠具体雕刻。前后花了七年的时间，换了好几任两淮盐运官员，《大禹治水图》玉山才基本完工。尔后，再运回北京，进入皇宫，乾隆命宫中的玉匠在玉山背面刻上自己亲笔题写的"密勒塔山玉大禹治水图"字样和创作的一首诗。乾隆的诗是这样的：

  功垂万古得万古，为鱼谁弗钦仰视？
  图画岁久或湮灭，重器千秋难败毁。

——乾隆《题密勒塔山诗》

从这首诗中不难看出乾隆皇帝的勃勃雄心，他明显想要搞出个"禹王"精品，让这件作品永垂千古。然后，他又将"五福五代堂古稀天子宝"和"八徵耄念之宝"篆刻在玉山前后的适当位置上，这件巨大的艺术作品才算完成。

从大约乾隆四十三年（1778）前后在和田发掘巨型玉料，到乾隆五十三年（1788）玉山雕刻全面完工，前后花去了十年的时间，参与的人员成千上万。玉山子完工的那一年，乾隆皇帝78岁，介于古稀与耄耋之间。我们常说"十年磨一剑"，而这里则是"十年琢一玉"。

由于太过沉重，玉山子从乾隆五十三年（1788）雕刻成功，放置于故宫博物院乐寿堂，至今未曾移动过半步。

不管乾隆个人的意图如何，在客观上，一方面，玉山把古代劳动人民开山治水、战胜自然的生动场面，通过匠人之手，艺术地显现于巨玉之上，流传至今。另一方面，玉山所显示的杰出玉雕技艺，在我国玉器工艺美术史上是一次伟大的创举，显示了我国各族人民非凡的才能和智慧，也使之成为我国现存最大的玉器，堪称稀世珍宝。

久而久之，我国就逐步形成了深厚的玉文化传统。古人认为，玉指"石之美者"，即美丽的石头。"玉"字最早见于我国的古老文字甲骨文中，甲骨文将"玉"字写作"丰"，类似于"丰"字，是一个象形字，好像三块玉用一根绳子串联起来。汉代思想家董仲舒这样解释这个字的意思，他说，三横画象征天、地、人，中间一竖，就组成了一个"王"字。说明玉和帝王一样，能够贯通天、地、人之间的整个世界。

尤其值得注意的是，汉语言中，与玉有关的词语很多。凡是与玉有关的词、成语，大都与尊贵、高尚、美好、典雅有关。

比如，"玉山"，王母娘娘所居住的昆仑山；"玉玺"，本指皇帝专用的印绶，后来变为皇室的代称；"玉颜"，指貌美的女子。还有金玉满堂、金玉良缘、金口玉言、金科玉律、金枝玉叶、琼楼玉宇、冰清玉洁、玉树临风、亭亭玉立、怜香惜玉、守身如玉，"宁为玉碎，不为瓦全""玉不琢，不成器"等莫不如此。世界文化史上，只有中国人用这种美丽的石头来解说自己的精神境界，将玉石的自然特性人格化、道德化、神圣化，形成厚德载物的"玉德"。

所以，在很多人的印象里，和田首先是以玉知名中原的。从时间先后上，是先有"玉石之路"，后来才有了"丝绸之路"。

那么，这是否意味着，在古代，和田受到丝绸文化的影响很小，甚至可以忽略不计呢？

然而，20世纪末期的一次考古大发现，彻底颠覆了人们的观念。

三、尼雅遗址中的神秘织锦

1995年,文物考古工作者在和田民丰县以北塔克拉玛干沙漠地区的一处重要古城遗址,即闻名世界的尼雅遗址,再次进行考古调查。这处遗址是汉晋时期古精绝国的都城精绝城。20世纪初期被人们发现的时候,这里已经被荒沙完全掩埋了。不过,经过细心清理,考古工作者还是在遗址中发现了大量的佛寺、民居,以及农田、水塘和大量的陶器、铜铁器等,甚至还有东汉时期使用的五铢钱。证明当时这里应该是一个繁荣的绿洲城邦。

那么,这座繁华的绿洲城邦与丝绸之路到底有多大关联?与中原王朝的来往是否密切?目前尚未找到更加令人信服的证据。不过,就在这次考古调查中,一座尼雅古墓的发现,让人们立刻兴奋不已。

在遗址的一块墓地,考古工作者发现了一处男女合葬墓。这座墓葬距今至少一千五百年。在男主人的胳膊上,人们发现了一块色彩艳丽的织锦。据推定,这块织锦是男主人生前引弓射箭时系在胳膊上,用来保护胳膊的护具。因此,称为织锦护膊。

此件文物一经出土,便引起了世人的高度关注。

古代的织锦在我国出土的不少,马王堆汉墓出土的帛书就是典型,不仅丝帛的织造工艺非常高超,而且,帛书上还书写着《老子》《易经》等珍贵的文献。那么,这件在和田出土的织锦,它的价值体现在哪里呢?

是它的工艺水平高吗?这块织锦并不大,只有18.5厘米×12.5厘米见方。但织造精细,用蓝、绿、红、黄、白五色织出,色彩艳丽,应当出自汉代官方设置的丝织作坊,不是一般的民间织物。同时,这件织锦的纹样别致,有凤凰、鸾鸟、麒麟、白虎等古代的瑞兽,以及祥云和瑞草,显得非常喜庆。但有同样织造工艺和纹饰图案的丝织品并非只有这么一件,这并不足以显示这件织锦的珍贵。

是它的历史价值大吗？根据墓葬规格和其他出土文物等相关佐证资料判断，墓主人可能是精绝国的国王。生前，这位国王可能喜欢骑马射箭，这件织锦是他射箭用的护具之一。但至今，墓主人姓甚名谁，到底做过什么事情等都不得而知，这使这件织锦的历史价值大打折扣。

那么，这件织锦到底凭什么震惊了世人呢？

原来，是在这件织锦上两次出现的八个大字：

五星出东方利中国。

这八个大字用流行于汉魏时期的篆书、楷书书写，工工整整地排列于织锦的上、下两个部位，显得特别醒目。

人们乍一看到这几个字，吃惊不小："五星"是不是指五星红旗？"中国"是不是指中华人民共和国？难道两千年前的和田古人能先知先觉，早就预言了五星红旗和中华人民共和国在世界东方的诞生吗？

当然不是。

那么，这八个大字到底是什么意思呢？

我们先说"五星"。它不是我们现在所说的五星红旗里的五星，而是指先秦时期天上的五颗行星（太白、岁星、辰星、荧惑和镇星）。到了东汉，结合阴阳五行学说，这五颗行星分别被称为金、木、水、火、土五星。

再说"中国"。它在先秦是一个地理概念，指黄河中下游的京畿地区及中原一带，以区别于周边。

还有"东方"。它是指古代星占术中特定的天穹位置。

"五星出东方"是指金、木、水、火、土五颗行星在某个时间会同时出现于东方天空，这在天文学上叫作"五星连珠"或"五星聚会"。由于五颗星都在围绕太阳公转，五星聚于一处的天象概率很小。有天文学家计算，平均500多年才会出现一次这种天文现象，所以被看作一种天象奇观。

古代流行星占术，通过观测天象来辨别人间的吉凶祸福。诸如五星齐聚东方,日食、月食、彗星等一些罕见的天象,往往被古人看作天帝意志的表现,对应人间的战争胜负、王位安危、年成丰歉、水旱灾害等。五星同时在黎明时分出现在东方的天际,当然会引起古人的敬畏和重视。《史记·天官书》中曾说:

> 五星分天之中,积于东方,中国利。
>
> ——《史记·天官书》①

五星本来分别处于天穹中间不同的部位,而齐聚东方,就被视为五行之精华相聚在一起,是吉祥如意的一种天象,适合中原帝王做出任何决定。

所以,"五星出东方利中国"是古代星占术里的一句占辞,不止一次出现在古代星占术中。

既然五星齐聚东方这么难得,又这么吉祥如意,那么,和田尼雅遗址中织锦上的这句占辞,是否意味着当时可能会发生一些重大的事件,或者和帝王的一些重大决定相对应呢?

考古学家和天文学家带着这个疑问共同进行了研究。结果发现,大约在西汉汉宣帝神爵元年(前61)前后,曾经出现过一次五星齐聚东方的天象奇观。而就在这一年,汉宣帝派出了西汉一位久经沙场的老将军赵充国出征,去征伐位于青海和河西走廊的羌人部落,并取得了胜利。而就在这次军事行动的第二年(前60),汉朝设置了西域都护,正式对西域行使主权。而这件织锦很可能就是讨伐羌人军事行动的实物见证。

不过,这件珍贵的织锦怎么到了精绝国呢?

考古学家给出了两种推测:一种是,当时丝绸之路已经开辟,作为丝绸之路南道必经之地的精绝,贸易交流和人员来往相当频繁,这件织锦可能通过朝廷赏赐或者民间贸易的形式传到了那里。

---

① 司马迁:《史记》,中华书局,1975年版。

另一种推测，墓主人是精绝国的国王，可能与汉朝军队不时发生战争，而这件织锦很可能是汉军的遗物。这位国王对织锦的美丽以及图案中所表达的深厚文化内涵充满了敬仰，所以，生前用它来做护膊，死后当作了随葬品。

而我个人则有不同的看法。我推测，这件织锦很可能是当年赵充国将军西征过程中军中所携带的吉祥织锦，这样的织锦可能不止一块。在此期间，其中的一块流落到了精绝。因为独特和珍贵，它成为精绝国国王的御用品，死后，又跟着他陪葬到了地下。因为当地的气候和环境十分干燥，利于保存织物，所以，这块织锦留存到了今天，被誉为20世纪中国最伟大的考古发现之一。

前面我们说了，精绝位于和田地区的民丰县。这就是说，在丝绸之路开辟以后，和田作为一座丝路古城已经与中原地区建立了密切的关系，中原文明对和田地区的影响很早、很深。而织锦中出现的八个大字，饱含了古代和田人心归中原，对于大一统国家的认同。

"五星出东方利中国"织锦在和田的出土，再次让世人对这座今天看起来并不起眼的南疆古城刮目相看。不过，也同时让人产生疑问：

如果说最早是因为有玉石，才从和田开辟了通往中原的玉石之路，那么，到了汉代以后，为什么丝绸贸易也要从这里经过？到底丝路贸易对和田的发展产生了怎样的影响呢？

四、玄奘的归国之路

在丝路古城中，我们一再提到玄奘这个人物，在和田，我们不得不再次说到他。可以说，他是丝绸之路传奇中绕不过去的一个人物。

丝绸之路主线大致分为三条，即北道、中道和南道。玄奘到印度（当时叫天竺）取经的时候，走的是北道和中道，即从玉门关走出去，然后到了新疆的哈密、吐鲁番，再经库车，向西翻越帕米尔高原，折向西南，到了印度。后来，玄奘回国的时候（贞观十八年，644），携带着大量的佛教典籍和佛像，选择了丝绸之路的南道，即从北印度翻越帕米尔高原，进入南疆盆地，到达和田。

当初，玄奘是在没有经过唐政府批准的情况下偷渡出关的。而今，十多年过去了，整个新疆在唐太宗的治理下，又重新恢复了和平发展的局面。但玄奘并不清楚此时唐太宗对于他归国的态度。于是，在和田，他郑重地向唐太宗递交了一份回国申请书，委托丝路上的商人带给了唐太宗。

在表书中，玄奘说明自己当年违反国家禁令，私自出关，是犯罪之人；而今学成归国，希望能用自己所学在唐朝广布佛法、普度众生，开创一番事业。所以，恳切希望"早谒轩陛"。上表七八个月后，他终于得到了唐太宗的敕书：

闻师访道殊域，今得归还，欢喜无量，可即速来，与朕相见。
——《大慈恩寺三藏法师传》卷五[①]

唐太宗希望玄奘倍道兼行，尽快入关归京相见。

此时，唐朝国内政局已稳定，与周边各国的关系融洽，包括于阗在内的西域地区已被唐朝牢牢控制，丝绸之路重新畅通，唐太宗也致力于发展佛教，以此作为政治统治的辅助手段。他也早已从西域来到长安的僧人、商旅那里得知玄奘在印度的情况，对于这样一位高僧大德，唐太宗自然也是另眼相待。所以，唐太宗除了及时给玄奘下诏表示欢迎他学成归来，还从长安派遣使者，代表自己亲自去敦煌迎接。同时，在长安的使者到达前，令敦煌地方官远出流沙迎接：

令敦煌官司于流沙迎接。
——《大慈恩寺三藏法师传》卷五[②]

[①] 高永旺译注：《大慈恩寺三藏法师传》，中华书局，2018年版。
[②] 高永旺译注：《大慈恩寺三藏法师传》，中华书局，2018年版。

可见唐太宗对玄奘回归的重视程度。

644年秋冬之际,玄奘沿昆仑山北坡到民丰,再向东到楼兰,经阳关进入敦煌,于翌年正月到达长安。而后,在洛阳受到唐太宗的亲切接见。此后,开始了他长达20年的译经和弘扬佛法的历程。

同时,在弟子的帮助下,玄奘还把自己西行求法的经历写成了《大唐西域记》一书。由于玄奘在等待唐太宗回信的时候在和田停留了七八个月,这样,他就有充分的时间了解和田的民风民俗。所以,在《大唐西域记》中,玄奘对和田做了详细的记载。

首先,玄奘说到,和田产玉,不仅有白玉,还有青玉等各色玉石。结合相关史料分析,丝绸之路开辟之后,和田玉一方面作为进奉朝廷的贡品,另一方面通过商人的买卖,大量进入内地。由此,在和田出现了专门以玉谋生的行业,比如,《旧唐书·西域传》记载,唐德宗时期,和田向唐德宗进献了很多精美的和田玉制作的玉带、玉佩、玉簪、玉枕等。这些都是成品,说明和田已经出现了琢玉这个行业,应该有一大批靠琢玉谋生的人。后来,乾隆皇帝时期,又从和田得到了一块重达5000多公斤的巨型山料玉,说明和田还有不少采玉人,冒着生命危险,在艰苦的环境中,靠从山中采玉而谋生。由此可以推断,和田的玉石销售市场应该相当繁荣。可以说,古代的和田已经形成了从采玉、琢玉到玉石销售的完整产业链条。

其次,玄奘还记载,和田不仅发展绿洲农业,而且掌握了桑蚕养殖技术,有不少纺织丝绸的作坊。而且,玄奘还记载了一个关于桑蚕养殖技术如何传入和田的传说。

张骞开通丝绸之路以后,丝绸成为丝路贸易中最珍贵的交易品,价格昂贵。所以,中原王朝严格控制养蚕缫丝技术的外传,把它作为一级商业秘密。其中主要控制三样东西,即蚕卵、桑树种子以及养蚕缫丝的技术外传,绝不允许蚕卵、桑树种子外流,也不允许掌握养蚕缫丝的技术人员外流。

但再严密的商业机密也会有泄露的时候,何况古代限制机密外泄的制度还不那么健全。根据各种史料记载，大约在丝绸之路开辟三四百年后，也就是我国历史上动荡不安的十六国时期，中原的养蚕、植桑和缫丝技术就从中原地区通过丝绸之路泄露到了西域地区，最后传到中亚和西方。

而关于中原的养蚕、植桑和缫丝技术是如何泄露到西域的，至今还是一个历史之谜。

早在玄奘来到和田的二百多年以前，和田这里叫瞿萨旦那国，国王非常喜欢丝绸，当然，他也深知丝绸在贸易中的价值。所以，他绞尽脑汁，想得到中原的丝织技术，思来想去，终于想到了一个巧妙的办法。

不久，他主动提出和中原王朝和亲。当时，中原正处于动荡不安的时期，无暇顾及西域各地，也希望加强与和田地区的联系，就答应了和亲的请求。

瞿萨旦那国的国王在和亲公主那里做起了文章。他通过迎亲使者向和亲公主转达他希望得到蚕卵和植桑、养蚕技术的愿望，希望公主能玉成此事。

公主一听，觉得很为难。因为这不仅违背祖制，还要冒巨大的风险。但如果不这样做，又无法向新嫁的国王交代。再说了，把中原地区的养蚕缫丝技术带到和田，一定会给当地老百姓的日常生活带来帮助，未尝不是一件好事。于是，她拿定了主意。

临行前，她秘密搜求蚕种和桑树种子。不过，拿到这些种子后，她又犯了愁，如何才能把它们带出关卡呢？因为她知道，即使贵为公主，出关时也要接受严格的检查。

但这位聪明的公主还是想到了一个躲避检查的好办法。她把蚕、桑种子藏在自己戴的帽子的丝絮中，并有意挑选了一部分熟练掌握丝织技术的宫女作为陪嫁侍女，踏上了和亲之路。

验关的士兵搜遍了公主的所有嫁妆，甚至还对公主搜了身，都没有发现什么异常。至于那顶漂亮的帽子，总不能拆开看看吧？于是，公主的和亲大队被放出关隘，顺利到达了和田。

第二年的春天，桑树发了芽，蚕卵变成了蚕蛾，有了第一批蚕丝。掌握丝织技术的侍女们用这批蚕丝织出了第一批丝绸。

这个故事中的和亲公主来自中原的哪个王朝，姓甚名谁，历史上无从查考。但结合和田发现的"五星出东方利中国"，以及玄奘看到的和田人掌握的丝绸纺织技术，专家们推断：

第一，中原地区的养蚕缫丝技术的西传可能和历史上的和亲事件有关。

第二，中原的养蚕缫丝技术应该首先传到了和田。后来，通过和田又传到了中亚、西亚和欧洲各地。

第三，和田成了西域地区最早和少数全面掌握养蚕缫丝技术的城市，从此，桑蚕养殖业和丝绸纺织业在和田扎下了根。这不仅对于繁荣丝绸之路意义重大，而且丰富了当地人民的生活，有力促进了和田城市经济的发展。

当然，玄奘毕竟是僧人，所以，他还特别注意到，和田的佛教氛围很浓厚。一座不大的和田城竟然有100多座佛寺，有5000多僧徒，占整个和田人数的十分之一。这说明，和田在唐朝以前是佛教的一个圣地，宋、元以后，随着伊斯兰教的进入，和田的佛教才被伊斯兰教所取代。

玄奘的记载告诉我们，和田由于在玉石、丝绸方面的生产与销售都很繁荣，与南亚的佛教的交流又很频繁，因此，促进了丝绸之路南道的繁荣，使处在丝绸之路南道和田以东上的重要节点城市尼雅、楼兰也跟着繁荣起来。

换句话说，由于和田产玉，于是，先开辟了通往中原的"玉石之路"；后来，以和田为起点的"玉石之路"反过来成了以中原为起点的"丝绸之路"。

精美的和田玉叩开了一条长达万里的中西交流之路，推动和见证了中国辉煌的玉文化；丝绸之路南道的繁荣，在和田留下了"五星出东方利中国"的精美织锦，以及"和亲公主传播桑蚕缫丝技术"的美丽传说，见证了丝绸之路南道贸易的兴盛，最终，促进了和田城市的发展与繁荣。这一切，都成为中华文明宝库最珍贵的和田元素，时刻闪耀着历史的光辉。

当我们再次回味毛泽东主席的"万方乐奏有于阗"这句诗词，我觉得，他的深层含义在于：中华民族丰富多彩的文化体系中，从来都少不了来自和田、来自新疆、来自各个少数民族所做出的巨大贡献，这更加验证了中华民族自古就是一个多元一体民族大家庭的真谛。

下一讲，我们将沿着昆仑山向西，走向我国最西端的一座丝路古城。

请看下一讲：千年古城话喀什！

【趣味知识自测题】参考答案

1.D 2.D 3.C 4.D 5.B 6.A 7.D 8.A 9.C 10.B

第十五章

千年古城话喀什

趣味知识自测题

1. 新疆地域辽阔，占我国总面积的_____。

   A. 八分之一　　　B. 七分之一　　　C. 六分之一　　　D. 五分之一

2. "投笔从戎"的典故来自_____（历史人物）。

   A. 卫青　　　　　B. 霍去病　　　　C. 张骞　　　　　D. 班超

3. 唐诗"愿得此身长报国，何须生入玉门关"的作者是_____。

   A. 王昌龄　　　　B. 高适　　　　　C. 戴叔伦　　　　D. 常建

4. 唐朝时期，有一位来自喀什的琵琶演奏家，曾经轰动了长安城。这位演奏家是_____。

   A. 贺怀智　　　　B. 何妥　　　　　C. 裴神符　　　　D. 李龟年

5. "千呼万唤始出来，犹抱琵琶半遮面"是白居易《琵琶行》中的名句，这首诗创作于_____。

A. 西安　　　　B. 喀什　　　　C. 南京　　　　D. 九江

6. 唐朝时期的安西都护府管辖范围不包括_____。

   A. 龟兹　　　　B. 疏勒　　　　C. 于阗　　　　D. 高昌

7. 唐朝时期，有一本记载大食情况的旅行著作叫《经行记》，它的作者是_____。

   A. 杜佑　　　　B. 杜环　　　　C. 吕礼　　　　D. 刘泚

8. 喀什噶尔的意思是_____。

   A. 高山之间的平地　　　　B. 阳光抚摸的地方

   C. 水草丰美的地方　　　　D. 玉石集中之地

9. 以下关于马可·波罗的表述，不正确的是_____。

   A. 曾经参观过新疆的喀什　　　　B. 曾经见过成吉思汗

   C. 曾经在元朝做官　　　　D. 著有《马可·波罗行记》

10. 鸦片战争后，西方一个国家要求把喀什作为通商口岸，这个国家是_____。

    A. 俄国　　　　B. 英国　　　　C. 法国　　　　D. 德国

【评分标准】共10题，总分100分。每题选择正确得10分，选择错误0分。

【评估等级】

大牛（对城市很熟悉）：80~100分；

及格（对城市基本了解）：50~70分；

菜鸟（对城市很陌生）：0~40分。

注：参考答案附在本章末。

开篇的话

"不到新疆不知道中国之大,不到喀什等于没到新疆。"很早,在朋友圈里就听说了这句话。第一句话容易理解,新疆地域辽阔,有160万平方公里,占我国总面积(960万平方公里)的六分之一。

不过,为什么人们说"不到喀什就等于没到新疆"呢?

是它的地理位置特殊吗?喀什是我国最西部的一座城市,它的南边是昆仑山,西边是帕米尔高原,北边是天山,东边是我国的第一大沙漠塔克拉玛干沙漠。喀什给人一种遥远、神秘的感觉,但也同样给人偏僻、荒凉的印象。

是那里的民俗风情独特吗?喀什历来是多民族聚居之地,但绝大多数是维吾尔族,他们天生就能歌善舞。有人说,他们"会说话的时候就会唱歌,会走路的时候就会跳舞",给人带来很大的吸引力。

也有朋友说,喀什有一座夯土古城,虽历经千年沧桑,却依然鲜活如初,置身其中,仿佛能重新看到当年繁华的丝路贸易情景。所以,它被外来的游客形象地称为"活着的千年古城"。

那么,在喀什,究竟发生过怎样令人难忘的丝路传奇故事?

喀什到底有什么魅力?真的不到喀什就等于没到新疆吗?

大家知道,很多新疆的丝路古城,如楼兰、尼雅、高昌等都已经被废弃不用,成了仅供人们参观的古遗址了。为什么千年之后,喀什古城依然鲜活如初呢?

我们先从汉代的喀什说起。

一、班超的喀什情结

根据史书记载，张骞出使西域的时候，曾经在喀什停留过。那个时候，喀什叫疏勒，意思是有水有草、水草丰美的地方。因为水草丰美，那时候就已经形成了一座疏勒城，城市已经形成了交易的市场。所以，至今，喀什已经有2100多年的建城史了。不过，因为是出使，张骞在那里停留的时间很短。

到了东汉，又有一位传奇式的人物来到喀什，而且一住就是17年，与喀什结下了深厚的情缘。

这个人物是谁呢？他为什么会来到喀什呢？

他的名字叫班超。班超生活在东汉的洛阳，他本来出身于书香门第，他的父亲班彪、妹妹班昭是当时有名的史学家、文学家；哥哥班固更是了不得，就是创作《汉书》的那位史学家。班超自己从小就饱读诗书，很有学问。30岁的时候，他被召入京城洛阳，担任了兰台令史，这是一个管理国家档案的低级官吏。当时，正值东汉的多事之秋，本来被汉武帝打败的匈奴势力又有所抬头，重新控制了我国的西北各地，丝绸之路因此受阻，朝廷为此十分焦虑。正是在这种背景下，经过深思熟虑的班超决定"投笔从戎"，主动提出愿意出使西北，稳定汉朝在西北的统治。"投笔从戎"这个成语就是这样来的，意思就是放下笔杆子，参加军队，比喻弃文就武。

汉明帝的时候（永平十六年，73），41岁的班超被朝廷任命为假司马（即代理司马，是一个下级军官），委派到新疆。经过长途跋涉，班超在公元74年沿着丝绸之路南道，经过鄯善、和田，最终到达了喀什，并在距离喀什40多公里的地方住了下来。

班超为什么把喀什作为目的地？为什么到了喀什又没有进城呢？

早在班超出使新疆一百多年以前的西汉时期（前60），汉朝政府就在新疆设置了西域都护，开始对新疆进行有效的行政管理。

由于新疆地域辽阔，因此，西域都护的政治、军事核心有两个，新疆东部的吐鲁番和西部的喀什、库车（古称龟兹）一带。

从地理位置看，喀什是新疆最西部的一座城市。它的南边是昆仑山，西边是帕米尔高原，北边是天山，东边是我国的第一大沙漠塔克拉玛干沙漠。发源于昆仑山的叶尔羌河流经喀什，形成了依山傍水的喀什绿洲，生存环境良好。而地理位置尤其重要，是传统上丝绸之路南道和中道的交会之地。帕米尔高原就是我国史书上所说的葱岭，是丝绸之路向西必须跨越的障碍。所以，在古代，从中亚、西亚甚至遥远的地中海而来的商贾、旅行者经过千辛万苦，翻越帕米尔高原后，一定要在喀什进行休整，分发货物，补充给养，然后再进入新疆腹地，最后进入中原地区。反过来，准备西去的商贾也往往在喀什稍作停留，做好翻越帕米尔高原的物质和心理准备。这种条件使喀什成为丝绸之路上的重要节点，是新疆最早的国际贸易商埠，名副其实的商业城市。所以，要想保障丝绸之路的畅通，必须保障喀什的安定。

但到了东汉初年，匈奴的势力有所恢复，重新控制了新疆的大部分地区，汉朝西域都护府也被迫暂时撤离。

在班超来到这里之前，在喀什北面的龟兹（今新疆库车）依靠匈奴的实力，对抗汉朝，杀死了驻守喀什的疏勒国王，派去了一个龟兹人兜题做疏勒国王。疏勒人感到莫大的屈辱，但慑于匈奴和龟兹的强大势力，也无能为力。

班超得知情况后，先派随从田虑去接近兜题，进行试探，并嘱咐他见机行事。田虑到疏勒城去见兜题，兜题见田虑没有带兵，只身一人前来，便没有把田虑放在眼里。田虑便趁机接近兜题，并把他捆绑了起来。兜题身边的人一见这种情景，以为田虑一定来势不小，一时六神无主。田虑趁机派人把消息飞报班超，班超立即赶到，召集疏勒的文臣武将说明了自己的意图，当众宣布废掉兜题，立被无辜杀死的前疏勒王的侄子（榆勒）为国王，稳定了疏勒的局面。

疏勒百姓对班超的做法非常感激，甚至有人要求杀掉兜题。班超从大局出发，没有同意，而是把兜题放回了龟兹。从此以后，做事果断、英勇无畏、主持正义的班超在疏勒的威信越来越高。

根据史书记载，班超前后在疏勒居住生活了17年，还重新组成了一个家庭。班超出使新疆的时候是41岁，他在京城洛阳已经娶妻生子，有了两个儿子。不过，到了疏勒后，他又娶了一位疏勒当地的姑娘为妻。现在看来，班超的这种做法似乎不是很合适。但在汉代，并没有实行现在的一夫一妻制，一个有地位、有经济能力的男人有妻有妾并不违反国家的法律和道德。况且，班超远离家乡，出于融入当地生活的需要，娶一位当地的女子也是合乎情理的。遗憾的是，从史书上我们查不到这位疏勒姑娘的任何信息，但可以确定的是，这位疏勒姑娘和班超感情很深，而且还为班超生了一个儿子叫班勇。后来，在班超去世后，班勇继承了父亲的事业，长期在喀什、库车生活和工作。

有了家庭，人就有了根，对这座城市的感情也就会更深。

所以，班超在这里驻守期间，主要做了这么几件事：

第一，重新使喀什、库车一带归附汉朝，恢复了丝绸之路的畅通。

第二，利用喀什的水资源优势，发展当地的农业经济；教当地的百姓读书识字，积极传播中原文化。

第三，加固喀什古城。在班超来到这里两百多年以前，喀什的疏勒古城就已经建成了，班超对古城又进行了进一步的加固，使这里重新成为丝绸之路上繁忙的重镇，而班超的名声也越来越大。

在疏勒驻守了17年之后（91），班超由于在稳定大西北的过程中功绩卓越，被朝廷提拔为西域都护，迁移到库车（龟兹）办公。这一消息传开后，人们都舍不得他离开，甚至抱住班超的马腿试图挽留他，可见当地老百姓对班超的感情之深。

后来，班超在库车又以西域都护的身份驻守了13年，对于稳定大西北、重新恢复丝绸之路做出了杰出贡献。

班超的事迹得到了后人的一再颂扬，唐朝诗人戴叔伦曾经有一首诗：

军门频纳受降书，一剑横行万里余。

……

愿得此身长报国，何须生入玉门关。

——戴叔伦《塞上曲二首》①

这首诗歌颂了班超仗剑横行天下的壮举，也提到了一件事情。在70岁的时候（永元十四年，102），班超觉得自己年事已高，已经无力再应对繁杂的军务、政务，请求回归故土。他向朝廷深情上书说"但愿生入玉门关"，得到朝廷允许，从玉门关进入敦煌，回归中原。表面看来，诗人戴叔伦似乎不赞成班超回归中原故土的做法，他觉得班超应该把一生贡献给西域的和平事业。但我觉得，这种表达方式说明戴叔伦有更远大的抱负，并不影响他对班超所作所为的由衷赞颂。

今天，在喀什郊外，还有一座夯土建造的纪念性建筑——磐橐城，就是当年班超在喀什驻军的地方。

如果说当年的班超是来自中原，而后又在喀什、在西域声名显赫的和平使者，那么，到了唐代，一位来自喀什的琵琶艺人，则凭借自己高超的演奏技艺，红遍了长安城，红遍了大中原。

那么，这里来自喀什的琵琶艺人是谁？一支琵琶怎么就会使他红遍长安呢？

二、名满长安的琵琶演奏家

喀什历来是多民族聚居之地，今天的喀什以维吾尔族人为主，他们占喀什人口的90%以上。大家知道，维吾尔族人天生就能歌善舞。有人说，喀什

---

① 《全唐诗》，中华书局标点本，1960年版。

人"会说话的时候就会唱歌,会走路的时候就会跳舞"。这句话虽然听起来有些夸张,但也从侧面说明音乐艺术已经融入了当地人的血脉中。

当然,任何文化的积淀都并非一朝一夕的事。那么,在历史上,喀什人的音乐艺术才能如何,他们真的有如此出众的艺术天赋吗?

唐太宗时期来自喀什的一位琵琶艺人似乎给出了答案。

琵琶又称"批把",是中华民族具有代表性的弹拨乐器。向前弹出称作"批",向后挑进称作"把",根据这个演奏特点,古人把它命名为"批把",后来,改称琵琶。琵琶源于西域,本来是游牧民族马上演奏的乐器,后来传入中原,它丰富的表现力常常给人以美的享受。

唐代的时候,琵琶在长安很流行,当时上至宫廷乐队,下至民间演奏都少不了琵琶。琵琶成为当时非常盛行的乐器,而且在乐队中处于领奏地位,涌现出了大量琵琶演奏大师。唐太宗尤其喜欢琵琶,在宫中,供养了不少皇家乐师。

有一次,太常寺新来了一位年轻琵琶乐师,名字叫裴神符(又叫裴洛儿),来自遥远的喀什。唐太宗听说后来了兴趣,想看看这位年轻乐师的本领如何。于是,他下令众琵琶乐师在宫中献技。当时的琵琶演奏有两个特点:

一是乐师横抱琵琶;

二是用木制或铁制的拨子弹奏。

而且演奏的大多是恬淡婉转、四平八稳的宫廷雅乐。

轮到年轻的乐师裴神符演奏了,只见他一改横抱琵琶的传统做法,把琵琶直立怀中;同时,没有用木制或铁制的拨子弹奏,而是直接用五指拨弦。一出场,他便显得与众不同,一下子吸引了唐太宗的目光。

紧接着,只见裴神符右手五指灵活轻快地在琵琶的弦上疾扫,演奏了自己独立创作的一首乐曲《火凤》。正如这首曲子的名字一样,《火凤》旋律跌宕起伏,节奏豪迈奔放。乐曲演奏到高潮时,裴神符还加进了推、带、打、拢、捻等技巧,使整套乐曲刚劲淳厚、虎虎有生气,仿佛真的有一只火凤回旋在空阔的皇宫里。

大家知道,唐太宗是武将出身,马上皇帝,久经沙场,不太喜欢缠绵婉转的宫廷雅乐。而今天裴神符为他演奏的《火凤》,仿佛把他重新带回了铁马金戈的战争岁月,令他大开眼界,连声叫绝。

在场的乐师们也被裴神符出神入化的演奏技艺所折服。所以,一曲奏罢,众乐师无不为之倾倒。

唐太宗当即决定晋升裴神符为"太常乐工",位在一般的乐师之上。

这是一个真实的故事,《新唐书》和《唐会要》里都有相关记载。裴神符是历史上有名的琵琶演奏家,他在琵琶演奏上的革新和突破,把琵琶演奏艺术推进到了一个新时代。从此以后,琵琶演奏家都改用竖抱琵琶、手弹琴弦的方式,一直到今天仍是这样。

裴神符演奏的《火凤》也迅速成为长安的流行乐曲,享誉宫廷内外,他一时名满长安,名字也载入了中国音乐史册。

大约两百年后,大诗人白居易在他的著名诗篇《琵琶行》中,非常形象地对琵琶演奏及其音响效果有过这样的描述:

> 千呼万唤始出来,犹抱琵琶半遮面。
> ……
> 大弦嘈嘈如急雨,小弦切切如私语。
> 嘈嘈切切错杂弹,大珠小珠落玉盘。
>
> ——白居易《琵琶行》[①]

这位琵琶女曾经是长安的一个艺伎,向宫中一位姓曹的乐师学习过琵琶演奏技艺,红遍长安的裴神符应该是她仰慕学习的老师辈。"犹抱琵琶半遮面"这句话说明琵琶女是竖抱琵琶的,否则不会遮住半张脸。从她的演奏技法里,

---

① 《全唐诗》,中华书局标点本,1960年版。

我们仍然可以看出裴神符的影子。

裴神符对琵琶演奏方法的改革和他出神入化的演奏技艺肯定不是一朝一夕得来的，也就是说，这位划时代人物的出现绝非偶然。

从客观环境分析，喀什处在丝绸之路中道和南道的交会之地，贸易活动繁荣，文化交流频繁，西域各地包括中亚、西亚的音乐和舞蹈也往往会在这里交会、融合。久而久之，培育出了喀什肥沃的音乐艺术土壤，涌现出了一批出色的音乐艺术高手。

从主观因素分析，裴神符在喀什成长的过程中，十分注意吸取当地的音乐艺术营养；加上他善于潜心钻研，大胆尝试，所以，在进入唐朝宫廷以后，一鸣惊人，获得了同行和皇帝的高度认可。难怪人们说喀什人"会说话的时候就会唱歌，会走路的时候就会跳舞"。今天，喀什人能歌善舞也一定凝聚着裴神符的贡献。

唐朝的时候，喀什成为"安西四镇"（龟兹、疏勒、于阗、焉耆，后来碎叶替代了焉耆）之一。随着丝绸之路的畅通，喀什位于新疆的最西端，与中亚、西亚的文化交流却很频繁，我国的四大发明之一——造纸术通过班超曾经为之奋斗30年的丝绸之路传到了西方。

一种流行的说法是，我国造纸术的西传跟唐朝与阿拉伯之间曾经发生的一场战争相关。因为在这场战争中，唐军战败，很多人做了俘虏。在这些俘虏中，有懂得造纸术的，就是这些人帮助阿拉伯人建立了造纸厂，最终把中国的造纸术传到了西方。

不过，我觉得，这种看法有很多值得商榷的地方。

其实，在这场战争之前，造纸术可能已经通过喀什传入了中亚。

这是怎么回事呢？

三、中国造纸术的西传

　　大家知道，造纸术是我国古代杰出的四大发明之一，在两汉之际我国就发明了造纸术。丝绸之路开通后，中国生产的纸张传入中亚、西亚，这种廉价、细软、洁白的纸在那里大受欢迎。但是，造纸的技术属于国家专利，严格禁止外传。

　　那么，什么时候、通过什么渠道我国的造纸技术传到了西方呢？

　　按照传统的观点，造纸术的西传跟发生在唐朝的一场战争有关。这场战争叫作怛罗斯之战，交战双方是唐朝和大食，大食就是今天的阿拉伯。

　　怛罗斯属于中亚石国（今塔什干）境内的一座城市，位于今中亚的哈萨克斯坦境内（江布尔城），处于丝路要道。唐玄宗天宝年间（天宝十年，751年），为了争夺对怛罗斯的控制权，唐朝将军高仙芝率领三万大军，与大食的七万大军在这里进行了一场激战。结果，高仙芝战败，两万多名士兵被俘。在这些士兵中，有一部分人就掌握了造纸技术。于是，精明的大食人把这部分人组织起来，在他们管辖的地方建起了造纸厂。就这样，中国发明的造纸术正式传入中亚，后来又从中亚传到了西亚，传到了地中海沿岸各国。

　　不过，通过怛罗斯之战传播中国造纸术的说法在正史中并没有明确的记载，主要来自西方学者的一种推测。所以，此说法受到了人们的怀疑，我个人也持怀疑的态度。

　　在我看来，造纸术的西传应该有一个较为漫长的过程。而且，与处在丝绸之路重要节点的喀什有关。为什么这么说呢？

　　从喀什所处的区位看，它位于我国新疆的西南端，是丝绸之路南道和中道的交会之地。它的西边就是我国史书上所说的葱岭，即帕米尔高原，横亘在新疆的西部，是丝绸之路上必须跨越的障碍。所以，在古代，从中亚、西亚甚至遥远的地中海自西而来的商贾经过千辛万苦，翻越帕米尔高原后，一定要在喀什进行休整，分发货物，补充给养，然后再进入新疆腹地，最后进入中原地区。反过来，准备西去的商贾也往往在喀什稍作停留，做好翻越帕米尔高原的物质和心理准备；有些商贾干脆就在这里卖掉货物，就此折返回内地。这种条件，就使喀什成为丝绸之路上的重要节点，贸易活动频繁。所以，中西之间大量的物质和文化交流都通过这个驿站进行。

而怛罗斯位于帕米尔高原以西，在今中亚的哈萨克斯坦境内（江布尔城），属于丝路要道。从内地或新疆去往中亚、西亚或者南亚的商人、僧侣往往会从喀什翻越帕米尔高原，然后，来到怛罗斯，进入西亚或者南亚。反过来，从西亚、南亚进入中原地区，也往往通过怛罗斯向东，翻越帕米尔高原，然后进入喀什，再到内地。当年到印度取经的玄奘就曾经取道南疆，在喀什以北翻越帕米尔高原，经过怛罗斯城前往南亚的印度。玄奘在《大唐西域记》里还对怛罗斯城有记载，说怛罗斯城周围有八九里长，诸国商胡在这里杂居，贸易繁荣。这就意味着，喀什与怛罗斯之间有频繁的经济、贸易和人员往来。这是其一。

其二，中原发明的造纸术在魏晋时期就已经传到了喀什。也就是说，在怛罗斯之战以前喀什地区已经掌握了造纸的技术。这期间，造纸的技术有没有可能通过喀什传到怛罗斯或者中亚的其他地方呢？下面的一个材料，证明这种可能性还是很大的。

在怛罗斯之战被俘的人员中，有一个叫杜环的。他有幸活了下来，并在大食生活了十多年，后来，乘商船通过海路回到了中国。回国以后，他把自己在大食和回国路上的所见所闻写成了一本书《经行记》。书中，他就回忆到在大食的都城亚俱罗：

绫绢机杼，金银匠、画匠、汉匠起作画者，京兆人樊淑、刘泚；

织络者,河东人乐環、吕礼。

——杜环《经行记》①

在大食,杜环不但发现那里有不少来自中国的绫绢机杼,还亲眼看见一些中国的金银匠、画匠、绫绢织工等在那里谋生。这些人还有名有姓,樊淑、刘泚两人来自京兆,即长安;乐環、吕礼两人来自河东,即太原。

以往,我们经常讲到有大量的波斯、大食还有粟特人,沿着丝绸之路来到中国,在中国的新疆以及内地的城市居住生活了下来。而杜环的记载则告诉我们,在大食也生活着大量的中国人。而且,金银匠、画匠、绫绢织工等都是技术性要求相当高的工作,不像也不可能全是怛罗斯之战被俘的士兵所能从事的工作。

由此,我们判断,古人沿着丝绸之路在东西方行进的脚步是超乎我们想象的,他们的脚步到达哪里,不同区域的物质和精神文明就有可能传播到哪里。

虽然杜环没有记载在亚俱罗城有没有专门从事造纸的,但既然纸张在丝绸之路上属于紧俏商品,大食人对纸张有很大的需求,造纸又具有相当高的利润,那么,我们不排除在亚俱罗城谋生的个别中国人出于生计,或者出于牟利的动机,在那里建立小型造纸厂,自己造纸,自己出售。

所以,我认为,造纸术向西方传播绝不是一朝一夕的事,应该有一个相对长的时间段。在这场战争以前,中国的造纸术就可能经由喀什这个重要的丝路驿站,或者通过杜环看到的那些到大食谋生的中国人,或者通过像玄奘那样博学多才的僧人、旅行家传到了中亚、西亚。

当然,不可否认,怛罗斯之战促进了造纸术的大规模传播;又因为这场战争影响很大,是一个容易让西方人记住的大事件,所以,才作为造纸术西传的一个重要标志,留在了人们的记忆中。

---

① 杜佑:《通典》卷一百九十三《边防九》,中华书局,1988年版。

造纸术通过丝绸之路西传,对于文化的传播和教育的普及起到了重要的作用,加速了人类的文明和进步。而在这个过程中,喀什扮演了纽带的角色,充当了文明传播的使者。

到了距今七百多年的元代,一位意大利的旅行家不远万里,沿着丝绸之路来到了中国。而他来到中国的第一站就是当年张骞曾经出使、班超曾经镇守17年的地方,也是裴神符的家乡——喀什。

那么,在这位旅行家眼里,七百多年前的喀什又是什么样子呢?

四、马可·波罗眼里的喀什

元朝初期,意大利著名旅行家马可·波罗沿着丝绸之路,来到了喀什。

马可·波罗是13世纪意大利著名的旅行家。他的父亲和叔父都曾经沿着丝绸之路进行贸易活动,而且,都来过中国。从父亲和叔叔那里,他从小就听说了许多关于中国的传奇故事,对神秘的中国充满了向往。17岁的时候(1271),他的父亲和叔父要到中国从事贸易,带上了已经成人的马可·波罗。

他们从家乡意大利的威尼斯出发,沿着丝绸之路东进,经过叙利亚、伊朗,翻越帕米尔高原后,来到了喀什。在这里稍作停留,补充给养后,马可·波罗一行继续向东,后来,到了元朝的都城北京。在那里,他们受到了元世祖忽必烈的热情接待。

谈话中,马可·波罗向元世祖介绍了西方的风土人情和沿途的见闻。忽必烈十分喜欢这个英俊、勇敢、博学的西方青年,不但盛情款待,还把他留在身边,在政府中任职。马可·波罗在中国一住就是17年,正好和当年班超在喀什待的时间一样长。

17年后,马可·波罗回到了威尼斯。不幸的是,他回到家乡的第二年,威尼斯就与热那亚发生了战争,威尼斯战败,马可·波罗成了俘虏。在被关在监狱的那段时间里,他把在中国的见闻告诉了狱友。恰好,狱友中有一位作家（鲁斯梯谦），把马可·波罗口述的见闻记录了下来，整理成一本书，这就是世界闻名的《马可·波罗行记》（或叫《马可·波罗游记》）。这本书向欧洲人介绍了遥远的东方大国中国的信息，成为西方人了解中国的重要参考资料，对于传播中国文化有着重要的价值。

而就是在这本书中，也留下了关于喀什的一些记载。

《马可·波罗行记》中称喀什为"喀什噶尔"，这是什么意思呢？"喀什"是玉石的意思，"噶尔"是集中的意思，加起来，"喀什噶尔"就是玉石集中之地。这说明宋末元初的时候，已经出现了喀什噶尔这个城市名称，替代了原来的疏勒。现代人为了简便起见，一般称喀什噶尔为喀什。

大家知道，玉石主要产自和田，喀什并不产玉，那喀什怎么成了玉石集中之地呢？主要由于喀什所处的便利交通位置，使之成了玉石贸易的集散地。和田的玉石集中在喀什后，向东，沿着丝绸之路进入我国内地；向西，则翻越帕米尔高原，流向中亚和西亚，甚至遥远的欧洲市场。

那么，马可·波罗眼里的喀什是什么样子呢？

首先要说明的是，他对喀什的记载并不是很详细，而且是回忆性的。但他说了这样一句话：

> 他们有美丽的花园、果园、葡萄园。……国中的商人遍布世界各地。
>
> ——马可·波罗《马可·波罗行记》[①]

根据相关的历史记载，我们可以推断，当时的喀什虽然气候干燥，降水量少，但由于有高山融水形成的叶尔羌河、喀什噶尔河等河流的滋润，灌溉条件优越，因此，不仅适合发展农业，种植麦子、水稻等植物，也适宜种植西瓜、葡萄、大枣、哈密瓜等水果，到处瓜果飘香，沁人心脾。喀什人还特

---

① 马可·波罗：《马可·波罗行记》，中国文史出版社，1998年版。

别爱用花草装饰自己的庭院，在喀什古城，街道两边和家家的院落里都种满了各种花卉。所以，在马可·波罗眼里，喀什是一座依山傍水、环境优美的"花园城市"。

马可·波罗说"国中的商人遍布世界各地"是什么意思呢？

"国中"其实是指喀什城内，只不过当时的喀什是南疆的政治、经济中心，它所包括的范围要比今天的喀什大很多。怎么理解"商人遍布世界各地"呢？我觉得，一方面，马可·波罗发现，喀什市场繁荣，来这里进行商品交易的商人来自世界各地，各种肤色、各种语言的商人都有；另一方面，马可·波罗通过亲身了解和一路从丝绸之路走来发现，喀什本地的商人也沿着丝绸之路经商，喀什商人的足迹遍布世界各地。这充分说明，元朝初期的喀什是一座国际化的商业都市，并没有因为宋、元以后丝绸之路的主要方向转向海上而受到很大的影响。

马可·波罗对喀什的记载，还得到了后人的验证。到了清朝，一位叫萧雄（字皋谟，清同治、光绪时期的人）的文人也学习班超，投笔从戎，来到新疆从军。他曾到过喀什，留下了这样一首诗：

迢遥疏勒峙边雄，据水凭山物产丰。
天使墓门千载在，海邦商旅一途通。

——萧雄《喀什噶尔》[①]

在萧雄眼里，到了清朝末年，虽然国家已是山河破碎，但雄峙西疆的喀什仍然呈现出一片繁华的情景，甚至来自海上的海邦商人也把喀什作为他们经商致富的一块宝地。

鸦片战争以后，中国被迫向西方开放一些通商口岸。西方国家就在这些通商口岸设立领事馆，维护他们的商业利益。按照常理，这些通商口岸和领

[①] 萧雄：《听园西疆杂述诗》，"关中丛书"，陕西通志馆，1934年版。

事馆一般都位于东部沿海或沿江地区。然而，西方一些国家比如俄国竟然要求把喀什作为通商口岸，俄国和英国又在喀什设立领事馆，来维护他们的政治和商业利益。在这个阶段，喀什实际上扮演了丝绸之路起点的角色。可见，丝路古城喀什在西方人心中的地位有多重要。

说到这里，我们不禁想到了一开始提到的一个问题：为什么人们说"不到喀什就等于没到新疆"？为什么人们说"喀什是一座活着的千年古城"？

以上班超、裴神符、马可·波罗、萧雄的经历似乎给我们做出了部分解答，但又不太全面、不够圆满。那么，真正满意的答案在哪里呢？

带着以上的疑问，2017年的秋天，我来到了喀什。在喀什古城，我似乎触摸到了问题的答案。

我发现，喀什这座两千多年前张骞记载、班超曾经加固、裴神符曾经生活过的夯土古城，虽然历经风雨沧桑，有兴有衰，但依然十分雄伟、坚固，而且整洁、美丽，到处瓜果飘香、鲜花宜人。

而马可·波罗和萧雄描述的热闹的市场贸易已经变成了各色各样的巴扎，如水果巴扎、皮货巴扎、乐器巴扎、玉器巴扎，甚至帽子巴扎等，琳琅满目，令人应接不暇。一些批发商逛巴扎是为了大量批发他们看中的商品，而大部分人逛巴扎，除了购买一些他们必要的或者喜欢的东西外，往往利用这一机会，约上自己喜欢的朋友，饱览各色商品，品尝风味小吃，欣赏各种文艺表演，享受生活的乐趣，度过一段美好的时光。巴扎变成了人们购物、交流、会亲看友、娱乐休闲的好地方。

在喀什古城，还有一个让我吃惊的发现——有几家马掌铺（或叫骡掌铺）仍在开张。向当地的老人了解后才知道，原来喀什三面环山，当地人和商人们的交通工具往往不是沙漠之舟骆驼，而是马、骡和驴子。由于要攀山越岭，这些牲畜的蹄子就特别容易磨损，到了喀什，商队一般都要给马、骡、驴子更换一套新掌，就像人要换一双新鞋。所以，古时喀什城内的马掌铺生意十分红火。而今，虽然有了汽车、拖拉机等现代交通工具，但在周边的农村地区，仍然有一些守旧的人偶尔用马车、驴车作为交通工具，马掌铺的生意也可以勉强维持。当然，现在马掌铺还在开张，不一定纯粹为了赚钱，更多的应该是把他们代代相传的手艺延续下去，把从古至今的一种生活方式延续下去。这使我想起了传说中的维吾尔族智慧老人阿凡提骑着毛驴走天下的可爱形象。如果阿凡提真的还在，他也许也要经常光顾马掌铺，给他可爱的驴子更换新掌。

马掌铺的发现让我惊奇，而上千年沿袭下来的传统茶馆则使我感到轻松和愉快，这也是当年马可·波罗没有记载的好去处。据考证，喀什的茶馆史可以追溯到唐朝，裴神符在这里生活的时候。从那时起，在喀什停留的商人往往把茶馆当成了洽谈生意、休闲娱乐、相互交流、传播信息的场所。而今，喀什古城还有不少传统的茶馆，这些茶馆不仅是商人们洽谈生意、进行交易的地方，而且是小商小贩们、说唱艺人谋生的场所，也是当地人和外来旅游者休闲娱乐、喝茶会友的好去处。很多当地人和外来的旅游者，三五成群围坐在地毯上，花上几十块钱，泡上一壶茶，买几个美味的馕或者烤羊肉包子，于是，大到英勇无畏的张骞、班超，智斗巴依老爷的阿凡提，聪明美丽的香妃，以及不远万里来到喀什的马可·波罗；小到喀什新闻、家长里短、巴扎新货等，都成了茶馆里说不尽的话题。不时，还有在古城谋生的艺人来茶馆表演当地的歌舞，一时间，茶馆里欢声笑语，其乐融融。

这个时候，我仿佛感悟到为什么人们说"不到喀什就等于没到新疆""喀什是一座活着的千年古城"。我觉得主要是因为喀什有着新疆特有的自然风光，既有高山、雪峰、大漠、戈壁的雄奇之美，又有绿洲、河流、农耕、游牧的和谐之美。而它那里特有的民族成分、饮食、服饰、建筑和民俗风情，更具有浓郁的西域风情。不是亲眼所见，你无法想象他们的生活方式会如此与众不同。

同时，世世代代生活在古城的人们都是听着丝路故事、伴着丝路上的驼铃和马蹄声长大的；喀什的巴扎、喀什的马掌铺、喀什的茶馆都一直鲜活地存在着，活在当地人的生活中，似乎从未离开喀什人太远。所以，是丝绸之路给了这座城市血和肉,给了这座城市智慧和财富;只要丝路故事还在延续,古城就永远活着,永远年轻。

今天,丝路在不断延伸,科技在不断进步,文明在不断传播,古城也不断走向复兴。因此说,丝路古城既遥远,又亲近;既神秘,又开放;既古老,又鲜活;既远在天边,又仿佛近在眼前。

当然,人类文明交往的路从来不止一条。当中西交往的陆上丝绸之路沿着西安、河西走廊、新疆,延伸向遥远的罗马的时候,在我国东部的许多港口城市,先民们已经载着丝绸、茶叶、瓷器踏浪出海、扬帆远航了。他们的目的地同样也是遥远的罗马、神秘的西方。当然,这就要涉及我国海上丝绸之路的众多古城了。

谈到这里,陆上丝绸之路古城就要结束了。

谢谢大家的陪伴!

再见!

【趣味知识自测题】参考答案

1.C 2.D 3.C 4.C 5.D 6.D 7.B 8.D 9.B 10.A